다르게 사는 사람들
우리 사회의 소수자들 이야기

다르게 사는 사람들
우리 사회의 소수자들 이야기

지은이 / 윤수종
펴낸이 / 강동권
펴낸곳 / (주)이학사

1판　1쇄 발행 / 2002년 8월 28일
1판 14쇄 발행 / 2025년 4월 1일

등록/ 1996년 2월 2일 (신고번호 제1996-000015호)
주소/ 서울시 종로구 율곡로13가길 19-5(연건동 304) 우03081
전화/ 02-720-4572・팩스/ 02-6919-1668
홈페이지/ ehaksa.kr
이메일/ ehaksa1996@gmail.com
인스타그램/ www.instagram.com/ehaksa_
페이스북/ facebook.com/ehaksa・엑스/ x.com/ehaksa

ⓒ 윤수종・김비・윤팔병・김송혜숙・김효진・김해성・이주영・정순택・chora@hanmir.com, 2002.
Printed in Seoul, Korea.

ISBN 89-87350-47-9 03300

이 책의 저작권은 저자가 가지고 있습니다.
저작권법에 의해 보호를 받는 저작물이므로 이 책 내용의 일부 또는 전부를 재사용하려면
저작권자와 (주)이학사 양측의 동의를 얻어야 합니다.

* 책값은 뒤표지에 표시되어 있습니다

다르게 사는 사람들

우리 사회의 소수자들 이야기

윤수종 엮음

이학사

책을 펴내며

이 책에 실린 글들은 『진보평론』의 '발언대'란을 통해 소개되었던 것을 일부 수정하고 덧붙인 것이다. '발언대'란의 기획 의도는 소수자들의 목소리를 직접 들어 보자는 것이었다. 하지만 곧 우리 현실에서 소수자들이 자기 목소리를 낸다는 것이 얼마나 어려운 일인지 알게 되었다. 일단 소수자들이 자신을 표현할 길이 완전히 막혀 있던 상황에서 갑작스레 자신을 표현해 보라는 것이 무리한 주문이었는지도 모르겠다. 그런 점에서 소수자들이 자기 표현을 할 수 있는 다양한 통로를 만들어 가는 것이 중요할 것이라고 생각된다.

그런 어려운 상황에도 불구하고 여러분들이 글을 써 주셨다. 그분들은 트랜스젠더, 넝마주이, 레즈비언(동성애자), 장애 여성(장애인), 외국인 노동자, 가난과 폭력에서 벗어나 가족과 행복하게 살고 싶다는 작은 소망을 지닌 소외 어린이, 비전향 장기수, 가상공간에서 색다른 즐거움을 찾는 대학생이다. 외국인 노동자의 경우 외국인 노동자 인권 운동을 하시는 김해성 목사님이 글을 써 주셨고, 소외 어린이의 경우에는 부스러기 선교회에서 주최하는 글잔치에 응모한 어린이들의 글을 이주영 선생님이 선별하고 설명을 덧붙여 주셨다. 그 외의 글들은 모두 당사자들이 직접 쓴 것이다. 이 글들은 다수자들이 쓰는 명령식의, 계몽식의 추상적인 글이 아니라 체험에서 우러나온 글이다.

글을 쓴 소수자들은 배제된 주변자로서 자신이 다수자들에게서 당했던 것만을 강조해서 이야기하지는 않는다. 소수자들이 처해 있는 상황을 모두가 새롭게 자각하고, 무언가 자율적으로 시도해 보자는 희망 섞인 의지를 이야기하고 있다. 그런 점에서 이 글들은 독자들에게 눈물뿐만 아니라 희망 섞인 웃음을 줄 수 있다고 생각한다.

그동안 소수자들에 대한 우리의 인식을 되돌아 보자. 흔히 그들을 이상한 사람, 낙오한 사람, 병든 사람, 추잡한 사람…… (계속 무한히 나열할 수 있을 것이다) 등등으로 생각해 왔다. 이러한 생각 속에는 '정상적'인 '표준적'인 인간상이 굳게 자리하고 있었다. 그 표준적인 인간상이란 현실에서의 권력자의 상은 아니었던가?

소수자들의 삶을 보자. 우리는 보통 이들의 삶을 나의 삶이 아니라 그들의 삶으로서 생각해 왔다. 우리 모두는 언제, 어디서나 소수자가 될 수 있는데도 말이다. 더욱이 엄연하게 현존하는 소수자들의 삶을 항상 음성적인 것으로, 쉬쉬해야 할 것으로, 보호해야 할 것으로 인식해 왔다. 또한 이들의 의사와는 상관없이 우리가 도와주기만 하면 되는 것처럼 인식해 왔다. 소수자들은 다른 사람들에게 도움을 요청하기도 하지만 자신이 도움을 필요로 할 때, 그때 도움을 받기를 원한다. 그리고 소수자들이 일방적으로 도움을 받기만 하는 것이 아니라 다른 사람을 도울 수도 있다.

소수자는 우리가 지닐 수 있는 특성 가운데 특정한 한 측면을 지닌 사람일 뿐이다. 또한 국가나 사회의 지배적 가치 기준과는 조금 다른 특성들을 지니고 있는 사람일 뿐이다. 우리 모두는 우리가 처한 맥락에 따라서 언제나 소수자가 될 수 있다. '나는 소수자가 아니다'라는 생각은 바로 자신이 지니고 있는 소수자적인 특성을 배제하는 것이며, 소수자적인 특성을 드러내는 사람을 배제하는 것이다.

서로 다른 특성을 가진 사람들이 어울려 살 수 있는 사회를 만들고자 한다면 이러한 소수자적인 성격을 포용해 나가야 할 것이다. 개인적으로는 자신의 소수자적 특성들을 인정하고, 사회적으로는 소수자 집단들을 포용해 나가야 한다.

계단 옆에 장애인용 경사로를 만들어 두면 비장애인들도 그 경사로를 이용하여 편리함을 누릴 수 있듯이, 소수자들의 삶을 보장하는 것은 바로 전체 민중의 삶을 보장하는 것이다. 장애인은 내 안의 장애를 외부로 표현하고 있을 뿐인 것이다.

소수자들이 자기 인식에 기초하여 자신들의 삶을 색다르게 만들어 가려는 움직임이 우리 사회에서도 나타나고 있다. 이 책에 실린 글들은 그 단초를 보여 준다고 할 수 있겠다. 그동안의 운동이 이념으로 무장하거나 특정한 정파의 흐름 속에서 대상 집단들을 포획하여 새로운 권력을 만드는 방식이었다면, 소수자들의 운동은 전혀 다른 길을 가고 있다고 생각된다. 즉 위로부터의, 외부로부터의 개입에 의해서가 아니라 소수자들 내부에서의 자각에 의해서 새로운 자치 활동의 길을 개척하고 있는 것이다. 바로 이러한 활동을 통해서 소수자들이 더 많은 자유의 공간을 만들어 낼수록 우리 사회는 더욱 풍요로워질 것이다.

2002년 7월 25일
엮은이 윤수종

차 례

책을 펴내며 _ 윤수종   5

머릿말 우리는 모두 소수자다! _ 윤수종   11

작은 외침 _ 김비   21

**여러분이 꿈꾸는 아름다운 세상,
우리는 실천하고 있습니다** _ 윤팔병   69

낯선 곳으로의 여행, 일상으로의 초대 _ 김송혜숙   107

장애인과 장애 여성의 목소리로 _ 김효진   123

제발 때리지 마세요! _ 김해성   145

누가 이 아이들의 작은 소망을 들어줄 수 있는가? _ 이주영   175

지옥 일기 _ 정순택   199

나는 '사이버 코뮤니스트'다! _ chora@hanmir.com   263

우리는 모두 소수자다!

윤수종

우리의 시대는 소수자들의 시대가 되고 있다. 사람들은 한편으로는 대중 매체에 의해 획일화된 주체가 되도록 강요당하고 있지만 다른 한편으로는 각자 색다른 생각과 삶을 추구해 나가고 있다. 위로부터의 거대한 획일화의 강요에도 불구하고 아래로부터, 자기 안에서부터 표준화를 거부하는 사람들이 늘어나고 있는 것이다.

소수자라고 해서 반드시 그 수가 적은 사람들만을 의미하지는 않는다. 소수자는 수적으로 소수일 수 있지만 동시에 다수일 수도 있다. 다수자 역시 수적으로 소수일 수 있고 다수일 수도 있다. 소수자는 오히려 한정되지 않는 절대 다수를 이루는 경우도 있다. 그렇다면 소수자란 어떤 사람들인가?

좀더 적극적으로 표현을 하자면 소수자란 표준화된 인간상을 거부하는 사람이라고 할 수 있다. 소수자는 표준화된 인간상으로부터의 거리가 어느 정도인가에 의해 규정된다고 할 수 있겠다. 이성에 입각하여 설정된 표준적인 근대 인간상은 바로 백인-남성-어른-이성애자-본토박이-건강인-지성인-표준어를 쓰는 사람 등등으로 표상된다. 이성에 집착하는 이러한 표준적인 인간상은 표준화된 모형을 준거로 하여 광기(욕망)를 배제하고 주변으로 통하는 모든 통로를 차단하려고 한다. 그럼으로써 유색인-여성-어린이-동성애자-이주민-환자-무지렁이-사투리를 쓰는 사람 등등을 배제하고 억압하는 권력과 연결된다. 표준적인 인간상에 대항하는 소수적인 인간상이 다양하게 표출되는 것은 차이를 강조하는 탈근대에 접어들면서 새롭게 나타난 현상이라고 할 수 있다. 우리의 인간에 대한 인식의 기준이 근대적이고 획일적인 인간상에서 점차 탈근대적이고 다양한 인간상으로 이행한다고 말할 수 있을 것이다.

    그렇다면 소수자와 대척점에 있는 다수자를 보자. 다수자라고 해서 소수자에 비해 더 훌륭한 상태에 있는 것은 아니다. 다수자들은 소수자들이 지닌 다양한 특성들 가운데 어떤 하나 또는 그 특성들을 대표하는 어떤 상태나 표준에 한정되는 특성을 지닐 뿐이다. 다양한 유색인 가운데 백인만을 골라 중심으로 고정하는 것이 그 한 예일 것이다. 백인, 남성, 어른, 이성애자 등의 다수자는 지배 상태를 가정한다. 투표하는 것을 옳은 일이라고 가정하고, 그것을 옳다고 받아들이는 사람들에게뿐만 아니라 받아들이지 않는 사람들에게도—그들의 수가 얼마든지 간에—똑같이 적용하는 것과 마찬가지로, 현실의 다수자는 이미 자신의 권력을 전제하고 있는 것이다. 그러한 점에서 다수자는 어떤 표준을 정하고 그것을 중심으로 삼아 다른 사람들을 통제하려는 경향을 은연중에 가지고 있다. 다수자 자신이 설정한 표준에서 벗어나는, 또는 벗어나려는 경향을 지닌 사람들에게 그 표준을 절대적으로 따를 것을 강요한다. 다수자는 그 표준을 따르는 사람들을 자기 쪽으로 끌어들이지만, 그 표준을 거부하는 사람들을 배제해

나간다. 결국 다수자의 상은 권력자의 상이며 국가나 사회의 지배적인 가치로 그 모습을 드러낸다고 할 수 있다.

반면에 소수자들은 다수자, 국가 권력으로부터 배제된다는 특징을 지닌다. 소수자들의 입장에서 말하자면, 소수자들은 국가의 감시 시선에 감지되지 않는 자신들만의 활동을 벌여 나간다. 자신들의 고유한 욕망을 당당하게 표출하면서 주변으로 향하는 다양한 출구들을 찾아 나선다. 그러나 일부 소수자들은 합법적인 공간을 확보하면서 국가 장치를 이용하기도 한다. 그러나 기본적으로 소수자들은 국가 장치에 포획되기를 거부하는 특성을 보인다. 그렇기 때문에 국가는 소수자들에게 지역적 혹은 법적 명목상의 독립(자율성)을 부여하는 식으로 교묘하게 반격한다. 소수자들의 활동을 어느 정도 인정하면서 그들을 제도 속으로 끌어들임으로써 부분적으로 국가 장치에 가두어 두려는 것이다. 문제는 국가가 소수자들의 지위를 확실히 보장해 주지도 않으면서 국가 전복 세력으로 전환되지 못하게 가로막는 것이다. 소수자들을 이렇게 다수자 속의 요소로 끌어들이려고 하는 것이다.

그런데 소수자가 다수자의 질서에 편입된다고 해서 소수자 문제가 해결되는 것은 아니다. 그러한 방식의 문제 해결은 결국 또 다른 소수자를 만들어 내기 때문이다. 소수자로서의 여성, 비(非)남성이 다수자의 요소가 된다고 해서 자신을 표현할 수 있는 길이 열리는 것은 아니다. 비백인들은 황인이건 흑인이건 새로운 다수자가 된다고 해서 자신들을 표현할 수는 없다. 소수자의 고유함은 비록 소수자가 단 한사람으로 구성될 때조차, 측정 불가능한 능력을 드러낼 수 있다는 것이다. 다수자처럼 표준에 맞추어 나가고, 그럼으로써 측정 가능하게 되는 것이 아니라, 다양한 욕망의 흐름을 찾아 나섬으로써 측정 불가능하게 된다는 것이다.[1] 이는 소수자들이 색다른 것을 만들어낼 수 있다는 것을 의미한다.

  소수자들은 어떤 이념이나 특정 정파에 따라서 운동하지 않는다. 소수자들이 지닌 측정 불가능한 특성들은 어떤 이념이나 표준에 맞춰서 권력화되는 방식과는 다르게 움직인다. 소수자들의 움직임에서 중요한 의식화 문제가 바로 여기서 드러난다. 전통적인 운동에서는 올바른 이념(예를 들어 맑스주의)을 도입하거나 주입하여 사람들을 움직여 나간다는 운동 방식에 집착하였다. 그러나 이러한 방식이 또 다른 권력을 만들어 낸 현실 사회주의의 역사를 반성하면서, 소수자들은 자기 인식의 변화를 통해 자신들을 바꾸고 외부 환경을 바꾸는 데로 나아간다. 소수자들은 자기 정체성을 집단적으로 확인하면서 자신들의 고유하고 색다른 공간을 만들어 나가려고 한다. 거대한 전선(예를 들어 계급 투쟁 전선)에서의 힘겨룸(투쟁)이 아니라 자신의 내부를 바꾸면서 자신의 주위도 바꾸어 가는 미시 정치적 힘겨룸에 나서는 것이다.

  그렇다고 해서 소수자들이 자신들이 속해 있는 사회에서 다수자와 투쟁하는 것이 중요하지 않다는 뜻은 아니다. 오히려 그러한 수준에서의 다수자와의 투쟁은 결정적이다(선거권과 낙태 그리고 직업을 위한 여성들의 투쟁, 자치를 위한 지역의 투쟁, 제3세계의 투쟁, 권력의 억압에 반대하는 소수자들의 투쟁 등). 그러나 이러한 투쟁들은 자기 인식에 근거한 소수자들의 새로운 움직임을 드러내고 폭발하도록 한다. 대중이 자신들의 문제를 스스로 정식화하여 요구할 때, 그

---

[1] Gilles Deleuze and Félix Guattari, Mille Plateaux, Editions de Minuit, 1980, pp. 586~588. 질 들뢰즈·펠릭스 가타리, 『천 개의 고원』(새물결, 2001), pp. 897~900.

리고 소수자들이 자신들의 특수한 조건들을 받아들이도록 요구하면서 보다 일반적인 조건들을 바꾸어 나가려고 할 때 그러한 요구는 지배 장치가 허용할 수 없는 지점을 구성한다. 소수자들의 사소한 요구가 이와 연관된 사소한 문제들마저 해결할 수 없는 지배 가치들의 무능력을, 국가의 무능력을 드러내는 것이다. 이 지점에서 소수자들은 국가를 직접 공격하여 파괴하려는 것이 아니라 자신의 요구를 정식화하고 자신들의 자치 활동을 넓혀감으로써, 국가의 지배 영역을 줄여 나가는 것이다.

새로운 것을 만들어 내지는 못한 채 대중의 활동을 지배 장치 안에 묶어 두려는 국가는 자신에게 적대적으로 나오는 특정 소수자들을 절멸시키는 방식으로 반응할 수도 있다. 그렇지만 소수자 하나를 없애면 바로 이 소수자에서 또 다른 소수자가 생겨난다. 소수자들은 자신들의 규율들, 법령들, 자치체들을 지닌다 하더라도 다수자에의 통합이나 자신들의 내부 통합에 의해서 자신들의 문제를 해결한다는 것을 받아들이지 않기 때문이다. 소수자들은 단순히 다수자에 적대적이기 때문에 소수자인 것이 아니라 다수자의 작용 방식과는 다른 작용 방식을 지니기 때문에 소수자인 것이다.

자본주의 사회에서 소수자는 일차적으로 프롤레타리아트(노동자 계급)라는 형상으로 나타난다. 그 가운데에서도 특히 주변적인 노동자들의 형상으로 나타난다. 그러나 노동자 계급은, 그 지위가 국가에 의해 보장되는 한 단지 '자본'으로서 또는 자본의 일부(가변 자본)로서 나타날 뿐이어서 결코 자본의 구도에서 벗어날 수 없다. 자본의 구도를 벗어나려고 함으로써만, 대중은 다수자들의 지배를 파괴할 수 있다. 자본이 노동자들을 분할 지배해 나가게 되면서 노동자들은 크게 보아 보장된 노동자와 비보장된 노동자로 나누어진다. 보장된 노동자들이 노조의 틀을 통해서나 여타 다른 제도들을 통해서 국가 장치의 일부로 편입되거나 국가 장치의 작용 기계들이 되는데 반해서, 소수자들이 주축을 이루는 비보장된 주변적 노동자들은 국가의 틀에서 벗어나(밀려나) 자신들만의 생산 능력, 협동 능력에 입각하여 자신들의 삶을 꾸려 나가려 한다. 그러나 점차 더 많은 사람들이 부라린 눈에 검은 근육을 드러내던 공장 노동자들에서 자동 기계 옆에 서서 언제 밀려날지 모르는 상황 속에서도 새로운 아이디어를 만들어 내야 하는 새로운 형태의 노동자들로 편입된다.

사실상 자본은 우리의 표준화된 활동이 아니라 비표준화된 소수자적 활동을 착취하려고 한다. 그리고 강압적으로 착취를 하는 것이 아니라 노동자들에게 자율성을 주면서 그 자율성이 만들어 낸 창의성을 착취하려 든다. 물론 그것도 이윤 메커니즘을 벗어나지 않는 한도 안에서이지만 말이다.

이처럼 자본은 소수자적인 특성들을 부분적으로 용인하면서 그것들을 활용하여 착취하려고 한다. 그러나 바로 이 지점에서 소수자들은 자본주의의 틀을 넘어서는 새로운 주체가 될 수 있는 것이다. 자본주의의 작동 방식 옆에서 색다른 작동 방식을 증식시켜 나감으로써 자본주의의 작동 방식, 권력의 작동 방식을 점차 줄여 나가는 소수자들의 행진은 우리 사회를 풍부하게 해 줄 것이다.

기존의 틀에, 표준에 길들여지기를 거부하고 새로운 것을 만들어 가려면 우리 모두가 소수자 되기를 감행하지 않을 수 없다. '바로 지금 여기서' 나를 풍부하게 만들고자 한다면 소수자적 특성들을 스스럼없이 받아들이고 그것들을 통해 새로운 미시 코뮌을 만들어 가야 할 것이다. 다양한 소수자적 특성들을 거부하고 표준에 고착되어 저 멀리 있는 권력의 환영에 젖어 획일화된 공간에 갇혀 있기보다는 바로 지금 여기서 욕망을 분출시킬 수 있는 자유의 공간들을 만들어 나가야 할 것이다. 우리는 모두 소수자다!

작은 외침

김비

작은 외침

움직이지 않는 아기

내가 태어났던 그 시절의 이야기들을 물론 나는 기억하지 못한다. 태어났을 때부터 내가 조금 이상한 아이였다는 엄마의 이야기를 듣고서도 나는 재미있는 소설의 시작을 듣는 것처럼 괜히 신이 났을 뿐, 그것이 사실로 받아들여지지는 않았다. 그러니, 어쩌면 내가 믿고 있는 태어난 시간과 순간들이, 혹시 거짓일지 모른다는 생각이 그저 쓸데없는 것만은 아닌지도 모른다. 1971년 2월 13일…… 왜 나는 그 순간에, 엄마의 뱃속에서, 조금 이상한 아기로 태어났는지, 그 날을 생각하면 무수히 많은 것들이 떠오른다. 그저, 인간이라는 수십억의 생물 중 단 하나가 태어났을 뿐인데, 어쩌면 처음부터 별 의미도 없는 탄생이었을지도 모르는데……. 이제부터 나는 그 아이의 삶에 대한 이야기를 하려고 한다. 조금은 특별한 모습으로 태어나 특별한 삶을 꾸려 나가는 나, 김비의 모습을. 사람들은 그런 나를 트랜스젠더라고 부른다.

엄마는 태어날 때부터 조금 이상했던 나를 보며 처음에는 그저 조금 약한 아이구나 하는 생각을 했을 뿐이란다. 한 달이 지나고, 두 달이 지나도록 울지도 않고, 꼼지락거리지도 않은 채 죽은 아이처럼 엎어져 있는 내가 신기했다고 한다. 물론 어린 나이에 아버지에게 시집을 와, 그런 내가 이상하다고 생각했으면서도 병원이라는 곳에 데리고 갈 생각은 하지 못했단다. 그저 고개만 갸웃거리며 아이가 꼼지락거리고 울음을 터뜨리기를 기다렸을 뿐이란다. 백일이 지나고 첫돌이 다 되어서야 겨우 꼼지락거린 나는 개구쟁이였던 형과는 달라도 너무 달랐다. 나는 곁에 있는지 없는지조차도 모를 정도로 말이 없고 조용한 아이였다. 엄마는 그런 나를 그저 얌전한 아이라고만 생각했고, 나도 그 이상의 무엇을 생각할 수 없었다. 사실 그때의 나는 나의 머릿속에 남아 있지 않다. 그저 다른 아이들보다 자주 넘어져서 무릎이 깨졌다는 사실과, 그래서 그런지 유독 울음이 많았다는 사실, 무언가 꿈속을 헤매는 듯한 그런 아득함만이 머릿속에 남아 있을 뿐이다.

소녀를 발견하다

아쉽게도 초등학교를 다니던 때의 내 모습은 머릿속에 그리 또렷하게 남아 있지 않다. 그저 1학년 때 무엇인가 커다란 잘못을 저지르고는 아이들 앞에서 선생님께 야단을 맞아 대성통곡을 하며 주저앉았던 일, 동네 사람들이 우리 집에 있던 텔레비전을 보려고 모여들던 일, 집에 불이 나서 높은 산동네로 이사를 가야 했던 일, 아이들에게 중성(中性)이라고 손가락질을 받으며 울었던 일들이 제자리를 찾지 못한 퍼즐 조각들처럼 여기저기 흩어져 있을 뿐, 그 어느 것 하나 또렷이 떠오르는 것은 없다. 초등학교 5학년 때의 기억부터 그나마 어렴풋이 그 조각들을 이어 맞출 수가 있는데, 그때가 처음으로 사랑의 작은 떨림을 느꼈던 바로 그 시절이었다. 그런데 그것을 사랑이라고 이야기해도 좋을까? 알 수 없는 병 때문에 얼굴이 거무스레하고 몸이 비쩍 말랐지만, 유난히 또랑또랑한 목소리를 가지고 있으면서 반장과 학년 회장의 일을 거뜬히 해 나가던 그 아이는 당시 모든 여자 아이들에게 인기가 많았다. 여자 아이들뿐만 아니었다. 워낙 서글서글한데다, 리더십이 뛰어나고, 공부도 잘해서 성질이 고약한 남자 아이나 선생님들도 그 아이를 좋아할 수밖에 없었다. 단지 몸이 아파서 체육 시간이 되면 언제나 그늘에 앉아 있어야 했지만, 그렇게 건강이 좋지 않으면서도 다른 모든 면에서 언제나 앞서 있는 그 아이의 모습은 모두에게 좋은 아이, 친구로 삼고 싶은 아이가 되기에 부족함이 없었다. 그리고 그 아이들 속에 계집아이 같은 내가 끼어 있었다. 그러나 그 감정은 이미 그저 친구가 되고 싶다는 그런 바람을 넘어선 것이었다. 나는 그 아이의 얼굴만 보면 가슴이 뛰며 얼굴이 화끈거렸고, 그 아이가 다른 아이들과 이야기를 하며 걸어가면 그 앞을 지나쳐 가지도 못한 채 뒤를 졸졸 따라가기만 했다. 어쩌다 반장인 그 아이가 내게 방위 성금을 내라, 숙제는 해 왔느냐 하는 따위의 말을 할 때에도 나는 고개를 푹 숙이고, 그 아이와 눈을 마주치지 못했다. 그 즈음, 나는 내 몸이 가끔씩 이상하게 변한다는 사실(그때는 그것이 발기라는 것을 알지 못했다)을 느꼈고, 그리고 그 변화는 그 아이를 떠올릴 때 일어났다는 것을 지금에서야 어렴풋이 기억한다. 나는 꿈속에서만은 그 아이를 바라볼 수 있었고, 그 아이를 바라보는 즐거움은 나를 자주 미소짓게 만들었다. 그리고 6학년이 되어서도 나는 다시 그 아이와 같은 반이 되었는데, 여전히 나는 그 아이 앞에서 얼굴도 못 드는 작은 소녀(小女)였다. 아니, 소녀가 되지 못한 소년이었

우리는 모두 소수자가 될 개연성을 가지고 있다

다. 그렇게 나는 처음으로 나와는 다른 또 다른 내가 내 안에 있음을 발견하게 되었다.

치명적 운명

그 아이와 나는 서로 다른 중학교에 배정되었기 때문에 헤어져야 했다. 헤어짐은 아쉬웠지만 인연의 끈을 잇기 위해 내가 할 수 있는 일은 아무것도 없었다. 나는 그렇게 소심한 아이였고, 그런 소심함은 나의 유년 시절 내내 붙어 다녔다. 중학교에 입학하면서 나는 커다란 결심을 했다. 그것은 바로 더 이상 계집아이라는 놀림을 받지 말아야 겠다는 다짐이었다. 너무나도 평범하고 자연스러운 내 행동에 대해서 아이들이 손가락질을 한다는 것이 싫었다. 그때는 왜 그럴까, 나는 왜 그럴 수밖에 없을까 하는 물음을 스스로에게 진지하게 물을 수 없었고, 다만 더 이상 손가락질을 받고 우는 일은 없도록 해야겠다는 다짐만을 했다. 항상 문제는 목소리였다. 나는 아직 변성기의 기미를 보이지 않는 목소리를 바꾸려고 노력했다. 걸음걸이도 일부러 크게 해 보았다. 말썽쟁이 아이들처럼 건들거려 보기도 하고, 그 아이들의 거친 말투를 흉내내기도 했다. 그러나 그 모든 노력은 한 달이 채 되기도 전에 물거품이 되고 말았다. 초등학교와는 달리 중학교에서는 그저 흉내만으로 남자 아이와 똑같아질 수가 없었다. 제법 성장한 아이들은 초등학교 때와는 비교할 수 없을 정도로 거칠었고, 그것은 선생님도 마찬가지였다. 그 속에서 내 모습을 감추는 것은 쉽지가 않았다. 체육 시간에는 팬티만 입은 채로 기합을 받기도 했고, 제식 훈련 시간에는 운동장으로 나가 먼지 속에서 뒹굴어야 했다. 나는 바지를 벗지 않으려고 선생님 앞에 주저앉아 울다가 따귀를 맞기도 했고, 다른 아이들에게 뒤쳐져 혼자 남아서 운동장을 몇 바퀴는 더 돌아야 했다. 나는 열심히 달렸고 열심히 움직였지만, 다른 아이들에 비해 유난히 굼떴다. 아이들은 나를 다시 계집아이라고 불렀고, 드디어는 미스 김이라는 별명도 달아 주었다. 아이들은 내 바지 속에 남자의 성기가 달려 있나 달려 있지 않나 하는 사실에 내기를 걸었다. 그중의 한 아이는 화장실까지 쫓아와 내 성기를 보겠다고 달려들었고, 나는 변함없이 서러운 울음을 터뜨리고 말았다. 무엇일까, 나는 무엇일까 하는 생각을 떠올릴 즈음에 엄마의 외출은 잦아졌고, 엄마와 아버지의 싸움도 그에 따라 잦아졌다. 그러던 어느 날, 이틀 동안 집에 들어오지 않았던 엄마가 집에 들어서자 아버지는 그 무지막지한 주먹으로 엄마의 얼굴에 커다란 멍 자국을 만들었다. 엄마는 밤새도록 흐느껴 울다가 나와 내 동생을 한번씩 안아 주고는 집을 나갔다. 내가 누구인지 말해 줄 수 있는 유일한 사람인 엄마는 그렇게 나를 혼란 속에 내버려두고 사라졌다. 그것은 치명적인 일이었다. 정말 치명적인 일이었다.

지옥

엄마가 가출하자 집안 살림을 해 줄 사람이 없었는데, 옆집에 살던 여자가 우리 집의 살림을 자청하고 나섰다. 그리고 살림을 해 주는 조건으로 아버지의 월급과 연금을 다 관리했는데, 그것이 잘못이었다. 그 여자는 처음에는 잘해 주는 듯하다가, 점점 앓는 소리를 하기 시작했다. 돈이 모자란다는 투정을 하는 것으로 시작해서 점차 나와 동생을 구박하며 부려 먹었다. 물론 그때는 그 여자에게 무슨 다른 꿍꿍이가 있으리라고는 생각하지 못했다. 나나 내 동생은 그런 생각을 하기에는 너무나 어렸다. 게다가 아버지는 매일매일을 술로 지새고 있었고, 형은 엄마의 가출로 무너진 미대 진학의 꿈 때문에 갈팡질팡했다. 결국 우리 집은 순식간에 그 여자의 손아귀로 넘어갔다. 반찬의 수는 점점 줄어, 결국 국과 김치 하나가 전부가 되었고, 방구들과 부엌은 손을 보지 않아 여기저기 허물어졌다. 그 여자는 학용품을 살 돈이 필요해 손을 내미는 나와 동생에게 인상을 일그러뜨리며 소리를 질렀다. 그리고 입고 있던 옷이 냄새가 나 더 이상 입을 수 없게 되면 그제야 어디서 누가 입던 옷을 주워 와 우리들에게 내밀었다.

문득 햄버거에 관한 일이 떠오른다. 유난히 추웠던 겨울의 일이었다. 밤 11시가 넘은 시간, 방에서도 물이 꽁꽁 얼 정도로 추워 잠을 못 이루고 있는데, 그 여자의 남편이 방문을 두드렸다. 이제 막 중학생이 된 자신의 아들이 시험 공부를 하고 있는데 햄버거를 먹고 싶어 한다는 것이었다. 우리 집은 달동네인데다가 읍내로 나가려면 어두운 산길을 한참이나 걸어가야 했다. 하지만 나는 가지 않겠다고 고개를 젓지 못했다. 그 즈음의 나는 그런 아이였다. 매몰차게 고개를 저은 후에 그 여자에게 무슨 소리를 들을지 무서웠던 것이다. 나는 집을 나섰다. 세상은 어두웠다. 바람은 미친 듯이 몰아쳐서 살을 쩍쩍 갈라 놓는 것만 같았다. 먼 길을 걸어 햄버거 파는 가게에 도착했지만, 문은 열려 있지 않았다. 나는 한겨울의 을씨년스런 거리를 서성이다가 그대로 집으로 돌아오고 말았다. 그러나 빈손으로 돌아온 나를 그 여자의 남편은 그냥 내버려두지 않았다. 그 여자의 남편은 내게 다른 햄버거 가게의 위치를 가르쳐 주며, 그곳은 늦은 시간까지 장사를 하니 다녀오라고 했다. 나는 너무나도 추웠기 때문에 가고 싶지 않았다. 하지만 그 여자가 눈을 부라리며 내게 소리를 질러 댔기 때문에 하는 수 없이 다시 집을 나섰다. 다행히 그 여자의 남편이 알려 준 햄버거 가게는 막 문을 닫으려 하고 있었다. 햄버거 몇 개를 사 들고서 나는 다시 겨울바람을 뚫고 집으로 향했다. 집이 있는 산꼭대기에 오르자 바람은 더욱 거세어졌다. 찬물 빨래로 동상에 걸린 손발이 시린 정도가 아니라 아예 저릿저릿 아려 왔다. 이를 앙다물고 집에 도착해 그 여자의 남편에게 햄버거 봉지를 내미는데 나도 모르게 와락 눈물이 쏟아졌다. 빨갛다 못해 퍼렇게 얼어 버렸던 손등이 떠오른다. 그 위로 뚝뚝 떨어지던 눈물이 떠오른다. 그때는 아무런 생각도 할 수 없었다. 그저 너무 추웠다. 그리고 너무 서러웠다. 나는 그대로 방으로 들어와 엉엉 울어 버렸다.

그 시절, 나는 꽁꽁 얼어 있었다. 학교에서는 아이들에게 손가락질을 받으며 차갑게 얼어붙어 갔고, 집에서는 집안일과 그 여자의 짜증으로 얼어붙어 갔다. 중학교를 졸업하던 날의 풍경이 떠오른다. 세수도 하지 못해 꾀죄죄한 얼굴에 형이 입던 다 낡은 점퍼를 입고 졸업장을 들고 서 있던 나, 엄마가 집을 나가기 전에 엄마가 내게 떠 준

조끼를 물려 입고 있던 여동생, 술과 담배와 절망에 찌든 형. 그 여자가 우리 셋의 사진을 찍어 주며 웃으라고 했다. 웃었다. 정말 난 웃으려고 노력했다. 그러나 사진 속의 우리는 아무도 웃고 있지 않았다. 지옥에서는 아무도 웃지 못한다.

돌 던지는 아이들

본능은 역시 무서운 것이었다. 초등학교 시절의 그 아이를 잊어 갈 무렵, 나는 더욱 심해진 아이들의 손가락질 속에서 또 다른 한 아이를 만나게 되었다. 통통한 얼굴에 그저 순해 보이기만 했던 그 아이는 중학교 1학년 때 같은 반이었다. 그 뒤로는 내내 같은 반이 아니었지만, 내 마음속의 지친 소녀는 항상 그 아이만을 생각하고 있었다. ○○현. 그 아이를 나는 아직도 기억한다. 그리고 나중에 이야기하겠지만, 그 아이를 대학교에 가서도, 아니 대학교를 졸업하고서도 잊지 못했다. 누구나 그러하겠지만 첫사랑은, 게다가 그저 바라보기만 한 짝사랑은 그렇게 오래도록 내 기억 속에 남아 있었다.

그러나 그 시절에도 별반 다를 것은 없었다. 나는 그 아이와 제대로 말 한마디 나눠 보지 못했고, 그 아이 앞에서는 고개를 제대로 들지도 못했다. 파란 티셔츠를 입은 그 아이의 모습은 지금도 무슨 연예인의 사진처럼 내 머릿속에 선명하게 남아 있는데, 내가 지금도 파란색을 좋아하는 이유는 그것 때문인듯하다.

그리고 그 아이 이외에도 적지 않은 아이들이 내 가슴을 떨리게 했다. 시골 소년 같은 인상에 거친 성격을 가지고 있었던 아이, 말끔하고 귀여운 외모에 덩치가 컸던 아이, 키는 굉장히 작았지만 똘망똘망한 얼굴에 순한 웃음을 잃지 않던 아이, 깡패였지만 나를 마치 자신의 아내 다루듯 했던 아이……. 그 모두를 사랑이라고 이름 붙일 수는 없었지만, 바보 같기만 하던 소녀 시절의 떨림을 느끼게 해 주었던 아이들이었다. 물론 나는 그 아이들에게 한번도 좋아한다는 이야기를 해 본 적이 없었다. 그것은 그 아이들도 마찬가지였다. 몇몇 아이들은 내 볼에 뽀뽀를 하고, 몇몇 아이들은 나를 껴안고 놓아주지 않고, 또 심지어는 바지를 내려 자신의 성기를 보여 주며 오럴 섹스(물론 그때는 그것이 무엇인지 몰랐다)를 요구하는 아이도 있었지만, 전부 다 장난이었다는 것을 깨닫는 데는 굉장히 오랜 시간이 걸렸던 것 같다. 나는 그 아이들이 정말로 나를 좋아하고 있다는 착각을 했었지만, 그 아이들 중 누구도 나를 진심으로 대하지는 않았다. 당연했다. 그 아이들의 눈에는 내가 분명 남자 아이였을 것이기 때문이다. 나 혼자만 내 안에서 부쩍 성숙한 여자가 되어 가고 있다는 것을 누가 알 수 있었을까?. 그렇게 내 안의 또 다른 나는 눈에 보이는 나와 점점 멀어졌다. 그리고 그때 그 모든 것을 제대로 이해하기에는 내가 너무 어렸다.

일어서기

나는 중학교 3학년 겨울방학 때부터 미친 듯이 농구를 하기 시작했다. 그것은 남자가 되기 위한 노력이었을 뿐만 아니라, 꽉 막혀 있던 내 삶을 풀어내는 하나의 돌파구였다. 나는 집에 있기가 싫으면 농구공을 들고 농구장으로 향했다. 내 체력은 다른 아이들보다는 못했지만 기술이나 유연성 그리고 감각은 다른 아이들보다 월등히 뛰어났다. 나는 그것으로 인해 여자다움을 어느 정도 벗어 버리기는 했던 것 같다. 그 당시 단단해지던 근육과 빨라진 몸놀림에 스스로 만족해하던 나를 기억한다. 그러나 외모가 달라진다고 해서 내가 남자가 된다는 생각은 역시 오산이었다. 농구를 하고 있지 않은 나는 여전히 사춘기 소녀였고, 마음이 끌리는 남자 아이 앞에서는 농구를 할 때와는 딴판으로 다소곳한 여자 아이였다.

그 무렵 그 여자가 죽었다. 우리 집 살림을 해 준다며 우리 집 식구들을 괴롭히던 그 여자 말이다. 어림도 없는 이야기겠지만 그 여자가 밥을 먹고 있을 때 밥상 아래에 영어로 '죽음'이라고 써 놓고 이를 앙다물고 기도했던 적이 있었다. 제발 죽어라, 제발 죽어라……. 얼마 후 술집에서 싸우다가 쓰러진 그 여자는 시름시름 앓기 시작했다. 그 여자의 남편은 병원에도 다녀 보고, 절에도 다녀 보고, 심지어 안수 기도라는 것도 해 보았지만, 그 여자를 살리지는 못했다. 그 이후로 나는 누군가가 죽었으면 하고 바라지 않는다. 누군가에 대한 끝없는 증오는 본인에게, 혹은 그 증오의 대상에게 원치 않는 결과를 가져올지도 모른다는 생각이 들었기 때문이었다.

그 이후로 우리 식구들은 스스로 집안을 꾸려 가기 시작했다. 물론, 돈 관리는 형이 했다. 형은 레코드점에서 음반 파는 일을 했다. 나는 집에서 집안일을 해야 했다. 빨래를 하고, 청소를 하고……. 쉬운 일은 아니었지만 그 여자가 살림을 하던 때에도 빨래나 청소 같은 것은 내가 직접 했기 때문에 그다지 어렵지는 않았다. 무엇보다 기뻤던 것은 자유였다. 내 마음대로 할 수 있는 자유. 더 이상 그 여자의 짜증 섞인 고함을 듣지도, 그 여자의 눈치를 보지 않아도 되는 그런 자유.

아버지

무슨 말부터, 어떻게 해야 할까. 나는 사실 아버지에 대해서 잘 모른다. 아버지가 어디서 태어났는지, 어떤 부모 밑에서 유년 시절을 보냈는지 그리고 누구와 사랑에 빠졌는지 내가 제대로 아는 것이라

양성(兩性)을 경험한 현자 테이레시아스. 그리스 신화는 테이레시아스가 뱀이 교미하는 것을 보고 지팡이로 때렸다가 여성으로 변해 7년 동안 살았다고 전한다. 그러고 나서 테이레시아스는 다시 그 뱀을 때려 남성으로 되돌아왔다. 테이레시아스는 양성을 경험함으로써 인간의 미래를 훤히 꿰뚫어 볼 수 있었는지도 모른다

고는 아무것도 없다. 그저 아버지 고향이 휴전선 근처의 장단이라는 것과 아버지의 부모님은 내가 태어나기도 전에 돌아가셨다는 것만을 엄마에게서 전해 들어 알고 있을 뿐이었다. 처음부터 아버지는 내게 인간이 아니라 공포였다. 한쪽 눈과 한쪽 손이 없었기 때문에 검은 선글라스를 쓰고 다녔고, 갈고리가 달린 가짜 손을 주머니 깊숙이 찔러 넣고 다니던 아버지는 걸핏하면 밥상을 내던지고는 주먹으로 엄마를 때렸다. 술을 많이 드시거나 날씨가 궂은 날이면 아버지는 영락없이 밤에 발작을 일으켰다. 어렸을 때에는 아버지가 발작을 일으켜 온 방 안을 미친 듯이 헤집는 것이 무서웠지만, 고등학교에 들어갔을 즈음에는 발작을 일으키고 난 후의 아버지의 얼굴이 더 무서웠다. 아버지의 얼굴은 죽음을 견디다 온 사람의 그것 같았다. 정말 죽음을 고스란히 지켜보고 온 사람의 얼굴 같았다.

엄마가 집을 나간 후, 아버지는 엄마가 돌아오면 죽여 버리겠다고 장롱 속에 부엌칼을 숨기고 주무셨다. 그리고 시간이 날 때마다 그 부엌칼을 꺼내어 미군 부대에서 가지고 온 숫돌에 쓰윽쓰윽 가셨다. 아버지가 칼을 갈며 무슨 생각을 했는지 나는 모른다. 나는 그저 아버지의 술주정과 발작을 견뎌 내는 일이 끔찍했을 뿐이었다. 간질 발작이 어떤 것인지 본 사람만이 그 끔찍함을 알 수 있다. 아버지가 발작을 일으키면 멀쩡하던 눈동자가 갑자기 초점을 잃으며 허공 속의 귀신을 쫓듯 발광을 하고, 인간의 소리라고는 믿겨지지 않는 소리를 내며 온 방 안을 미친 듯이 헤맸다. 그리고 조금 더 심하게 되면 그대로 바닥에 고꾸라져 나무 막대처럼 꼿꼿하게 굳어져서는 입에 거품을 물었다. 그럴 때는 죽음을 경험하는 아버지의 얼굴을 물끄러미 바라다보는 것 말고는 달리 아무것도 할 수 없다. 지린 오줌으로 바지가 흥건해지면 그제야 아버지는 천천히 그 죽음에서 풀려 나셨다. 중학교 때까지만 해도 나는 지린내가 풍기는 아버지의 이불을 빠는 일이 끔찍해서 아버지를 붙들고 많이도 울부짖었다. 그러나 나는 그때 한번도 아버지가 불쌍하다는 생각을 해 본 적이 없었다. 그저 내게 이런 시련을 주는 아버지가 빨리 돌아가시기를, 그래서 나로 하여금 이런 끔찍한 일들에서 벗어날 수 있기를 믿지도 않는 하느님에게 기도했다.

그런데 아버지의 발작이 더욱 잦아져서 언제 발작을 하실지 하늘만 봐도, 아버지의 눈빛만 봐도 알 수 있을 정도였을 때, 나는 예전과 부쩍 달라진 아버지를 보았다. 온통 하얗게 센 머리카락, 어금니는 하나도 남아 있지 않은 누런 이빨 그리고 술에 취해 항상 붉은 얼굴.

언젠가 아버지는 밥을 드시다가 말고 내 앞에서 눈물을 흘리셨다. 엄마를 데려오라는 것이었다. 어디 있는지 알면 엄마를 당장에 찾아오라고 하시면서 서럽게, 정말 서럽게 우셨다. 눈동자가 없어 움푹 패인 눈에서 흐르는 눈물은 차마 바라볼 수 없는 것이었다. 나는 그제야 처음으로 아버지가 불쌍하다는 생각을 했다. 그것도 자식으로서 아버지에게 잘해야겠다 하는 알량한 효성에서가 아니라 그저 불쌍한 동네 강아지를 쳐다보는 그런 동정심에서였다.

그래도 나는 아버지가 발작을 일으켜 그 무거운 이불들을 엉망으로 만들 때면, 아버지에게 소리를 질렀다. 어느 한겨울 날, 나는 대변으로 범벅이 된 아버지를 알몸으로 마당에 내놓고 찬물을 끼얹었던 적도 있었다. 그러면서도 나는 이를 앙다물며 독해졌으면 독해졌지, 아버지에게 일말의 동정심도 느끼지 못했다. 나는 그런 아이였다. 그렇게 모진 아이였다. 동네 아주머니들이 아버지에게 잘하라며 좋은 말들을 해 주실 때에도 나는 속으로 네깟 것들이 한번 당해나 보았느냐, 남의 이야기하기 좋아하는 것들, 어디 하루만이라도 와서 아버지의 발작을 지켜보고 뒤치닥거리를 해 보라며 콧방귀를 뀌었다. 나는 그런 아이였다. 자식이 아니었다. 자식이 아니었다······.

　아직 쌀쌀한 초봄의 어느 날이었다. 아버지는 배가 아프다고 하셨다. 며칠 전부터 계속 그랬단다. "약 사다 드려요?" 나는 소화제와 활명수를 사다가 아버지에게 내밀었다. 다음 날도, 그 다음 날도 아버지는 계속해서 배가 아프다고 하셨다. 체해도 단단히 체했나 보네······. "아니, 뭘 드신 거예요?" 나는 투덜거리며 손도 안 댄 아버지의 저녁상을 치웠다. 형은 여자를 만나 밤을 지새우는 모양인지 밤새 집에 들어오지도 않았다. 아침 일찍부터 아버지가 내 방의 방문을 두드리셨다. 짜증을 내며 눈을 부비는데, 하얗게 질린 아버지의 얼굴이 눈에 들어왔다. "병필아······, 이거······, 이거······, 뭔가 이상타······. 죽겠어······, 도무지 죽겠는 게······." 나는 아버지를 업었다. 택시를 불렀다. 동네에 있는 작은 병원으로 갔다. 좀더 큰 병원으로 가 보라고 의사는 고개를 흔든다. 나는 다시 아버지를 업는다. 또 택시를 부른다. 설마······, 설마······. 응급실로 간다. 의사는 아버지의 팔에 주사를 놓는다. 사진을 찍는다. 그런데 아버지의 얼굴은 여전히 하얗게 질려 있다. 사진을 들고 온 의사의 얼굴이 멍청해 보인다. 더 큰 병원으로 가 보란다. 이제는 거의 울음이 터질 것 같다. 나는 다시 아버지를 업는다. 택시를 부른다. 어디서 자고 왔는지 그제야 형이 나타난다. 여자를 꼬시느라 멀끔한 차림새라니. 그 꼬락서니를 북북 찢어 놓고 싶다. 택시를 타고 서울로 간다. 나는 아버지를 안고 있다. 아버지의 숨소리가 거칠다. 이렇게 주름이 많았나. 아버지의 얼굴에 이렇게 주름이 많았나······. 설마······. 설마······.

　큰 병원에 도착한다. 다시 응급실이다. 다시 사진을 찍는다. 멍청하기는 여기 의사도 마찬가지다. 복수(腹水)가 터진 것 같단다. 복수가 뭔가. 뭔가가 뱃속을 가득 채우고 있단다. 관장을 한다. 눈에 익은 똥덩어리들이 빠져나온다. 이제 살 수 있는 건가. 아버지는 이제 살 수 있는 건가. 그런데 아버지의 눈빛이 점점 희미해진다. 내 손을 잡고 있는 손에서 힘이 빠져나간다. 아버지의 호흡이 약해진다. 의사는 기도로 호흡관을 집어넣어야 한다며, 철물점에서나 본 무식하게 생긴 쇠로 된 연장을 가지고 온다. 보호자는 나가 있으란다. 잠깐 고개를 돌렸다가 돌아보니, 아버지의 입에 커다란 호스가 달려 있다. 아버지는 살며시 눈을 뜨고 있다. 아버지…… 나를 지켜보고 계신 건가……. 자식 같지 않은 나를 지켜보고 계신 건가……. 발작에서 깨어나실 때처럼 이깟 것 아무렇지 않게 오줌 한번 지리고 일어나시기를……. 힘든 이불 빨래도 다 해 낼 테니 툭툭 털고 일어나, 막걸리 한 사발 받아 오라고 고래고래 소리 지르시기를…….

그러나 아버지는 끝내 깨어나지 않으셨다. 그 여자가 내 소원대로 죽었던 것처럼 아버지도 내 소원대로 돌아가셨던 것이다.

몸부림

고등학교를 다니면서 여전히 아이들에게 놀림을 받았던 나는, 졸업을 할 때쯤 해서야 절박하게 변해야 한다는 생각을 하게 되었다. 나는 중학교에 들어가기 전에 연습했던 것들을 머릿속에서 되씹으며 나를 변화시키려는 장기적인 계획을 세웠다. 좀더 확실하게 남자가 되기 위하여 이번에는 목소리만 바꾸고 남자 흉내만 내는 것이 아니라 시간이 날 때마다 농구를 하며 남자의 체력을 유지하려 했고, 다른 아이들처럼 자위를 하며 내가 가지고 있는 남자의 생식기로 만족감을 느끼기 위해 애를 썼다. 그런 노력 때문인지 정말 내가 남자가 되고 있다는 느낌이 들었다. 대학교에 진학해서는 이전의 그 끔찍했던 손가락질을 벗어나려는 강박 관념으로 양복바지와 와이셔츠를 입고 그리고 나이가 들어 보이게 하는 두꺼운 안경을 쓰고 다녔다. 차림새 덕분이었는지 다른 아이들은 나를 계집아이로 보지 않는 듯했다. 오히려 한 살이 어린 나에게 군대에 다녀오지 않았느냐며 어려워하는 친구들을 보며, 나는 정말 내가 남자가 되었다고 믿었다. 그리고 예전에 고등학교 다닐 때 말 한번 걸어 보지 못하고 애틋함만을 간직하고 있던 아이들에게 내가 먼저 연락을 하기 시작했고, 이제는 남자인 나에게 진정한 친구가 필요한 것뿐이라고 떨리는 마음을 합리화시켰다. 거울 속의 내 모습에서 더 이상 여자를 느끼지 않게 되었던 나는 같은 과 여자 아이들에게 소개팅을 시켜 달라기도 했다. 그렇게 한 여자 아이를 만났고, 내 가슴속에서 그저 착하기만 한 그 여자 아이에 대한 떨림이 일어나기를, 그게 안 된다면 그 여자 아이의 옷 속에 대한 상상이 불러일으킬 떨림이라도 일어나기를 간절히 바랐다. 그러나 내 마음은 생소한 적막함으로 가득 차 괜히 어색하기만 했고, 오히려 고등학교 때부터 알고 지내던, 체육학과의 한 아이를 그리워하고 있었다. 그 아이는 누가 보아도 잘생긴 외모를 가지고 있어서 여자 아이들에게 인기가 많았는데, 그 아이의 눈매를 떠올리면 그저 떨림으로만 머무르지 않는 사랑의 감정이 내 몸 안으로 속속들이 파고드는 것을 느낄 수 있었다. 아니다, 이렇게 무너질 수는 없다. 나는 이를 앙다물었지만 그 아이에게 애틋한 편지를 쓰고, 나날이 그 아이에게 다가가고 있는 나 자신을 발견하게 될 뿐이었다. 나는 거울 속의 나를 바꿀 수는 있었지만, 내 속의 나를 바꿀 수는 없었다. 순간순간 드러나는 다소곳한 소녀의 눈짓과 손길은 불뚝한 근육질 몸이나 두꺼운 안경으로 가릴 수 있는 것이 아니었다. 사랑은 본능이었고, 그 본능을 느끼는 것은 거울 속의 내가 아니라 이 어색한 몸뚱이 속의 나였다. 진정한 나였다.

게이, 성(性)의 두 얼굴

힘겨웠던 대학 시절. 그 2학년 여름에 〈그것이 알고 싶다〉라는 프로그램을 보고 나서 내가 어떤 사람인지 처음으로 심각하게 생각할 수 있었고, 그것이 나 혼자만의 기이하고 징그러운 모습이나 감정은 아니라는 사실을 깨달을 수 있었다. 원래 동성애자를 가리키는 말인 '게이'라는 이름으로 텔레비전에 모습을 드러낸 그 여자 아닌 여자들은 너무나도 아름다웠고, 또 너무나도 당당했다. 그들이 느꼈던 것이 내가 느꼈던 것과 어찌 그리도 똑같은지, 그들의 과거는 속속들이 나의 과거였다. 나는 또 다른 모습으로 살고 있는 나를 발견한 것 같았다. 그러나 그들의 모습은 어색했다. 그들은 여전히 남자의 손과 남자의 얼굴과 남자의 목소리를 가지고 있었다. 물론 누가 보아도 손색없는 여자의 모습을 가지고 있는 사람도 있었다. 그러나 대부분 화장을 짙게 하여 가리고 있을 뿐 분명 남자의 모습을 하고 있었다. 나는 기쁨과 함께 참혹함을 느꼈다. 이태원에서 술을 따르며 살고 있는 그들의 모습을 그저

이태원 거리. 우리 사회의 편견 때문에 성적 소수자들은 음성화될 수밖에 없었다

반가운 마음으로 받아들일 수만은 없었던 것이다. 나는 분명히 그들과 같은 사람이었지만, 그런 식으로 살 수밖에 없다는 그들의 말을 나는 믿지 않았다. 나는 정말 믿지 않았다.

나의 가장 소중한 사람

그는 그저 평범한 사람이었다. 내가 이전에 떨림을 느꼈던 그 많은 남자들처럼 멋지게 생기지도 않았고, 다른 사람들을 휘어잡는 강한 카리스마도 없었다. 대학 생활 3년 동안 남자 흉내를 내느라 지칠 대로 지친 나는 아무것도 기대하지 않았다. 학교 서클에서 일을 하고 있던 나는 그저 의무감으로 후배들을 받아들였는데, 유난히 남자 신입생들이 많이 가입을 했던 그해, 그 신입생들 속에 바로 그가 있었다. 그러나 나는 그때의 그의 모습을 기억하지 못한다. 그만큼 내가 지쳐 있었기 때문인지도 모르고, 그만큼 그의 모습이 평범했기 때문인지도 모른다. 나보다 세 살이나 어린 그가 내게 남자로 다가온 것은 그를 만난 지 거의 6개월이 지난 후였다. 어느 후배의 아버지가 돌아가셔서 상가의 일을 도와주느라 지친 내 앞에 그는 아무렇지 않게 똑같은 모습으로 서 있었는데, 나는 소름 끼치는 예감을 느끼고 말았다. 설마……. 그러나 그 예감은 틀리지 않았다. 8년간의 너무나도 긴 짝사랑의 이야기는 바로 그때, 그 늦여름에 시작되었다.

그가 주말에 뜬금없이 전화를 해서 영화를 보러 가자고 했을 때, 나는 그를 좀 이상하게 여겼다. 자기보다 세 살이나 많은 남자 선배에게 영화를 보러 가자고 하는 것은 그 당시의 나로서는 납득하기 힘든 일이었다. 영화를 보고, 밥을 먹고, 술을 마시고 돌아오는 버스 안에서 설마 하며 피식 웃었던 기억이 난다. 잘 들어갔느냐는 전화가 왔던 것 같다. 설마……. 그 전화를 받고 나서도 피식 웃었던 것 같다. 학교에서 만난 그는 변함없이 무뚝뚝한 후배의 모습 그대로였다. 그 주에도 그는 전화를 했다. 그냥 아무 이유 없이 전화를 했단다. 두런두런 이야기를 나누고 난 후 전화를 끊는데 설마 하는 생각의 끝이 왠지 두려웠다. 또다시 사랑을……? 그 끔찍했던 짝사랑을……? 나는 고개를 저었다. 이럴 수 없다. 이를 앙다물었다. 다시 그에게서 전화가 왔다. 그와 함께 술을 마셨다. 밥을 먹었다. 이야기를 나눴다. 조심해서 들어가라며 버스 정류장에서 손을 흔들어 주는 키 작은 그의 모습을 바라보는데, 가슴이 철렁 내려앉았다. 머리가 아팠다. 안 된다, 더 이상은……. 난 남자가 되기로 하지 않았던가. 고개를 젓는데도 내 눈앞에는 그의 얼굴이 그려졌다. 희망은 겁 없이 남루한 내 모습 안에서 고개를 들고 있었다. 이미 체육학과의 친구 때문에 비참한 절망을 느꼈던 나는 더 이상 그저 지켜보기만 하는, 사랑도 아닌 추잡한 느낌들을 갖고 싶지 않았다. 어차피 뻔한 일이다. 또다시 혼자만 희망을 부풀리며 사랑을 구걸하다가, 아니 구걸하지도 못하고 마음 졸이며 혼자 끙끙 앓기만 하다가 울고 마는 나약한 모습의 나를 지켜보는 일은 이제 더 이상 할 수 없었다. 차라리 혼자가 낫다. 나는 처음으로 다른 사람들과는 다른 나의 모습을, 내 안의 또 다른 나를 보여 주기로 작정을 했다. 그 이야기를 하면 그 또한 주춤주춤 어색한 모습으로 물러나리라 나는 믿었다. 이미 그에 대한 사랑의 감정은 싹터 있었지만, 이번에 또 한번 이루어질 수 없는 비참한 사랑의 모습을 확인하고 나면 나는 더 이상 삶을 이어갈 이유를 찾지 못할 것만 같았다. 나는 자살하는 심정으로 그에게 만나자는 이야기를 했다. 그리고 내 목에 칼을 들이대는 심정으로 나에 대한 이야기를 했다. 남자의 몸이지만 남자가 아닌 나……. 그리고 내 안의 내가 그에게 다가가고 있음을……. 나는 고개를 들지 못했다. 죄를 지은 것도 아넌데, 참혹함으로 고개를 들 수가 없었다. 하지만 후련했다. 이렇게 다들 돌려보내면 되는 것이다. 아니, 어차피 처음부터 다가오지도 않은 사람들을 돌려보내는 것이 무슨 의미가 있을까. 나 혼자 돌아오면 되는 것을. 영원히 이렇게 사람들에게서 한 발씩 한 발씩 물러나 나 혼자만의 모퉁이에 갇히면 되는 것을.

그러나 그는 의외로 담담히 이야기했다. 언제가 될지 모르지만 있을 수 있을 때까지 내 곁에 있겠다고……. 나는 믿을 수가 없었다. 나는 당연히 자리를 박차고 일어나거나 어색한 모습으로 헤어져 다시는 연락을 하지 않는 그의 모습을 상상하고 있었지만, 고개를 든 내 앞에 있는 그는 너무나도 평온한 모습이었다. 열아홉 살의 남자 아이……. 겨우 열아홉……. 스물 두 살의 나는, 게다가 남자의 모습을 하고 있는 나는, 그에게 내 모든 것을 걸고 만다. 아무도 나를 사랑할 수 없으리라 하는 생각을 떠올리던 내게, 지금 생각해 보면 그저 아무것도 아닌 그 말 한마디는 나의 모든 것을 내놓게 만들었고, 나의 목숨을 걸게 만들었다. 다시는 내게 올 수 없을 그 감정, 처음으로 누군가에게 받아들여진 나의 존재 그리고 나의 목숨은 이미 그의 것이라고 믿었다. 나는 아직도 그때, 버스를 타고 돌아오던 때의 흥분을 잊지 못한다. 아무도 기다리지 않는 남루한 집에 돌아와 어쩔 줄 모르고 서성이며 사랑을 느끼고 확신하던 일, 지금 생각해 보면 너무나 안타까운 오해에 불과했지만, 그 당시의 나는 그토록 외로웠고 위태로웠다. 그 오해가 아니었다면 나는 그 위태로움에서 벗어날 수 없었을 것이다.

그러나 어차피 환상은 환상일 뿐이었다. 처음으로 사랑이라는 것을 얻었다고 믿었던 나는 매 순간마다 그를 떠올렸다. 그러나 처음부터 나에게 사랑을 느끼지도 않았고, 워낙 무덤덤한 성격이었던 그는 나를 선배 이상의 그 무엇으로 대하지 않았다. 지금에서야 나는 그의 그 모든 모습이 당연한 것이었다고 생각하지만, 그때의 나는 사랑이라는 환상에 눈이 멀어 있었다. 그의 손짓, 그의 눈짓, 심지어 그의 평범한 웃음소리마저도 나를 위한 것이라 믿고 있었다. 그토록 따스한 마음을 가진 그를 위해 나는 모든 것을 바쳐야 한다, 그런 어리석은 생각을 하고 있었다. 그를 만나면 나는 천국에 있었고, 그와 헤어져 집에 돌아오면 나는 지옥에 있었다. 그의 얼굴을 보고 있을 때면 세상을 다 얻은 듯했고, 그의 뒷모습을 바라보아야 할 때면 세상이 내게서 멀어지는 듯했다. 사랑은 너무나도 달콤한 희열이자 너무나도 치명적인 고통이었다.

사랑에 대한 환상으로, 조금도 다가오지 않던, 아니 다가올 수 없었던 그에 대한 원망으로 나는 점점 야위어 갔다. 그를 위한다면 그를 사랑해서는 안 된다. 나 혼자서 수십 수백 번 그와 헤어지고, 헤어짐 아닌 헤어짐의 고통으로 혼자서 멍하니 어둠을 지키고 있다가 도저히 그가 없이는 살아갈 수 없다고 다시 그에게로 돌아가던 일 또한 수십 수백 번이었다. 그는 언제나 그 자리에 그대로 있었는데, 미친 나만 천국과 지옥을 넘나들었다. 하지만 지금 이 순간에도 그때의 나를 후회하지는 않는다. 사랑에 대한 환상에 빠져 있지 않았더라면 나는 그때 내 삶을 포기했을 것이다. 부모, 형제, 친구, 사랑……. 내게는 남겨진 것이 이미 아무것도 없었다. 귀찮고 힘겨운 내 이 몸뚱이를 그저 잠재우고 싶다는 생각뿐이었다. 그가 아니었다면, 정말 그가 아니었다면 나는 지금 이 자리에 없을 것이다. 김비는 없을 것이다.

자해

그를 잊기 위해 내가 택한 방법은 자해(自害)였다. 그것은 나를 죽이거나 해치려는 것이 아니라, 나를 바꾸려는 시도였다. 사랑에 대한 환상이 현실과 부딪혀 그 현란한 색깔을 잃어버리면서, 나는 남자인 나를, 남자로 보이는 나를 인식하지 않을 수 없었다. 내 것이 아닌 몸뚱이는 견딜 수 없는 충동과 욕망으로 자꾸 더럽혀지는 것만 같았고, 나는 그 몸뚱이를 다스리는 데 점점 지쳐갔다. 아무 의미도 없는 자위, 쾌락이 아니라 공포스러운 참혹함에 빠져들게 하는 사정(射精). 나는 힘겨웠다. 그를 사랑하는 일도, 내 것이 아닌 몸뚱이를 다스리는 일도, 나를 피폐하게 할 뿐이었다. 나는 이를 앙다물었다. 그리고 그를 잊고, 내 몸을 다스릴 필요가 없는 길을 찾기 시작했다. 그것은 바로 동성애자가 되는 것이었다.

그때까지만 해도 컴퓨터 통신을 하고 있지 않던 나는 화장실 벽에

성 전환 수술에 대한 안내문

◀ **여성화 수술**

점차 늘어나고 있는 성전환자들은 정신적인 성을 우선하게 되[며] [정신]적인 성의 결정뿐만 아니라 겉모습도 여성스럽게 보이는 것이 [중요합니다.] 인상은 대부분 얼굴에 의해서 결정되기 때문에 안면 여성화 수[술은] 성전환자들에게는 정신적으로 느끼는 성의 특징적인 모습을 갖[는 데] 중요하므로 안면 여성화 수술은 많은 도움을 줄 수 있습니다. 남[녀는] 서부터 본질적인 차이가 있습니다. 이 차이는 인류학자나 의사[들] 에 의해서도 많은 연구가 되어 왔습니다. 여성들은 좀 더 뾰족한 [턱을 가지고 있고 남자들은 네모난 턱이] 낮습니다. 이마도 많은 차이를 보이는데 특히 눈썹 부위와 그 [위쪽이 남자들은 더 튀어 나온 모양] 이를 보입니다. 뼈의 모양에 따라서 그 위에 있는 피부의 모양[도 달라집니다. 이러한 남성적인] 안면골의 모양을 바꾸어 줌으로써 훨씬 여성적인 모양을 갖게 [됩니다. 튀어나온 턱을 깎] 아내고 불거진 광대뼈를 깎아내면 훨씬 여성적인 모양이 됩니다. [본래부터] 다른 사람들보다 조금은 여성적인 면을 갖고 있는 사람들이 많[이 있지만 수술로써 여성화를 시켜] 놓아도 역시 차이가 많습니다. 이러한 개인차와 안면골 X선 사[진으로 나타난 얼굴뼈의 모양] 에 따라 수술이 계획되고 실행되어 집니다. 마지막으로 질 재건 수술이 마무리됩니다.

성전환 수술 전 준비

성전환 수술의 조건

성전환 수술에 대한 필수 조건은 다[음과 같습니다.]
1. 정신과 전문의의 임상적인 진단과 호[르몬 검사를 받아야 하고,]
2. 적어도 12 개월 간, 24시간 여성으로 [생활해야 하며,]
3. 적어도 6개월 이상 지켜본 정신과 전[문의의 소견이 있어야 합니다.]

그리고, **상대적인 필요 조건은** 다음[과 같습니다.]
1. 환자에 대한 담당 정신과 전문의의 [소견과 환자의 생]활에 매우 중요한 영향을 주는 친지 등의 가족들, 또는 신앙 생활을 인도하는 종교인 등[의 의견을 참고하고,]
2. 만 20 세 이상의 성인이어야 하고,
3. 성전환수술을 2년 이상 원해왔으며,
4. 여성호르몬을 1년 이상 투여 받았고,
5. 다른 정신과적인 질환이 없어야 합니다.

적혀 있는 전화번호를 찾아다녔다. 화장실에 쭈그리고 앉아 누군가가 나를 그 참혹함에서 꺼내 주기를, 그 힘겨운 싸움에서 꺼내 주기를 간절히 기도했다. 그러나 그곳에서 만난 사람들은 나를 꺼내 주지 못했다. 나의 바지춤을 풀어 내리는 그들의 손길을 이를 앙다물고 견뎌냈지만 화장실에 혼자 남겨진 나는 벌겋게 달아오른 거울 속의 내 얼굴을 바라보며 서럽게 서럽게 울어야 했다.

 이럴 수밖에, 이럴 수밖에 없는 건가. 나는 나를 사랑해 줄 누군가를 원했던 건데, 내 바지춤이 아니라 그것과는 전혀 다른 모습의 나를, 영혼의 나를 사랑해 주기를 바랐던 건데 그러나 그것은 너무나도 야무진 꿈이었다. 나의 피폐함은 극에 달하고 있었다. 그런 날이면 나는 그를 찾아갔다. 사랑한다, 그 말 한마디면 더 이상 그런 어리석은 짓은 하지 않을 텐데……. 그러나 그는 여전히 무뚝뚝했다. 나는 또다시 조금씩 야위어 갔다.

 그는 군대에 가고, 나는 삭발을 했다. 자유롭고 싶었다. 마음대로 더러워지고 싶었다. 어차피 이렇게 태어난 몸, 이렇게 썩어가리라. 나는 점점 독해지고 있었다. 졸업을 했지만 직장을 얻을 수는 없었다. 떳떳한 남성들 앞에서 흉내만 내던 남성인 나는 자신감 없는 사람으로 비추어졌으리라. 나는 고향집으로 내려갔다. 그리고 몇 달을 방 안에서, 그 어둠 속에서 죽은 아버지의 영혼을 만나며 비쩍비쩍 말라 갔다. 다시 세상에 나왔을 때, 세상은 너무나도 밝은 모습 그대로였다.

 우연히 동네 친구를 만나 들어간 레스토랑에서 아르바이트할 사람을 구한다는 안내문을 발견했다. 나는 그곳에서 일하기로 하고 집을 나왔다. 내겐 아무 의미도 없는 집이었다. 동네 독서실에서 먹고 자며 아르바이트를 했다. 시간급으로 계산해서, 한 달 월급이 30여만 원 정도 되었다. 나는 레스토랑 사장님에게도 내 이야기를 했다. 이제는 나에 대해 아무에게도 감출 필요가 없었던 것이다. 사장님은 열심히 일해서 수술을 하라고 말씀하셨다. 그저 순진한 아이를 붙잡아 두기 위한 말씀이었는지는 모르겠지만 나는 눈물이 날 만큼 고마웠다. 그곳에서 2년이나 일했지만 내 월급은 처음 시작할 때와 엇비슷했다. 하지만 그 사장님이 나를 속인 것이라고 생각하고 싶지는 않다. 나는 그곳에서, 그분들에게서 많은 용기를 얻었던 것이 사실이었고 그리고 병원에 다니기 시작했던 것도 그때의 일이었으니 말이다.

비명

내가 맨 처음 찾아간 곳은 국립의료원이었다. 물론 제 발로 신경정신과를 찾아간다는 것이 쉬운 일은 아니었다. 한 달을 혼자서 고민을 하고, 일주일을 더 병원 근처에서 서성이다가 신경정신과의 문을 두드렸다. 내 이야기를 다 들은 의사는 아무렇지도 않다는 얼굴로 우선 심리 검사를 받으라고 했다. 의사는 검사 결과를 보고 나서 일부러 이렇게 쓴 것이 아니냐고 되묻고는 좀더 상담을 해 보자고 이야기했다. 나는 그동안 내게 있었던 모든 일을 이야기했다. 그리고 조금씩 희망을 키워가기 시작했다. 담담히 나를 받아들여 주는 사람이 있다는 사실이 참 신기했다. 이제 어쩌면 나는 내 모습을 찾을 수 있을지도 모르겠구나. 더 이상 혼자 괴로워하며 죽음을 떠올리지 않아도 되겠구나. 월급을 거의 다 갖다 바치면서도 나는 즐거웠다. 그러던 어느 날, 의사는 내게 다른 병원에 가 보라고 했다. 국립의료원에서는 성전환 시술을 한 적도 없고, 해 줄 수도 없으니 전문 의료 기관인 연세대학교 세브란스 병원으로 가 보라고 했다. 좀 실망스러웠지만 이제 나는 그렇게 호락호락 물러설 수 없었다. 그렇다면 진단서를 써 달라고 했다. 의사는 처음에는 좀 주저하더니 결국 진단서를 써 주었다. 나는 그 진단서를 들고 연세대학교 세브란스 병원으로 찾아갔다.

나는 이미 희망으로 부풀어 있었기 때문에 이번에는 망설이지 않고 신경정신과의 문을 두드렸다. 성 정체성 전문의라는 의사는 내게 우선 호르몬 검사와 염색체 검사를 받으라고 했다. 이전의 상담 수준이 아닌 본격적인 치료의 단계로 들어가는 것 같아 괜히 신이 났다. 집에 들어가서는 예쁜 여자가 되기 위해 어떤 옷을 입을까, 어떤 화장을 할까 하는 생각들을 하며 희망에 부풀었다.

의사는 검사 결과를 보더니 호르몬 주사를 맞은 적이 있느냐고 물었다. 그때까지만 해도 호르몬 주사를 일반 약국에서 구할 수 있다는 사실을 알지 못해서 한번도 맞아 본 적이 없었다. 의사는 내게 여성 호르몬이 남성 호르몬보다 훨씬 많다고 이야기했다. 나는 다행이라는 생각을 했다. 내가 어찌한다고 해서 고칠 수 있는 것이 아닌 선천적인 장애라고 판명되는 순간이어서 안도한 것이었다. 그러나 의사는 곧바로 덧붙였다. 호르몬 이상은 그렇게 커다란 의미를 가지는 것이 아니며 한국에서는 호르몬 이상만 가지고는 성전환 수술을 해 줄 수 없다는 것이 원칙이다, 염색체상으로는 분명 남성 염색체를 가지고 있기 때문에 더 이상의 치료는 불가능하다는 것이었다. 나는 무언가로 머리를 얻어맞은 듯한 느낌이었다. 이상이 있다는 것을 뻔히 알면서도 치료를 해 줄 수 없다니 너무나도 황당했다. 나는 의사에게 매달렸다. 제발 치료를 해서 수술을 받게 해 달라, 너무나 힘들어서 도저히 이대로 살아갈 수 없다, 제발 치료를 해 달라. 나는 의사 앞에서 울먹였다. 의사는 그렇다면 보호자의 동의를 얻어 와라, 최소한 보호자의 동의가 있어야 치료를 해 줄 수 있다고 말했다. 보호자……? 아버지가 돌아가시고 엄마가 안 계신 상황에서 내 법적 보호자는 형이었다. 나는 그 길로 집으로 달려가 형과 동생에게 내 이야기를 했다. 동생은 쉽게 받아들이지 못하는 눈치였지만 형은 이상하다 했더니 그랬었구나…… 하며 고개를 끄덕였다. 어렸을 때부터 누구보다도 가까이서 나를 지켜보았던 형은 내가 무언가 이상하다는 것을 계속해서 느끼고 있었던 것이다. 나는 다음 날 들뜬 가슴을 안고 다시 병원을 찾았다. 이제는 더 이상 문제될 것이 없었다. 의사의 말대로 보호자의 허락을 받았으니 말이다. 돈은 무슨 짓을 해서라도 마련하리라. 하다못해 술을 따라서라도 마련하리라. 생전에 없던 용기가 불쑥불쑥 치솟아 올랐다.

그러나 병원에서 다시 의사를 마주한 나는 황당한 소리를 들어야 했다. 이번에는 여자 옷을 입고 오라고 했다. 어이가 없었다. 호르몬 검사를 하고, 심리 검사를 하고, 염색체 검사까지 하며 미친 듯이 매달리는 나를 보았으면서도 의사는 내게 여자 옷을 입고 와야 치료를 해 주겠다고 말하는 것이었다. 나는 화가 치밀었다. 그깟 옷 쪼가리가 무엇이길래, 나라는 인간이 그깟 옷 쪼가리로 판명되어야 한다니. 그때의 나는 남자의 모습을 하고 있었다. 지금처럼 머리가 길지도, 피부가 곱지도 않았고, 얼굴이 곱상하지도 않았던데다가 제대로 먹지 못해 피골이 상접해 있었다. 그 꼴로 여자 옷을 입는다는 것도 문제려니와 여자 옷을 구하는 일도 문제였다. 개그맨들 여장하듯 몸뻬 입고 아줌마 가발이라도 쓰고 나오란 말인가. 나는 화가 있는 대로 치밀어 의사에게 마구 소리를 질렀다. 그러나 의사의 고집은 대단했다. 지금까지 남자로 잘 살아 왔으니 앞으로도 그렇게 살아갈 수 있다고 했다. 사람의 성을 바꾸는 일이 그렇게 쉽게 되는 것은 아니라고 했다. 나는 그대로 문을 박차고 나와 버렸다. 그러고는 병원 로비에 주저앉아 한나절을 엉엉 울었다. 이것이었구나……. 여기가 끝이구나……. 여자가 되고자 했다면 중학교 때부터 시작했어야 하는구나. 엄마도 없이 아버지 병구완을 하며 겨우겨우 먹고살던 시절, 그때부터 병원에 다니며 치료를 했어야 하는구나. 아무것도 모르는 열서너 살짜리 나 자신보다도 더욱 난감하고 힘겨웠던 것들이 즐비하던 그 시절, 그 시절에 나 자신을 꿰뚫어 보고 진작에 시작을 했어야 하는구나. 나는 되돌릴 수 없는 운명의 사슬들을 하나하나 서럽게 곱씹으며 그대로 고개를 떨구고 말았다. 내 삶은 거기서 다시 한번 위기를 맞고 있었다.

부활

우연이었을까……. 연세대학교 세브란스 병원의 성 정체성 전문의였던 그 의사를 나는 몇 달 전에 보았다. 친구들과 함께 제주도에 있는 엄마를 만나고 오다가 제주도 공항에서 그 사람을 보았던 것이다. 물론 그 사람은 나를 알아볼 수 없었을 것이다. 나는 그를 가만히 바라보며 미소를 지었다. 당신은 나를 죽음과도 같은 절망의 구렁텅이에 밀어 넣었지만, 나는 지금 이렇게 잘 살아 있답니다……. 당신이 또다시 나를 절망의 구렁텅이에 밀어 넣어도 나는 절대, 절대 쓰러지지 않을 거랍니다……. 나는 그런 생각을 하며 많이 늙어 버린 그 의사를 고즈넉이 바라보았다. 그 의사에게 떳떳하게 살아 있는 나를 그리고 남자를 버리고 너무나도 행복해하는 나를 보여 주고 싶었지만 그 충동을 꾹꾹 눌렀다. 아직은 아니었다. 조금 더 기다린 후에, 떳떳하게 당신 앞에, 세상 앞에 나타나리라. 나는 그렇게 다짐했다.

그렇다. 죽음과 삶의 기로에 서 있던 그때, 나는 다시 한번 독해졌다. 나는 선천적으로 간이 나빴기 때문에 호르몬 주사가 어떤 부작용을 일으킬지 알 수 없었지만 형수에게 호르몬 주사를 사 달라고 부탁

해서, 그 주사를 맞기 시작했다. 지금도 내 몸 속으로 파고들던 그 아릿한 기운이 고스란히 떠오른다. 나는 그때 죽음을 떠올리고 있었다. 솔직히 그 주사를 맞고 여자가 될 수 있을 것이라는 기대보다는 차라리 이 주사를 맞고 죽었으면 하는 그런 처절함이 나를 지배하고 있었다. 호르몬 주사를 계속해서 맞자 내 남자의 몸은, 아니 정확히 말해 남자의 성기(性器)는 조금씩 작아졌다. 나는 더 이상 처절함에 휩싸여 자위를 하고 사정을 할 필요가 없어졌고, 그것은 내게 자유로움으로 다가왔다.

그해 봄에 학교에서 연락이 왔다. 예전에 나를 아껴 주셨던 교수님이 조교로 추천해 주셨던 것이다. 나는 학교 앞으로 이사를 했고, 작지만 나만의 방을 갖게 되었다. 조교의 월급은 많지 않았지만 하는 일이 힘든 것은 아니어서 혼자만의 시간을 충분히 가질 수 있었다. 나는 그때부터 글쓰기를 시작했다. 여전히 나의 곁에는 아무도 없었지만 글쓰기가 나를, 나의 삶을 조금씩 채워가고 있었다. 일주일에 한 번, 혹은 두 번씩 호르몬 주사를 맞으며 나는 점점 편안해져 갔다.

나에게 잘해 주는 남자들에게 또다시 기대고 싶은 감정이 가슴속에서 치밀어 올라올 때면 그 감정을 주체하지 못해 많이 울었다. 이렇게 평생 주사를 맞으며 연명하는 일이 과연 얼마나 나의 삶에 도움이 될까 하고 회의를 품기도 했다. 그러나 한번 편안함을 맛본 나는 다시 돌아갈 수 없었다. 가끔씩 뒤를 돌아보기는 했지만 그 끔찍한 공포와 처절함은 차라리 목숨을 끊으면 끊었지 다시 겪고 싶지 않은 것이었다. 나는 살아났다. 그 힘겨운 부활을 하고야만 나 자신에게 나는 머리 숙여 깊이, 깊이 감사한다.

김비

그렇게 주사를 맞은 지 4년이 되어 간다. 그리고 요즘 나는 겁 없이 행복하다는 생각을 떠올리고 있다. 수줍음을 타기로는 세상에 둘도 없는 내가, 게다가 아무런 경력도 없고 외국에 다녀온 적도 없는 내가 영어 학원에서 영어를 가르치리라고는 상상할 수조차 없었다. 그러나 나는 지금 어른들을 대상으로 학원에서 강의를 하고 있다. 학원의 전체 수강생의 반 이상이 내 강의를 듣기 위해 학원을 찾으며, 내 강의를 칭찬하느라 침이 마른다. 원장님은 내가 없으면 학원 문을 닫아야 한다고 듣기 싫지 않은 앓는 소리를 하시고, 외국인들은 나처럼 영어에 대한 감각이 좋고 잘하는 한국 사람은 처음 본다고 너스레를 떤다. 다들 입에 발린 소리들인지는 모르지만, 어쨌든 그 모든 것이 나를 행복하게 또 편안하게 만드는 것이 사실이다. 그러나 내가 무엇보다도 행복해 하는 것은 바로 편안함 때문이다.

나는 머리를 묶고 강의를 하는 때가 많다. 나를 처음 본 사람들은 내가 여자인지 남자인지를 몰라 당황해 하다가 남자라는 것을 알고 나서도 그 사실을 자연스럽게 받아들인다. 굉장히 드문 일이기는 하지만 가끔씩 내가 여자인 줄 알고 강의를 수강했다는 남자도 있기는 하다. 나는 그저 털털 웃으며 지나친다. 그 말에 신이 나 하지도, 기뻐하며 희망을 걸지도 않는다. 하지만 기분이 좋은 것은 사실이다. 나는 학생들에게 내가 남자도, 여자도 아님을 떳떳하게 밝힌다. 물론 처음부터 그런 사실을 밝히고 수업을 할 필요는 없지만, 사적인 자리에서 학생들이 그런 것들을 물을 때, 나는 거리낌 없이 밝힌다. 나는 남자의 몸을 가지고 태어난 여자임을. 그리고 희한한 구경을 하는 셈이니 수강료를 더 내라고 너스레를 떨기도 한다. 나, 이제 그렇게 여유가 생긴 것이다.

직장인들을 대상으로 하는 강의는 주로 아침과 저녁에만 하기 때문에 낮에는 집에서 소설을 쓴다. 동성애를 다루는 잡지인 『버디』에 처음으로 소설을 연재하고 나서 누군가가 내 소설을 읽고 눈물을 흘렸다는 이야기를 들었다. 고마웠다. 세상이, 그리고 이렇게 일어선 내가.

얼지마, 죽지마, 부활할 거야

가끔 미래의 나에 대해 떠올려 보곤 한다. 한번도 떠올려 본 적이 없는 것이어서 처음에는 남세스럽기도 했지만, 이제는 그저 아무렇지 않게 서른의 나를, 마흔의 나를 떠올릴 수 있게 되었다.

이상한 것은 호르몬 주사를 맞고 머리를 기르며 점점 여자가 되어 간다는 사실을 알게 되면서부터 내가 여자가 되어야 한다는 강박 관념에서 점점 멀어지고 있다는 것이다. 서른 가까운 나이가 되고 나니, 세상일이 모두 별것 아닌 것처럼 보이는 안하무인이 된 것일까. 나는 요즘 그냥 지금처럼만 이렇게 편안하게 살면 더 이상 여한이 없을 것 같다는 생각을 한다. 물론 모든 여자가 다 그러하듯이 문득문득 누군가에게 아름다운 모습을 보여 주고 싶은 것이 사실이지만, 굳이 치장을 하고 화장을 해서 나를 가리고 싶지는 않다. 그냥 벌거벗은 내게서도 무언가 느낄 수 있는 누군가가 있기를, 내 곁에 있는 사람들이 내 치장한 외모에서가 아니라, 눈빛에서, 마음에서 여자인 나를 발견할 수 있기를 바라고 있다. 물론 이게 야무진 꿈이라는 것을 알고 있다. 하지만 그렇게 나를 발견하고 또 사랑해 줄 사람이 없다고 해서 나를 절망의 늪에 빠뜨리는 일은 절대 없을 것이다. 나는 바보가 아니다. 그렇다고 철부지 어린아이도 아니다.

지금의 남자도, 여자도 아닌 내가 누군가에게 받아들여져 평범한

동성애 전문 잡지 『버디』

모습으로 살아갈 수 있다고 믿을 만큼, 나 그렇게 머리가 나쁘지는 않다. 나는 참으로 평범한 것들을 그리워했다. 처음부터 이렇게 태어나지 않고 남자면 남자로, 여자면 여자로 태어나 사랑을, 삶을, 가족을 갖고 싶었다. 가끔 홀쭉한 내 배를 만져 본다. 이 뱃속에 아이를 담을 수 있다면, 사랑하는 사람의 아이를 담을 수 있다면. 그렇다. 꿈이란 걸 안다. 아직도 나라는 존재를 잘 이해하지 못하는 사람들에게는 추잡하고 더러운 상상이란 걸 안다.

내가 좋아하는 소설가인 신경숙 씨는 자신의 작품 후기에 이렇게 쓴 적이 있다. "지금 내 몫이 아닌 것은 이 다음 어디에도 내 몫이 아닐 뿐더러, 그렇게 내 몫이 아닌 것들은 후회 없이 그저 놓아 버리라"고.

그렇다. 나는 그 평범한 인간의 삶을 놓아 버린다. 그토록 오래도록 꿈꾸었고, 지금도 꿈꾸고 있는 사랑과 행복의 평범한 삶을 나, 이제 놓아 버린다. 하지만 내겐 아직도 많은 것들이 남아 있다. 동성애자라는 굴레를 견디며 또 다른 힘겨운 삶을 살아가는 동생들, 친구들, 나와 같은 트랜스젠더이면서 나보다 더 당당하게 살아가는 동생들 그리고 어색하고 받아들이기 힘들 텐데도 나를 받아들여 주는 수많은 평범한 사람들……

봉사 모임인 참사랑 통신 동호회를 통해 보육원에 다니면서 나는 내 삶의 또 하나의 희망을 발견했다. 나는 아이를 가슴에 안으면 괜히 눈물이 난다. 있지도 않은 젖가슴을 내밀어 아이에게 물리고 싶은 충동이 인다. 아이를 위해 살 수도 있지 않을까. 아이는 그렇게 내게 살아가기 위한 희망을 만들어 버린 것이다.

이제 나는 서른이 된다. 나는 서른이 되면 화려하게 살겠다고 사람들에게 이야기했다. 정말 화려하게 살고 싶다. 내 안에서, 나 자신에게 화려하기를. 더 이상 쓰러지지 않고, 쓰러지더라도 툭툭 털어 버리고 일어설 수 있는 당당함을, 눈감고 가슴속에 손을 집어넣으면 느껴지는 화려함을, 나 가질 수 있기를. 나 이제 평화로울 수 있기를.

작은 외침

이상한 일이기는 참으로 이상한 일이다. 미친 듯이 일에 열중하다가 문득 뒤를 돌아보면, 내가 지금 서 있는 이 자리가 참 낯설다. 그것은 트랜스젠더라는 이름이 결국 나의 것이 아니었구나 하는 깨달음이나 수술해 봐도 별것 없잖아 하는 치기 어린 툴툴거림 때문이 아니라, 100그램 정도의 살덩어리를 내 몸에서 도려내기는 했지만 여전히 똑같은 내 모습을 바라보는 시선의 엄청난 변화 때문이다. 사람들의 이상한 친숙함 때문이다. 섹시함을 강조하며 방송가를 평정한 그 가슴이 큰 트랜스젠더 연예인 덕분이라고 해야 하나. "자기야, 자기야'를 간드러지는 목소리로 외치며 사람들의 웃음을 끌어내는 그 멀쩡하게 생긴 남자의 그럴듯한 여자 행세 덕분이라고 해야 하나.

 어쨌든 시골의 술집 언저리를 떠돌아다니지도 않고, 내가 가르치는 아이들이 징그럽다고 손가락질을 하며 돌을 던지지도 않으며, 사람들의 입담 좋은 숙덕거림 때문에 동네에서 쫓겨나는 일도 없다. 나는 지금까지 내가 서 있던 바로 그 자리에서, 사람들의 고마운 보살핌과 친근함 속에서 또 하나의 사람으로 살아가고 있다. 그런데 이런 친숙함은 아무래도 낯설다. 그냥 사람들을 향해 고맙다, 고맙다, 인사나 하며 지나칠 수 없는 것은 이 친숙함이 무언가 씁쓸한 것들을 내게 떠올리기 때문이다. 내가 다른 많은 트랜스젠더들처럼 유흥업소에서 웃음과 몸을 파는 일을 하며 살아간다면 과연 사람들은 지금처럼 내게 친근함을 보여 줄 수 있을까. 내가 짙은 화장에 짧은 치마를 입고 거리를 활보한다면 과연 사람들은 지금처럼 내게 온화한 눈빛으로 반갑다, 잘 지내느냐 하는 따스한 인사를 건넬 수 있을까. 과연 사람들은 진정으로 '트랜스젠더'라는 말의 의미를 정확하게 알고 있는 것일까. 그저 '변태'에서 '성 정체성 장애인'으로 그 이름표만을 바꾸어 달았을 뿐, 전혀 바뀌지 않은 똑같은 생각들을 아니, 어쩌면 편견의 고리에 그보다 더 단단한 또 하나의 고리를 만들어 단 것은 아닐까. 문득 내 발밑으로 끔찍한 뱀 한 마리가 지나간다. 그런데 내가 본 것은 뱀의 꼬리였을까, 머리였을까.

아직도 우리가 알지 못하는 말, 트랜스젠더

 이제 트랜스젠더라는 말을 들어 본 적이 없는 사람은 거의 없겠지만, 그 의미를 정확하게 알고 있는 사람은 여전히 드물다. 사람들은 트랜스젠더라고 하면 하리수를 떠올리고, 그녀의 섹시함으로 무장한 손짓을 떠올린다. 트랜스젠더와 동성애자의 차이점은 이제 어느 정도 인식하면서도 트랜스젠더와 크로스드레서(이성 복장자)의 차이점을 아는 사람은 역시 드물다. 다시 한번 이야기하지만, 트랜스젠더는 복장에 대한 자극이나 끌림을 느끼지 않는다는 측면에서 크로스드레서와는 다르다. 물론 여자들이 대개 자신의 마음에 드는 옷을 보면 갖고 싶어한다거나 예쁜 옷을 입고 싶어하는 것처럼 트랜스젠더들도 그런 옷에 대한 애착은 있지만, 그것은 여성으로서 느끼고 있는 당연한 여성성의 일부분일 뿐, 옷을 유희의 도구로 생각하지는 않는다.

얼마 전까지만 해도 우리 사회는 트랜스젠더를 게이로 오해하고 있었다.(『버디』 13호에 실린 게이 사진)

그리고 트랜스젠더(Transgender) 혹은 트렌스섹슈얼(Transsexual)은 '성을 바꾼다'라는 의미의 말로서 육체적 성과 정신적 성이 일치하지 않아 육체의 성을 정신적 성에 맞추는 치료를 한 사람 혹은 그런 치료를 필요로 하는 사람들을 일컫는다. 여러 선진국에서는 성전환 수술을 더 이상 '성을 전환하는 수술'로 받아들이지 않고, '성을 다시 부여하는 수술(Sexual Reassignment Surgery, SRS)'로 받아들인다. 이것은 트랜스젠더가 하나의 성을 바꾸어 다른 성으로 전환한 사람이 아니라, 혼재된 성을 가지고 태어났다가 자신에게 적합한 성, 이 사회에서 자신의 삶을 누리기에 적합한 성을 확정하여 새로운 삶을 부여한사람이라는 것을 의미한다.

불과 일 년 전까지만 해도 트랜스젠더를 '게이(Gay)'로 소개하던 것이 우리나라의 현실이고 보면, 아직까지는 정확한 개념을 파악해 가는 단계에 있다고 볼 수도 있다. 사람들의 편견이나 잘못된 생각이 지워지는 것은 다행스러운 일이지만 그 지워진 자리에 새로이 쌓인 편견이나 오해를 사람들이 하나의 '교정된' 그래서 '확실한' 지식으로 인식해 버린다는 점에서 더욱 위험할 수도 있는 것이다.

실제로 사람들이 트랜스젠더라는 말에 대해서 어느 정도 거부감을 벗어던지고 익숙함을 갖게 된 것이 사실이지만 아직도 대부분의 사람들이 트랜스젠더라고 하면 연예인 한 명을 떠올리는 것으로 그치고 만다. 대중 매체 또한 트랜스젠더를 신기해 하며 플래시 세례를 보내고 있지만, 트랜스젠더에 대한 사람들의 관심이 식으면 곧 고개를 돌려 버릴 것이다.

텔레비전, 그 무서운 상자

트랜스젠더에 대해 가장 소란을 떤 것은 트랜스젠더가 법 체계를 무너뜨리지 않을까 걱정하던 판사님들도, 유흥업소에서 조용히 숨어 살던 트랜스젠더들도 아니었다. 그것은 다름 아닌, 우리가 매일같이 대하고 거기서 많은 정보를 얻는다고 믿고 있는 그 형형색색의 '전기 상자'였다. 요염하고 고혹적인 아름다움으로 뭇 사내들의 가슴을 설

레게 했던 그 여자가 실은 주민등록번호 뒷자리가 1로 시작하는 남자였다는 소식이 세상에 알려지자마자, 각 방송국의 연예 프로그램 사회자들은 김일성의 사망 소식이라도 전하듯이 상기된 얼굴로 트랜스젠더가 무엇인지 제대로 인식도 하지 못한 채, 어색하게 트랜스젠더라는 말을 입에 올렸으며, 그녀를 '그녀'라고 불러야 할지, '그'라고 불러야 할지 망설이는 기색이 역력했다. 안내 카피도 '여자보다 더 아름다운 남자'라고 했다가 '여자보다 더 아름다운 여자'로 바꾸는 소동이 일었고 그녀(하리수)를 취재하러 간 취재원들조차도 그녀의 아름다움에 넋을 잃고 눈앞에 보이는 사람이 여자가 아니라 남자라는 사실을 애써 자기 자신에게 인식시키느라 진땀을 빼고 있었다. 트랜스젠더라고 하면 어울리지 않는 짙은 화장을 한 남자의 모습만을 상상했던 사람들에게 여자보다 더 아름다운 모습을 한 '남자'(물론 남자는 아니다)의 등장이라니. 그것은 분명 사람들의 편견에 가하는 한 방의 카운터펀치였다. 그때 나는 텔레비전에 등장한 그녀 앞에서 당혹스러워하는 사람들과 세상을 바라보며 소파 위를 데굴데굴 굴러다녔다. 아무리 생각해도 그것은 즐거운 일이었다. 징그럽다, 지옥에 나 떨어져라 하며 내 인터넷 홈페이지에 악담을 퍼붓던 사람들이 그녀의 아름다운 모습에 넋을 잃고 있을 생각을 하니 고소하기만 했다. 나는 그녀의 아름다움이 물론 부럽기도 했지만, 그녀가 그 아름다움을 무기로 이 세상 사람들에게 많은 이야기를 해 주기를 바랐다. 트랜스젠더, 너희들은 여자가 아니다 하는 세상 사람들의 편견이 쏙 들어가게 해 주기를 바랐다. 이래도 내가 여자가 아니냐, 너희들의 애간장을 녹이는데 내가 정말 여자가 아니냐고 마구 손가락질해 주기를 바랐는지도 모른다.

그러나 사정은 달랐다. 대중 매체들은 트랜스젠더가 어떤 사람인

가보다는 하리수가 누구인가라는 것에 초점을 맞추기 시작했다. 그 동안 자신들이 알고 있던, 자신들이 보여 주었던 트랜스젠더에 대한 지식은 모두 잘못된 것이며, 편협한 것이었다라는 반성의 목소리를 내는 것이 아니라 그녀의 요염한 손짓에 그녀의 엉덩이에 카메라를 들이댔다. 곧 그녀는 책을 내고, 영화에 출연하고, 드라마에 출연했다. 심지어 트랜스젠더는 싫지만 하리수는 좋다는 여론 조사 결과가 발표되고, 예쁘지도 않은 게 무슨 트랜스젠더냐는 글이 내 인터넷 홈페이지 게시판에 난무하는 엉망진창인 상황에 이르자 세상이, 사람들이 끔찍했다. 뭔가, 이게 지금 뭐 하자는 지경인가. 엉망이 된 사람들의 정신없는 아귀다툼을 물끄러미 지켜보고 있자니 허망했다.

그랬다. 대중 매체들은 하리수를 등장시켜 사람들의 시선을 붙들려고 노력했고, 그녀 또한 연예인으로서 방송국의 취향에 맞추려고 최선을 다해 노력했다. 사람들은 그녀를 그저 한 명의 연예인으로 받아들인 것이 아니라, 그때까지 편협하게 알고 있었던 트랜스젠더의 새로운 전형으로 받아들인 것이다. 예전에는 트랜스젠더라고 하면 남자의 외모에 짙은 화장과 짧은 치마를 떠올리던 사람들이 섹시하고 요염한 연예인을 떠올리기 시작한 것이다.

트랜스젠더에 관한 프로그램은 하나같이 예쁘고 섹시한 트랜스젠더의 모습을 보여 주고는 탄성을 질렀다. 그러나 그러한 탄성은 '아, 지금까지 내가 트랜스젠더에 대해 편견을 가지고 있었구나' 혹은 '인간의 성 체계라는 것은 처음부터 그렇게 이분법적 구조로 나눌 수 없었던 것인지도 모르겠구나' 하는 깨달음의 탄성이 아니라 어쩜 남자가 저렇게 예쁠 수 있을까, 저 몸매를 봐, 저 얼굴을 봐, 저 엉덩이를 봐, 저 가슴을 봐 하는 탄성이었다.

인터넷에는 하리수가 어디를 수술했네, 수술을 몇 번 했네, 돈이 얼마가 들었네, 아직도 흉터가 있네 없네, 아무리 예뻐도 남자로 보인다, 수술한다고 어떻게 여자가 되느냐 하는 쓸데없는 이야기가 떠돌아다녔다.

난리법석은 그것으로 그치지 않아 트랜스젠더가 등장하는 유흥업소가 때 아닌 호황을 누리게 되었다. 자신의 성 정체성에 대해서 좀 더 고민해야 할 어린 나이의 사람들이 자신을 트랜스젠더로 단정 짓고 유흥업소로 들어가 버리기도 했고, 트랜스젠더가 아닌 예쁘장한 남자들에게 화장을 시키고 짧은 치마를 입혀서 손님들을 끌어 모으는 술집들이 우후죽순처럼 늘어났다. 지금까지 쉬쉬하며 자신들의 내세울 것 없는 과거를 숨기며 살아 왔던 트랜스젠더들은 그러한 모습을 보며 허탈할 수밖에 없었다.

텔레비전이 '트랜스젠더'라는 이름을 세상에 알리는 데 결정적인 역할을 한 것은 사실이지만, 그것은 분명 수박 겉 핥기식의 시끄러운 법석에 불과했다. 텔레비전은 트랜스젠더의 예쁜 모습만을 보여 줄 것이 아니라 우리 사회의 이분법적 성 체계가 미처 끌어안지 못한 소수의 경우가 다양하게 존재하고 있다는 사실을 보여 주어야 했다. 우리 사회가 지금까지 트랜스젠더, 나아가서 다양한 모습의 성적 소수자들에게 얼마나 많은 편견과 차별의 시선을 던졌는지, 이 사회가 좀 더 올바르게 되기 위해서는 그들에 대해서, 우리들에 대해서 어떤 시선과 자세들을 가지고 있어야 하는지를 보여 주어야 했다. 인간의 성 자체를 논의하고, 그에 대한 우리들의 인식이 얼마나 이분법적이고 얼마나 편협한 것이었는지, 그 인식을 어떻게 바꿔야 할 것인지를 보여 주어야 했다. 그런데 텔레비전은 그와는 정반대의 것만을 보여 주었다. 예쁜 트랜스젠더 몇몇을 등장시켜 그들이 화장하는 모습이나 옷 입는 모습, 힘겨웠던 과거를 떠올리며 짓는 처연한 표정만을 보여 주었다. 최소한 트랜스젠더 연예인에게 자신이 사랑했던 남자로부터 버림받으며 "니가 무슨 여자냐"는 말을 들은 과거를 고백하게 하고는 깔깔깔 웃어 넘기는 잔인한 짓을 하지는 말아야 했다. 그것은 어느 한 사람의 상처를 우스갯거리로 만들어 즐기는 폭력이 아닌가. 아무리 자신의 콤플렉스를 들먹여 사람들을 웃기는 것으로 먹고사는 '엽기'가 판을 치는 세상이라고는 하지만, 분명 해야 할 것과 하지 말아야 할 것의 구분은 있다. 변태라고 손가락질을 받아 가며 어렵게 자신의 성을 결정하고 목숨을 걸고 치료를 받는 사람들을 들먹이며 우스개라니. 사람들의 생각을 올바르게 이끌고 가야 할 대중 매체의 그 어이없는 모습이라니. 그 광경을 보고 힘없는 소수자들이 세상 살기가 싫다는 생각을 하는 것은 당연하다. 그래도 트랜스젠더라는 이름을 세상에 알려 주지 않느냐라는 항변을 한다면, 이것이야말로 정말 억장이 무너지는 일이 아닐 수 없다.

 모든 소수자들이 그러하겠지만, 소수자들에게는 대중 매체의 힘이 필요하다. 몇 만 편의 글이, 수십 만 통의 전화가 물밀듯이 밀려오게 할 수 있는 그런 힘이 소수자들에게는 절실히 필요한 것이다. 지금도 어디에선가 자신들의 목소리를 들어 달라고, 온갖 어려움에 처한 소수자들이 세상을 향해 목이 쉬어 터져라 외쳐 대고 있을 것이다. 그러한 목소리들을 일일이 대변할 수는 없다고 하더라도 그 목소리들을 왜곡시켜 우스갯거리로 만드는 일은 제발 그만두라고 말하고 싶다. '바보 상자인 텔레비전'만으로도 이미 충분하다. '잔인한 모습이 되어 가는 텔레비전'을 보는 일은 너무 끔찍하다. 매일매일 텔레비전을 보며 공포스러워 해야 한다는 것은 정말 끔찍한 일이다.

710213-123○○○○

법적인 문제를 이야기하자면, 트랜스젠더들은 지금 살아 있는 사람들이 아니다. 주민등록증과 주민등록번호를 가지고 있기는 하지만, 트랜스젠더들에게 그것은 동사무소에서 발급한 종이 한 장, 무의미한 숫자들이 나열된 번호일 뿐이다. 주민등록증을 보여야 할 때, 누구도 다른 사람의 주민등록증을 보여 주지는 않을 것이다. 그것은 당연한 일이다. 그러나 트랜스젠더들은 그 당연한 일을 하지 못한다. 자신이 아닌 다른 사람으로 거짓되게 살아온 삶을, 힘겹게 자신의 삶을 되찾고 난 후에도 계속 이어 갈 수밖에 없는 것이다.

나는 주민등록증을 보여야 할 때면 망설이거나 하지 않고 선뜻 보여 준다. 그러나 그것은 남자의 주민등록증을 가지고 있다는 사실이 행복해서가 아니다. 내가 내미는 남자의 주민등록증은 세상에 퍼붓는 악다구니이다. 그래, 너희들이 나를 인정 못하겠다면 그대로 살아가 주마, 어차피 혼란스러운 건 내가 아니라 너희들이다 하는 뻔뻔스러움인 것이다. 트랜스젠더의 호적 정정 문제에 대해 토론하러 나온 한 여자가 자신은 여자로 살아가면서 주민등록증을 사용할 일이 별로 없었는데 그걸 과연 그렇게 애를 써서 바꿀 필요가 있을까 하는 우문(愚問)을 하는 것을 본 적이 있다. 그렇다. 주민등록증에 기재된 주민등록번호는 삼시 세끼 먹고사는 일, 입고 자고 하는 일보다는 작은 것일지도 모른다. 하지만 주민등로번호가 나를 남자로 규정하기 때문에 시도 때도 없이 예비군 훈련 통지서가 날아오고, 하다못해 인터넷 쇼핑몰에 가입하려고 해도 성(性)을 남자로 선택하고 남자의 주민등록번호를 입력해야 하는 쓴웃음이 나오는 일이 빈번하게 벌어지는 것이다.

혼자 살 팔자라고 공공연히 떠들고 다니는 나야 별 문제가 없다지만 진정으로 사랑하고 사랑해 주는 남자를 만나 정식으로 결혼하려는 트랜스젠더들에게 주민등록증의 주민등록번호가 안기는 절망감은 엄청난 것이다. 남자의 가족들마저도 여자의 진정한 사랑과 그녀의 여성성을 인정하고 있는데, 한 장의 종이에 기재된 숫자 하나가 그 두 사람의 삶에 결정적인 장애물이 된다면 이는 답답하고 어이없는 일이 아닐 수 없다.

억장이 무너지는 일은 경찰서에서 더욱 빈번히 벌어진다. 사소한 시비가 벌어졌거나 추행을 당해 경찰서에 가게 되면 트랜스젠더들은 미친 새끼 소리를 듣게 되기 일쑤다. 그나마 요즘은 트랜스젠더라는 이름이 많이 알려져서인지 그런 욕설은 듣지 않지만, 불량배들에게 성추행을 당해 법정에 서야 할 일이 있을 때면, 법적인 '아녀자'가 아니기 때문에 그 사내들에게 당한 수치와 모욕감 그리고 정신적인 충격들은 고스란히 혼자 삭혀야 하는 것이 되어 버리고 만다.

이런 일들을 당하면 1과 2라는 숫자에 의해 불편과 소외를 겪어야 하는 우리들, 트랜스젠더들이 과연 이 사회의 구성원으로 인정받으며 살아가고 있는지, 정말 그렇게 살아갈 수 있는지를 끊임없이 되묻게 된다.

1과 2의 차이는 단순히 서류에 기재된 숫자의 문제에 불과한 것이 사실이다. 그러나 그 숫자를 바꾸는 것이 트랜스젠더에게는 외과적인 수술 이상의 의미를 지니는 것으로 자기 자신의 올바른 성을 찾는 또 하나의 '사회적인 수술'이다. 외과적인 수술은 성 정체성 때문에 혼란스러워했던 트랜스젠더들에게 편안함과 행복감을 준다. 주민등록번호의 1을 2로, 2를 1로 바꾸는 문제도 마찬가지이다. 그것은 다른 사람이 볼 때에는 아무것도 아닌, 쓸데없는 싸움일지 모르겠지만 트랜스젠더에게는 외과적인 수술로 시작한 나 자신을 찾는 과정의 완성을 이루는 그리고 진정으로 당당하게 자신의 삶을 시작하게 하

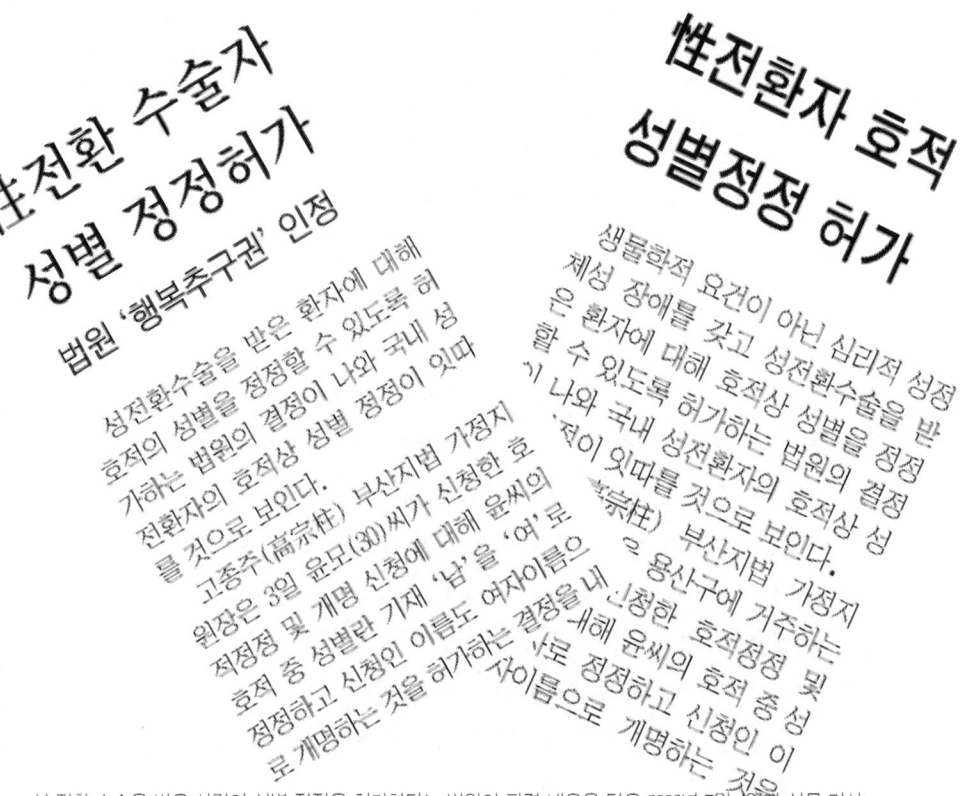

성 전환 수술을 받은 사람의 성별 정정을 허가한다는 법원의 판결 내용을 담은 2002년 7월 4일자 신문 기사

는 그 무엇보다도 중요한 문제이다. 그리고 트랜스젠더의 호적 정정 가능 여부는 한 사회의 복지 수준을 드러내는 지표라고 할 수 있을 것이다. 이미 서구 선진국에서는 소수자들을 위해 다양한 법적, 제도적 장치를 마련하여 그들이 자신의 삶을 올바르게 살아갈 수 있도록, 사회 구성원으로서의 제 몫을 다할 수 있도록 하고 있다.

몇몇 보수적인 사고 방식을 가진 분들은 트랜스젠더의 호적을 정정해서 성별을 바꿔 주면 사회적 혼란이 야기되어 이 사회가 붕괴될 것처럼 이야기하지만 여자로 살아가고 있는 사람에게 여자의 성을 부여하는 일이 사회적 혼란을 야기시킬지, 여자로 살아가고 있는 사람에게 남자의 성을 부여하고 그 성을 고집하는 일이 사회적 혼란을

야기시킬지는 유치원생 꼬마들도 알 수 있는 문제가 아닐까.

 이런 점에서 한 지방 가정 법원 판사가 트랜스젠더의 성별 정정 특별법 제정을 위해 힘쓰고 있는 것은, 사회의 힘없는 소수로 살아가는 한 사람으로서 고마운 일이 아닐 수 없다. 최근 그 결과가 긍정적으로 나와 다행스럽다.[1)]

 우리는 사람이다. 우리가 아무리 보잘것없는 자리에서 보잘것없는 일을 하고 있다 하더라도 이 사회의 구성원이라는 것은 틀림없는 사실이다. 우리의 성이 남성이냐 여성이냐 하는 문제와 성별을 바꾸느냐 마느냐 하는 문제는 처음부터 법이 개입할 성질의 것이 아니었다. 아니, 처음부터 주민등록번호에 그 사람의 성별 같은 것을 포함시키지 말아야 했다. 설사 포함시킨다고 하더라도, 한번 부여된 번호가 변하지 않아야 된다고 단정하는 것은 다양한 스펙트럼을 지니는 인간의 성을 무시하는 처사임이 분명하다. 중요한 것은 우리들이 여기에 살아 있다는 것이다. 그리고 자신의 성을 찾아 행복을 누리고 있다는 것이다. 어렵게 찾은 그 행복에 도움을 주지는 못할 망정, 장애물이 되지는 말아야 할 것 아닌가. 나는 지금 사탕을 달라고 떼를 쓰는 것이 아니다. 정말 어처구니없는 일이 벌어지고 있는 것 아니냐고 이 사회의 이성(理性)에 호소하는 것이다.

선생님, 선생님은 할머니가 돼요, 할아버지가 돼요?

 학원에서 수업을 하는데, 초등학교 5학년짜리 남자 아이가 수업을 하다 말고 손을 들어 진지하게 묻는다. "선생님, 질문 있는데요." "뭔

---

1) 2002년 7월 3일, 부산 지방 법원에서는 생물학적인 성(Sex)과 정신적·사회학적인 성(Gender)의 차이로 고통을 당했던 사람이 의학적으로나 사회적으로 사실상 다른 성별을 획득했다면 호적의 정정을 허가해야 한다고 판결했다.

데?" "선생님은 이 다음에 늙으면 할머니가 돼요, 할아버지가 돼요?" 나는 들고 있던 책으로 입을 가리며 웃는다. "그래, 내가 늙으면 할머니가 될까, 할아버지가 될까?" 수술을 하고 난 후여서 그런지 할머니가 된다는 쪽이 많다.

어른들은 아이들에게서 배워야 한다더니, 아이들을 보고 있으면 그들을 교과서로 만들어 이 사회의 편견 앞에 들이밀고 싶은 생각이 한두 번 드는 게 아니다. 내가 남자냐 여자냐, 내 주민등록번호 뒷자리가 1로 시작하느냐 2로 시작하느냐 하는 문제는 아이들의 관심을 끌지 못한다.

그렇다. 우리가 남자냐 여자냐, 남자여야 하느냐 여자여야 하느냐 하는 문제로 어이없는 논쟁을 할 것이 아니라 우리들이 어떤 모습으로 세상을 살아가고 있는지, 얼마나 열심히 살아가고 있는지, 그 살아가는 방식을 지켜보아야 하는 것이다. 설사 우리 가운데 누군가가 밑바닥 생활을 하더라도 인간으로서의 기본적인 권리는 당연히 보장되고 존중되어야 하는 것이다.

장도 담그지 않고 꼬일 구더기를 걱정하여 소수자들이 사회에서 올바르게 살아갈 길을 막을 것이 아니라 사회의 구성원으로 존중해 주고, 장을 삭히다가 꼬인 구더기는 함께 논의해 제거하는 것이 당연한 것이다.

인권이니 뭐니 하는 어려운 이야기를 하는 것이 아니다. 자신들과 다른 소수자들을 대할 때면 색안경을 끼고 그들을 소외시키려는 생각을 자연스럽게 떠올리는, 어디서 가지고 왔는지 알 수 없는 우리들 자신의 못된 '정신머리'를 이해할 수 없노라고 이야기하는 것이다. 그런 정신머리를 가진 사람들을 쫓아가느라 자신의 책임과 의무를 다하지 못하는 우리나라의 언론과 법 체계가 좀더 올바르게 바뀌어야 한다는 이야기를 하는 것이다.

　내 주위의 몇몇 사람들은 이제 수술도 했으니 돈 조금 모아 외국에 나가 살아라 하는 이야기를 넌지시 건네지만 나는 이 땅에서, 이 나라에서 살 것이라고 고집을 피운다. 그것은 우리나라에, 이 세상에 가진 희망을 절대 포기하지 않을 것이라는 다짐이다. 그것은 누구든 내가 서 있는 여기 이 자리에서 나를 내쫓을 수 없으며, 그 어떤 편견도 내가 옳다고 믿고 있는 나의 자리를 빼앗아 갈 수 없으며, '나'를 침범할 수 없다는 선언이다. 그리고 그것은 우리가 비록 보잘것없고 흉칙하게 보일지라도 우리 소수자들에 대한 연민을 절대 버리지 말라는 간절한 바람인 것이다. 강한 외침인 것이다.

　어쩌면 이 모든 것이 기우인지도 모르겠다. 트랜스젠더라는 이름이 세상에 알려진 지는 불과 2년 남짓. 너무나 갑작스럽게 모든 것이 바뀌어서 아직은 혼란스러운 게 당연한지도 모르겠다. 열심히 살라는 인사를 전하는 많은 분들의 따스한 손을 그저 웃는 얼굴로 잡아 드리는 것이 내가 해야 할 일인지도 모르겠다. 우리는 여전히 어딘가로 향해 가는 그 길 위에 있다. 아직까지 제도나 법은 인정 많은 사람들의 포용력을 따라 주지 못하는 것이 사실이고 몇몇 고집스러운 분들은 여전히 새된 목소리를 내고 있지만, 그 모습을 묵묵히 지켜보다가 가끔은 일침을 가하는 한마디를 한다 하더라도 나는 그들과 함께 살아가야 하는 것이다. 그리고 그들도 나와 함께 살아가야 하는 것이다.

　내 발밑으로 지나간 것이 뱀의 꼬리이든, 뱀의 머리이든 그것이 무슨 상관일까. 저것도 이 땅 위에서 제 나름대로 소중한 삶을 살아가고 있는 것을. 우리는 저것이 꼬리냐 머리냐 하는 논쟁을 할 것이 아니라, 있는 그대로 그것을 지켜보는 왜곡되지 않은 시선을 지켜나가려는 노력을 해야 한다. 화들짝 놀라 도망칠 것이 아니라 혹시 내 무심한 발길에 어딘가 다치지는 않았을까 하는, 함께 사는 사람으로서의 당연한 걱정을 먼저 해야 한다.

여러분이 꿈꾸는
아름다운 세상,
우리는 실천하고 있습니다

윤팔병

여러분이 꿈꾸는 아름다운 세상,
우리는 실천하고 있습니다.

나의 가족사

나 윤팔병은 아버지 윤상인, 어머니 송남순 사이의 9형제 가운데 여덟 번째 아들로 태어났다. 고향은 전라남도 함평군 학교면 사거리 율동으로, 아버지는 일제 시대 때 서울로 올라가 포목상을 크게 하였다. 그래서 형들은 서울에서 교육을 받았다. 아버지는 해방 후 형들의 전력 때문에 갖은 고초를 당하다 1969년에 객사하였다.

내 형제들을 차례로 소개하겠다.

1921년생 윤일병은 한국 전쟁 때 서울역 위원장으로 근무하다 형수와 아들 건, 딸 순이를 서울 동암동 집에 남겨 두고 월북하였다. 그 때문에 형수는 정보 기관에 끌려가 모진 고문을 당해야 했다. 아들 건이는 외할머니에게 맡겨졌으나 혼자 남겨진 딸 순이는 동암동 집에서 추위와 굶주림으로 죽었다. 그후 형수는 전라남도 무안에 정착하여 아들 건이를 키웠고, 아들 건이는 현재 중학교 교사로 재직하고 있다.

1924년생 윤이병은 한국 전쟁 때 이태원 국민학교 교사로 재직하고 있던 중 약혼녀의 만류에도 불구하고 의용군으로 전쟁에 참여하였다.

1926년생 윤삼병은 한국 전쟁 때 행방불명되었다.

1929년생 윤우병은 한국 전쟁 때 국군의 양민 학살로 죽었다.

1932년생 윤오병은 한국 전쟁 때 경동중학교 2학년에 다니던 중 인민군에 자원 입대하였다.

1935년생 윤두병 역시 한국 전쟁 때 인민군에 자원 입대하였다.

1937년생 윤인병은 13살 때 정보 기관에 끌려가 보름 동안 형들이 숨어 있는 곳을 대지 않는다고 고문을 받다 고막이 터지고 왼발을 못 쓰게 되었다. 그후 정신 이상이 생겨 자살하였다.

1940년생 윤팔병, 나는 어릴 때부터 거지 생활을 시작하여 지금도 쓰레기를 뒤져서 먹고산다. 함께 사는 세상, 나눔과 섬김의 세상을 만들겠다는 생각으로 넝마공동체를 만들어 활동하고 있다. 결혼도 못하고 몽달귀신이 될 뻔하다가 이옥순과 결혼하여 큰아들 사비(巳飛)와 작은아들 하민(下民)이를 두고 있다.

1943년생 윤구병, 상머슴이 꿈이었던 동생 구병이는 외도를 하여 대학 교수가 되었다가 자본주의 교육의 역기능에 견디지 못하여 교수직을 그만두고 지금은 전라북도 변산에서 농사를 짓고 있다. 제수씨 왈, "똥장군 메고 똥폼 잡고 있다."

나의 개인사

나 윤팔병은 국민학교 3학년 중퇴가 학력의 전부로 간판을 보면서 한글과 한자를 깨쳤다. 13살 때 집을 나와 구두닦이, 신문팔이, 여자 소개, 제비족 뒷바라지, 유조선 탱크 청소……. 안 해 본 일이 없다.

1969년부터 2년 동안은 부산의 합숙소에서 생활하며 배에 짐을 싣고 내리는 일을 하였다. 그러다가 합숙소 생활을 하기 어렵게 되어 동생 구병이가 있던 서울로 갔다. 1974년에 (주)해태에 지게질 일꾼으로 취직하였다. 그런데 밥도 안 주고 일을 시키는 데 항의하여 전국으로 나가는 짐을 못 나가게 했다. 요즘 말로 하면 '파업을 주도'했다는 이유로 3개월 만에 쫓겨났다. 다음 해에는 부산에서 사귀었던 여자가 서울까지 쫓아와 결혼을 하게 되었다. 한동안 동생 집에서 기식하며 노점상을 하다가 헌책을 모아 팔기 시작하였고, 1977년에 헌책방을 열었다.

헌책을 수집하느라 넝마주이와 양아치 왕초들을 자주 만나게 되었다. 그러면서 사회의 밑바닥 사람들과 함께 갈 수 있는 길을 찾기 시작하였다. 1982년부터 기초 작업을 하여 1984년에 넝마공동체를 만들었다. 1984년에는 삼성동 아파트 근처에, 1985년에는 대치동 영동교 밑에 작업장을 하나씩 만들어 수집한 폐품(재활용품)을 판매하였다. 삼성동 작업장은 땅을 빌려서 하던 것이라 오래가지 못했고, 그 때문에 영동교 밑 작업장이 넝마공동체의 터전이 되었다. 처음 몇 년 동안은 『넝마』라는 소식지를 만들어 5호까지 냈다. 추렁(넝마를 주워 담는 커다란 광주리), 리어카, 경운기 등을 가지고 2~3명이 한 조를 이루어 작업을 하였다. 작업은 대개 새벽 3~4시부터 시작하여 아침 8~9시 즈음에 끝냈다.

1990년대에 들어서는 트럭을 이용해 작업하는 방식으로 바뀌었다. 2명이 한 조가 되어 골목길이나 중간 쓰레기 하치장 등에서 폐품을 수집한다. 그리고 아파트 단지에는 한 달에 얼마씩 주고 분리 수거된 것을 사들이기도 한다.

2000년 말 현재 영동교 밑 작업장에는 대형 트럭 2대와 소형 트럭

넝마공동체가 만든 소식지 『넝마』의 표지

5대, 승용차 2대가 가동되고 있고, 시유지를 점거하여 사용하고 있는 포이동 작업장에는 소형 트럭 10대 이상이 가동되고 있다. 포이동 작업장에는 12개의 컨테이너에 40여명이 거주하고 있으며 부부도 3쌍이 있다. 물론 부부들은 따로 생활을 한다.

나는 영동교 밑 작업장에서 헌 옷을 모으는 일을 주로 하고 있으며, 매달 두 번씩 열리는 넝마공동체 회의에 빠지지 않고 참석하고 있다.

넝마공동체 그리고 재활용하는 사람들

1977년 초, 영동고등학교 앞에서 단돈 8천4백 원으로 헌책방을 열었다. 5천 원으로 중앙시장에서 앉은뱅이저울을 사고 나머지 돈으로는 고물상, 넝마주이에게서 헌책을 사서 팔기 시작하였다. 쓰레기를 뒤져 먹고사는 넝마주이들과 인연을 맺어 자주 만나면서 시작하게 된 일이었다.

넝마주이로 산다는 것은 상상할 수 없을 정도로 힘든 일이었다. 이른바 후리가리[1] 때는 수십 명, 수백 명이 전과자라는 이유만으로 경찰관의 밥이 되어 천대와 멸시를 받는 개만도 못한 삶을 살아야 하는 것이 현실이었다. 이러한 현실에 대처할 방안으로 '더불어 사는 세상을 만들자, 나눔과 섬김의 세상을 만들자'는 결심을 하게 되었다. 그 후로 주위의 넝마주이들을 찾아다니며 넝마주이들 사이의 착취를 없애고 서로 뭉쳐 경찰의 억압에도 대응할 수 있는 생활 공동체를 함께

---

1) 범죄자를 소탕하는 것을 가리키는 말. 각 경찰서에서는 도둑 소탕 주간을 정하여 형사들에게 도둑놈을 몇 명씩 잡아 오라고 한다. 그러면 진짜 도둑놈들은 용하게 숨어들고 애매한 양아치들만 잡혀 간다. 이런 일이 있으면 경찰서에서 몇 사람 잡아가겠다고 연락을 해 온다.

만들자고 설득하였다. 넝마공동체를 준비하면서 제일 힘들었던 일은 대표를 선정하는 것이었다. 강남 지역뿐만 아니라 난지도까지 포괄할 수 있는 인물이 없었다. 나름대로 눈여겨봐 둔 사람에게 대표를 맡아 달라고 간청하여 제1넝마공동체가 1983년에 설립될 수 있었다. 1984년에는 제2넝마공동체가 대치동 영동교 밑에 만들어졌다. 제1넝마공동체는 1985년에 빌려 쓰고 있던 땅을 돌려주어야 했기 때문에 해체되었다. 나는 20년 세월 동안 말로 다할 수 없는 어려움을 겪었고 공동체 운영을 하느라 밑 빠진 독에 물 붓는 식으로 돈을 쏟아 부었다. 쓰레기통에 코를 박고 죽을 수밖에 없겠구나 하고 절실히 느낀 적이 한두 번이 아니었다.

　1999년 4월, 우리(나와 넝마공동체 성원)는 수년 째 계획해 오던 것을 드디어 행동에 옮겼다. 포이동 혈액원 부근에 있는 시유지 천여 평을 점령한 것이다. 삼일 천하라도 좋다. 우리는 그 땅에 살 권리가 있다고 굳게 믿었고, 지금도 그렇다. 악취 나는 쓰레기를 뒤져 쓸 만한 물건들을 추려 내었으니 우리보다 더 경제에 기여했거나 환경을 살리는 데 한몫한 사람이 이 세상에 있다면 한번 나와 봐라. 우리는 먹고살기 위해 일했지만 큰일을 하고 있다는 자부심도 항상 가지고 있었다. 계고장, 경고장, 고발장, 구청 경찰서 검찰청에서 하루가 멀다 하고 보내 오는 소환장. 이젠 겁내지 않는다. 수십 명이 포크레인까지 동원해서 작업장 정문을 통째로 엎어 버리고 '절대출입엄금'이란 팻말을 붙여 놓지만, 누가 우리의 힘을 당해 내랴.

　나는 소리를 질렀다. "야, 컨테이너고 뭐고 가지고 갈 테면 다 갖고 가! 우리는 영하 20도가 넘는 날씨에도 가마니 한 장만 있으면 된다." "우리가 추위와 굶주림으로 죽어 갈 때 너희들은 무엇을 했느냐. 오륙십이 넘어도 결혼은커녕 여자 손목 한번 잡아 보지 못하고 죽어 갈 때 너희들은 무엇을 했느냐." "저 밑바닥에서 고통으로 비명을 지르는 사람들에게 관심을 가져 보았느냐. 관심을 가져보았느냐고! 관심을 가졌다면 구제할 방법을 생각하고 실천에 옮겼느냐."

한국 전쟁 직후이던 10살 때부터 나는 미국 구조 물자를 담던 포대자루를 메고 유리조각, 쇠붙이, 나무 등 재활용할 수 있는 것은 무엇이든 주워 모았다가 그것을 팔아 생활을 꾸려 왔다. 온갖 일을 다 해보았으며, 소년원이나 교도소를 드나들면서 고통스럽고 힘든 삶을 살아왔다. 그러나 나는 밑바닥 사람들이 모여 살던 곳에서 위로와 격려를 받았고, 더불어 사는 세상 나눔과 섬김의 세상을 만들어야 한다는 교육을 받았다.

여러분이 꿈꾸는 아름다운 세상
우리는 실천하고 있습니다.
재활용하는 사람들 T. 529-2569

포이동 작업장에서 넝마공동체 식구들과 찍은 사진. 뒷줄 오른쪽에서 세 번째 사람이 필자이다(사진 제공: 윤팔병)

작업장의 간판을 올려다본다. 나는 흔들리지 않으리라. 어떠한 일이 있더라도.

바둑이

바둑이는 상처를 입고 떠돌아다니던 개다. 십 년 전 다리 밑을 찾아왔을 때, 바둑이는 상처를 입어 한쪽 다리를 거의 못쓰는 절름발이였다. 공동체 성원들이 지극 정성으로 치료해 주고 영양가 높은 고기도 자주 먹인 덕분에 바둑이는 건강을 되찾았다. 그래서인지 바둑이는 작업복 입은 사람들한테는 꼬리를 흔들고 친분을 표시한다. 그러나 구청 직원, 경찰관, 신사복 입은 사람들이 오면 심하게 짖는다. 우리는 "우리 개 도통했네. 우리와 오래 살다 보니 도둑놈을 알아본다"고 우스갯소리를 자주 한다. 바둑이는 아직 아기를 가져 보지 못한 숫처녀다. 그러나 남자 친구는 많다. 작업장 사람들이 일터로 나가면 작업장에는 아무도 없다. 그 때문인지 돈 될 만한 물건들이 곧잘 없어지곤 한다. 나는 지껄인다. "야, 그놈 배짱 한번 좋다. 다리 밑에 와서 물건 가져갈 만큼 배짱 있는 놈이라면 어떤 놈인지 이바구(이야기) 한번 터 볼 만하다."

바둑이가 들어온 후부터는 작업장에 있는 물건이 없어지지 않는다. 바둑이는 외출을 즐기지만 작업장 식구들이 일터에 나가면 절대 외출을 않고 작업장을 지킨다. 바둑이는 요새 부쩍 남자 친구들을 데리고 와서 데이트를 즐긴다. 아마 아기를 갖고 싶은가 보다.

그런데 문제가 있다. 바둑이 남자 친구를 보면 작업장 식구들이 옛날 솜씨를 자랑하느라 우리 바둑이가 아기를 가질 기회가 없는 것이다. 작업장 식구들은 바둑이가 남자 친구만 데리고 들어오면 살살 꼬셔 낚시질을 해 버린다. 먹음직스러운 고깃덩이를 낚시에 끼워 던지면 바둑이 남자 친구들이 별 생각 없이 덥석 물어 댄다. 작업장 식구들의 영양 보신에 협조할 수 밖에. 바둑이를 보고 입맛을 다시는 작업장 식구도 있다. 된장 발라 보겠다는 음흉한 생각을 하는 것이다.

바둑이는 남자 친구의 고기를 절대 먹지 않는다. 물론 화도 나고 배신감이 들기도 하겠지. "야, 그만 잡아먹어라. 바둑이도 결혼도 하고 아기도 갖고 개같이 살아야 할 것 아니냐." 나는 꽥 소리를 지른다. 아득한 옛날 내 어린 시절이 떠오른다. 열세 살 때의 일이다.

영하 20도가 넘는 어느 추운 겨울날, 나는 여름옷을 걸치고 밤늦도록 이 골목 저 골목 추위를 피할 장소를 찾아 헤맸다. 얼어 죽지 않으려는 절박함으로 문이 열려 있는 곳을 필사적으로 찾았지만, 허사였다. 그때 대문에 질려 있던 빗장들은 시커먼 공포였으며 인간에 대한 절망이었다. 단골 잠자리였던 드럼통 붕어빵틀은 영하의 기온 때문에 얼음처럼 차가워져 있었다. 술 마시고 길거리에서 자다가 동사한 사람들을 보고 한겨울에 밖에서 자다가는 죽는다는 것을 알고 있었다. 그리고 내 몸은 가마니 한 장으로 이불을 대신하던 난장꾸림을 더 이상 버텨 내지 못하였다. 허우적거리며 잠들지 않으려고 필사적으로 걸어가다가 불빛이 새어 나오는 미군용 대형 텐트를 발견했다.

텐트 안으로 들어가자마자 나는 의식을 잃어버렸다. "움직이네, 눈깜빡거리네, 야, 눈떴다." 고함 소리. 눈앞을 가로막는 시커먼 얼굴들. 고약한 목자(目子, 눈초리)에 웃고 있는 이빨이 유난히 하얗다는 것을 느꼈다. "꼬마야, 어디 사니?" "자식아, 얼어 죽으려거던 부잣집 앞에서 죽지 이곳에서 죽으면 어떡해. 송장 치울 돈도 없는데." "꼬마야, 대복이 형한테 큰절하거라. 밤새도록 주물러 너를 살려낸 형이야." 낯선 사람들이 떠들어 대는 소리를 어렴풋이 들으며 "여기는 빗장이 없구나, 빗장이 없는 곳도 있구나" 하고 생각했다. 황소만한 사나운 개들이 형들 낚시 솜씨에 순한 강아지처럼 매달려 오는 것을 보고, 그 개들이 형들 앞에서 줄줄이 불에 그슬려 큰 가마솥에 들어가는 모습을 보고 "이곳 형들은 영웅이구나" 하고 생각했다. 커다란 고깃덩이를 녹슨 칼로 쏙쏙 썰어서 먹여 주던 형들.

나는 가방끈이 짧아 학교에서는 배우지 못했고 이렇게 살아가는 현장에서 배웠다. 추렁 메고 벙거지 눌러쓴 채 쓰레기통을 뒤지는 형들에게서, 시장 바닥에서 손님과 악다구니를 퍼붓는 생선 장수 아줌마에게서, 단속 경찰관 멱살을 잡고 사생결단하고 싸우는 노점상에게서 배웠다. 나는 그 현장에서 배웠다는 사실에 보람과 긍지를 느끼고 있다. 아주 제대로 배운 것 아닌가.

합숙소 시절

노점상 생활을 20년 가까이 하는 동안 단속 경찰관들에게 쫓기며 힘겹게 몇 푼 벌어서는 시청, 구청, 경찰서, 소방서 등등 단속 권한을 가진 기관에 상납하거나 벌금으로 털어넣기 일쑤였다. 노점상들 대부분이 착취와 억압에 끽소리도 못하고 짓눌려 살아야 했다.

부산에 내려간 나는 노점상 생활을 시작했다. 온갖 부조리한 일을 겪으면서 '스스로 권리를 찾고 자유롭게 장사를 하자'는 생각을 품게 되었다. 그러나 혼자 힘으로는 불가능한 일이었다. 나는 부산 충무동, 남포동 일대에서 장사하는 노점상을 찾아다니며 노점상연합회를 만들자고 설득하였다. 노점상연합회의 취지와 회칙 등을 이야기해 주자 단속과 갈취에 넌더리를 치고 있던 노점상인들은 적극 환영하였다. 회원을 모집하고, 일을 맡아 할 사람을 선출하고, 마침내 노점상연합회가 결성되었다. 마음들은 들떴지만 기뻐하는 것도 잠시였다.

노점상 연합회 결성의 한 무대가 되었던 부산 충무동의 자갈치 시장

　노점상들에게서 돈을 갈취하여 각 기관에 적당히 상납하고 자기 주머니를 채우던 전직 폭력배와 감옥을 제집 드나들듯 하던 똘마니들은 자신들의 수입이 없어지자, 노점상연합회에 가입한 노점상들에게 "장사 그만둘 참이냐", "너희들은 관을 짜고 있는 것이다", "잠자는 사자의 코털을 뽑는 짓이지" 등등의 협박을 하며 탈퇴를 강요하였다. 노점상들은 상납은 이제 지긋지긋하니 죽어도 탈퇴 못한다며 합심해서 외쳤다. 그러나 경찰이 대대적인 단속을 벌여 벌금을 물리고 구류를 살리며 장사를 못하게 하자 노점상들은 견디지 못하고 그만 자기들의 권리를 포기해 버렸다. 노점상연합회를 결성하기 위해 적극적으로 일했던 사람들과 나는 노점터에서 쫓겨났다. 우리들은 동료에게 배신당한 울분을 삭이느라 한동안 무척 힘들었다.
　그러던 어느 날. 쫓겨난 사람들끼리 허름한 대폿집에서 술잔을 나누고 있는데, 누군가가 이렇게 이야기했다.

"고통받는 노점상들의 권리를 찾겠다고 처음으로 노점상연합회를 결성했다는 것 자체에 위안을 삼읍시다."

나는 오갈 곳도, 직업도 없이 공사판이나 기웃거리는 떠돌이가 되었다.

부산은 겨울에도 따뜻하다지만, 겨울은 역시 겨울이었다. 한겨울에 가마니 한 장 펴고 자는 난장꾸림은 힘들었다. 다행히 여객선 터미널 앞에 가면 적은 돈으로 겨울을 날 수 있는 곳이 있다는 말을 듣게 되어 그리로 찾아갔다.

○○ 합숙소. 붉은 벽돌로 지은 3층 건물이었다. 건물 앞에는 햇살

서울 중구 황학동 벼룩 시장의 노점

을 쬐는 사람들, 담뱃잎을 신문지에 말아 피우는 사람들이 모여 있었다. 모두들 남루한 옷차림에 힘들이 없어 보였다. 현관문을 밀치고 들어가니 사람들이 '오갈 곳 없는 거지가 얼어 죽지 않으려고 찾아왔구나' 하는 표정들로 나를 바라보았다. 그때가 1970년이었다.

"이곳은 특수한 사람들이 200명 넘게 모여 사는 곳이니까 질서를 잘 지켜 주기 바란다"는 시청 사회과 직원의 주의를 듣고 나서 방 배정을 받았다. 1층 5호실이었다. 그 방에 들어가 보니 사람은 아무도 없고 나무 침대 여덟 개가 덩그러니 놓여 있어서 썰렁하기만 했다. 침대에 깔린 이불은 제대로 세탁을 안 했는지 한결같이 더러웠다. 토한 자국에 오줌을 지린 자국이 선명한 이불을 물끄러미 바라보자니 막막해졌다. 난장꾸림이 차라리 낫겠다는 생각이 들었다. 일단 세면도구, 수건, 여름 내의뿐인 짐을 방에 두고 사무실로 가서 직원들과 이런저런 이야기를 한 시간 정도 나누었다. 한 직원이 "윤씨, 2층 7호실로 방을 옮겨요" 하길래, "됐습니다. 처음 정한 대로 있지요" 했더니, "아무 말 말고 하라는 대로 해요. 사정은 나중에 알게 될 테니까" 한다.

2층 7호실로 가서 문을 열려고 하는데 색다른 풍경이 나를 맞이했다. 손으로 미는 곳과 발이 닿는 곳에 큰 못이 위아래로 촘촘이 박혀 있었다. 사람이 드나드는 문의 살벌한 모양새에 어리둥절했다. 어쨌든 방으로 들어가 방 사람들과 인사를 나누었다. 나는 간단히 "서울에서 온 윤팔병이다. 길에서 난장꾸림하다가 너무 추워 이곳에 왔다"고 소개했다. 다른 사람들도 자기 소개를 했다. 용두산 공원 밑에서 구두 수선을 하는 육십이 넘은 어씨, 진짜인지 가짜인지 확인은 못해 봤지만 소주병에 참기름을 담아 파는 김씨, 부두에서 밀수품을 운반하는 전직 깡패 구룡이(몸에 아홉 마리 용의 문신을 새겨 얻은 별명)

와 육교 위에서 앵벌이로 생활하는 종구, 종태 형제, 노점에서 플라스틱으로 만든 뱀과 개구리 장난감을 파는 정씨, 늘 술에 절어 지내는 술주정이 심한 신씨. 7호실에 기거하는 사람들의 실상은 합숙소에서 살고 있는 다른 사람들의 그것과 크게 다를 바가 없었다.

방 사람들과 인사를 끝낸 후 들어올 때부터 궁금하던 것을 물어 봤다. "왜놈이 처들어오는 것도 아닌데 문에 박혀 있는 대못들은 무엇입니까?" 방에 있는 사람들은 대답하기를 꺼려하는 것 같았다. 아무도 답을 않고 있는데 구두 수선하는 어씨가 드디어 침묵을 깨고는 "좀 있으면 설명을 듣지 않아도 알 걸세"라고 입을 막았다.

아침부터 다른 환경에 접하다 보니 신경 쓰이는 일도 많았고 피곤하기도 하여 나는 구멍이 숭숭 난 이불을 뒤집어쓰고 잠을 청했다. 술에 취한 사내의 걸걸한 목소리, 방 사람들이 인사하는 소리에 잠이 깨었다. 그 사내는 내가 덮고 있던 이불을 확 젖히더니 사정없이 주먹질과 발길질을 해 댔다. 그러자 옆에 있던 어씨가 그 사내를 뜯어 말렸다. "오늘 처음 들어왔는데 피곤한지 자고 있어." 그 사내는 자기가 방에 들어왔는데도 일어나지 않고 있는 나를 괘씸하게 여긴 것 같았다. 아닌 밤중에 홍두깨라더니, 그런 경우를 두고 한 말인 것 같았다. 방 사람들이 그 사내를 진정시키고는 내게 이렇게 말했다. "다음에는 조심하게. 저 분은 쌍둥이 형제의 형인데, 부두에서 쌍둥이 형제라고 하면 모르는 사람이 없지. 술도 대접하고 각별히 신경 쓰게." 옆에서 그 말을 듣고 있던 그 사내, 쌍둥이 형은 의기양양한 목소리로 "자식, 조심해. 첫날이라 봐준 거야" 하고 으름장을 놓았다. 대교동 부두 깡패들의 주업은 밀수품 운반이었고, 부업은 여객선 선주들을 위협해서 여객선에서 이것저것 물건을 사고파는 것이었다.

합숙소 생활 3년이면 귀머거리의 귀가 뚫리고 벙어리의 입이 뚫릴 정도로 합숙소에는 악명이 높은 온갖 악질들이 모여 있었다. 악질 깡패들이 매일 합숙소로 몰려와 술을 마시고 폭력을 휘둘렀다. 복도건 어디건 아무 데서나 오줌을 갈기고 여하튼 별의별 짓을 다했다. 깡패들에게 폭행을 당해 신고해도 경찰은 깡패들의 상납을 받는 처지였기 때문에 수수방관만 했다. 오히려 신고한 사람을 무고죄로 몰아 합숙소에서 더 이상 살지 못하고 쫓겨나게 만들어 버렸다. 깡패들이 합숙소에 들어서자마자 주먹으로 치고 발로 차고 하니까 사람들이 그에 대한 반항이랍시고 못을 방문에 박아 놓은 것이었다.

나는 소장에게 면담을 신청하고 부두 깡패들의 합숙소 출입을 금지시켜 달라고 강력히 요구하였다. 소장은 묵묵부답이었다. 직원 하나가 나를 조용히 불러 다른 방에 데리고 가더니 "파출소에 신고해도 소용없어. 폭행을 당해 이빨이 부러졌다고 경찰에 신고한 조씨는 깡패들이 죽이려 들어서 야밤에 도주해 버렸어. 세관원들이 잠수부를 동원하여 바닷속에 숨겨 둔 밀수품을 찾다가 돌에 달아맨 시체를 종종 발견한다는 거야. 그놈들 짓이지. 수틀리면 없애 버리는 거야"라면서 나를 진정시키려 하였다. 나는 어안이 벙벙하였다. 대명천지에 어찌 이런 일이 일어난단 말인가. 며칠이 지난 뒤 초저녁 때 쌍둥이 형이란 자가 우리 방에 들어왔다. 그는 나를 힐끗 보더니 "야, 정신 좀 차렸냐" 하며 마치 고양이가 쥐를 갖고 놀 듯이 나를 대했다.

방에 있는 사람들은 내 등을 떠밀며 더 경을 치기 전에 1층 구내 식당으로 데리고 가 대접하라고 눈짓 신호를 보냈다. 나는 두말 않고 앞장섰다. 의기양양하게 따라오던 쌍둥이 형은 1층으로 가지 않고 옥상으로 올라가는 나를 보고 잠시 멈칫하더니 따라온다. 나를 혼내 주겠다는 생각을 했겠지. 옥상으로 올라간 나는 싸울 태세를 취했다. 쌍둥이 형은 자기 생각과는 한참 동떨어진 상황에 당황하면서도 '거지 새끼, 주물러 버리겠다'는 기세로 맹렬히 돌진해 왔다. 뒷골목의 주먹 시험을 거쳐 둘째가는 싸움꾼이라면 서러웠던 사람이 바로 나다. 그놈이 제대로 된 싸움꾼이었다면 비쩍 말라비틀어지긴 했지만 복싱 선수이기도 했던 나에게서 풍기는 싸움꾼 냄새를 맡지 못했을 리가 없었다. 나는 일부러 천천히 온갖 폼을 잡아 가면서 연습용 샌드백 치듯 그놈을 두들겨 팼다.

언제 모여들었는지 옥상에는 숨죽이고 쳐다보는 구경꾼들이 인산인해를 이루고 있었다. 거지 합숙소 신출내기와 쌍둥이 형이 옥상에서 한판 붙었다는 소문에 순식간에 구경꾼들이 몰려들었던 것이다. 하룻밤만에 유명인이 되었다는 말을 이해하게 된 것은 이튿날 아침이었다.

합숙소에 사는 사람들이 모두 부두 깡패들에게 폭행을 당하고 금품을 갈취당한 피해자들이었기 때문에 간밤에 있었던 일로 상당히 흥분하고 있었다. "부두 깡패들이 가만 있겠느냐"며 보복을 걱정하는 사람들도 있었다. 그러나 부두 깡패들은 조용하였다. 원래 소문이란 부풀려지기 마련인 것이다. 나에 대해서도 '서울의 유명한 깡패 유지광이 밑에서 신임받던 놈'이라느니 '유명한 프로 복싱 선수'라느니 하는 소문이 나돌았다. 부두 깡패들도 그 소문에 지레 겁을 먹고 가만히 있었던 것이다.

1층 5호실에 사는 악어 눈물이란 자는 밀수품 운반책으로 경찰들과 가까운 사이였으며 그 바닥에서는 알아주는 건달이었다. 악어 눈물이란 자에 대해 이야기해 보자. 그는 내가 합숙소에 들어갔을 때 처음 배치받았던 1층 5호실의 주인공으로 거구에다 술만 마셨다 하면 망나니로 변했다.

합숙소 측에서는 생김새가 불량하거나 술을 많이 퍼마시거나 말썽의 소지가 있어 보이는 자는 무조건 1층 5호실로 보냈다. 악어 눈물은 술을 밥보다 좋아했다. 그리고 술에 취하면 방에 있는 사람이 누구이건 가리지 않고 두들겨 팼다. 악어 눈물의 주먹질을 참고 견뎌내는 사람은 없었다. 들어오는 족족 도망가 버려서 1층 5호실은 악어 눈물의 독방이나 다름없었다. 악어 눈물은 악어 눈물대로 "우리 방에 사람이 없는데 안 보내 줘요? 혼자 있으니 심심해요"라고 하소연했다. 그런 곳으로 나를 보내려고 했다니. 죽일 놈들.

 나는 합숙소를 제대로 굴러가게 만들어야겠다는 생각으로 먼저 유명무실해진 합숙소의 조직 개편을 서둘렀다. 각 호실 반장을 맡았던 사람들을 소집하니 25명 중 15명이 모였다. 인사를 끝내고 나서 합숙소 생활을 하면서 느낀 점을 이야기하였다. "200명이 넘는 사람이 사는데 화장실이 너무 부족하다. 게다가 외부 사람들, 여객선 타고 내리는 사람들, 부두 깡패들까지 드나드는데도 소장이나 직원들은 방관만 하고 있다. 합숙소 측에서는 변이 넘쳐도 치울 생각을 않고 합숙소 사람들에게 그 책임을 떠넘긴다. 합숙소 사람들은 화장실이 더러우니 복도에 볼일을 본다. 그러니 건물 전체에 악취가 진동해서 살 수 없을 정도로 되어 버렸다. 부두 깡패들이 매일 와서 행패를 부리고 금품을 갈취하는데도 소장과 직원들은 그놈들과 함께 노름만 하고 있으니 당장 시정토록 해야 한다." 각 호실 반장들 역시 느끼고 있던 것이었는지 이구동성으로 "방법을 연구해 보자"고 했다. "그러면 소장에게 건의서를 보냅시다." 반장회의에서 건의서를 보내기로 만장일치로 결정하였다. 건의 사항은 다음과 같았다.

 ① 부두 깡패의 합숙소 출입을 금지시킬 것, 폭행과 금품 갈취를 금지시키고, 소장과 직원은 깡패들과 어울려 노름하지 말 것.

② 구내 식당 식사비가 비싸니 인하해 줄 것.
③ 외부 사람의 화장실 출입을 금지시키고 긴급히 예산을 책정하여 분뇨 수거를 제때 해 줄 것. 그리고 합숙소 사람들에게 화장실 청소를 시키지 말 것.

건의 사항을 관철시키기 위해서는 우리도 노력을 해야 했다. 술을 마시고 싸우거나 아무 데서나 볼일을 보는 등 공동 생활을 저해하는 행동을 한 사람은 대표 직권으로 즉시 퇴소시킬 것이라고 각방에 전하고 그 내용을 문서로 만들어 두었다. 건의서를 본 소장은 직원들과 합숙소 식구들 모두를 옥상에 모아 놓고 총회를 열었다. 소장과 합숙소 사람들과의 옥상 회의 결과는 소장의 다음과 같은 말로 요약할 수 있다. "부두 깡패들을 통제하기엔 내 자신이 너무 무력하다. 깡패들의 출입을 금지시켜 봤지만 실패했다. 다시는 깡패들과 노름을 하지 않겠다. 합숙소에서 일어나는 깡패들의 폭행과 금품 갈취는 경찰에 신고하라. 구내 식당은 계속 적자를 내기 때문에 식사비를 인하하기는 힘들다. 화장실 예산은 책정되지 않아 방법이 없다. 직원들은 자신이 한직으로 좌천되었다고 생각하기 때문에 일을 하려 하지 않으니 합숙소 사람들에게 화장실 청소를 시키는 것까지 못하게 말릴 수는 없다." 대강 이런 것이었다. 소장은 우리의 건의에 부정적인 답을 했다. 소장과 직원들은 합숙소에 잠시 일하다 다른 곳으로 떠날 생각만 하고 있었던 것이다. 그래서 우리는 고통을 겪으면서 생활할 수밖에 없었다.

부두 깡패들과의 두 번째 충돌은 의외로 빨리 왔다. 부두 깡패들은 합숙소를 스트레스를 푸는 장소나 도박장으로 이용했다. 소장과 직원들은 합숙소 사람들 앞에서 노름을 하지 않겠다고 한 약속을 깨고 언제 그랬느냐는 듯 깡패들과 매일 노름판을 벌였다. 그런데 부두에서 짐을 날라 주고 근근히 생활하는 노씨가 그만 일을 저지르고 만 것이다. 노씨는 술을 좋아했는데 그날 술 마실 돈이 없었던지 그 돈을 마련하려고 소장과 부두 깡패들의 노름판에서 개평을 뜯었단다. 다방 아가씨를 발가벗겨 끌고 다니며 폭행한 죄로 징역을 살고 나온 지 며칠 되지 않은 구로 독사란 별명을 가진 자가 그 꼴을 보다 못해 노씨를 두들겨 팬 모양이었다. 합숙소 사람들이 노씨에게 "그런 데 가서 개평 뜯으려는 네 놈이 잘못이지"라고 나무라는 말을 듣고 나는 그만 눈이 뒤집혀 버렸다. "소장 이놈이 노름 않겠다고 해 놓고서."

2층 10호실 방문을 거칠게 밀어붙였다. 소장을 위시하여 구경꾼들까지 15명 정도가 모여 있었다. 얼굴이 후끈거릴 만큼 방 분위기가 달아올라 있었다. "야, 구로 독사! 네 놈이 그렇게 사람을 잘 치냐." 나는 정말 북어 패듯 구로 독사를 두들겨 팼다. 피가 튀고 이어 고함소리가 터져 나왔다. "사람 죽인다". "말려, 말려!" 성질로 망할 놈 뒤는 생각지도 않고 일을 저지른다고, 바로 내가 그랬다. 구로 독사는 병원으로 실려 갔다. 나는 경찰서에 신고해야 된다느니 하는 말을 들으며 난장판에서 나와 내 방으로 들어와 버렸다. 합숙소 사람들이 모여들어 어떻게 해결해야 할지 걱정하느라 어수선했다. "술 좋아하는 노씨가 화근"이라느니, "진단서를 떼어 고소하면 우리도 노씨의 진단서를 떼어 맞고소하자"느니, "이 기회에 상습적으로 도박하는 소장과 직원들을 고발하자"느니.

저녁때 악어 눈물이 구로 독사 소식을 가지고 왔다. 이가 흔들리고 눈가를 3바늘 꿰맸고 입천장을 4바늘 꿰맸다고 했다. 몇 주는 입원해야 할 것 같다고 했다. 땡전 한 푼 없으니 몸으로 때우자고 마음을 정한 뒤 사무실로 갔다. 사무실 분위기가 침통했다. 소장과 함께 노름

했던 계장이 나를 반갑게 맞이했다. 나는 소장을 노려보면서 몸으로 땜질할 준비가 되어 있다고 말했다. 계장은 구로 독사 치료 문제는 자기들이 알아서 할 것이고 노씨가 진단서를 떼서 구로 독사를 고소하면 나온 지 얼마 되지도 않았는데 또 다시 교도소에 가야 되지 않겠느냐며 인심 쓰듯 말했다. 자기들이 노름을 했다는 게 알려질까 두려웠던 것이다. 어쨌든 소장과 직원들의 노력으로 그 일은 무사히 끝났다.

그후 합숙소는 확연히 달라졌다. 합숙소 생활이 바뀌었을 뿐만 아니라 부두 깡패들의 폭행이나 갈취가 줄어들었다. 나는 합숙소 내부의 부조리한 일을 하나하나 해결해 나갔다. 악질이란 소리를 들을 만큼 독하게 일을 처리하였다. 술 마시고 싸우는 등 조그마한 잘못도 비켜가지 않고 당사자들을 퇴소시켰다. 아무 소리도 못하고 고개를 푹 숙이고 추운 날씨에 떨고 나가는 사람들을 보면 마음이 미어졌다. 하지만 어쩔 수 없었다.

대표한테 월급을 주자는 얘기가 반장회의에서 나왔다. 나는 단호히 거절하였다. 각 호실 반장들은 합숙소 일을 하느라 이래저래 돈이 들고, 또 다른 일을 하지 못하니까 기본적인 생활을 해결할 수 있을 만큼은 월급을 받아야 한다고 했다. "그런 이야기가 다시 한번만 더 나오면 대표직을 그만두겠다"고 잘라 버렸다.

소장과 직원에게 건의한 문제들은 전혀 해결되지 않고 있었다. 결국 나와 반장 몇몇이 시장을 면담하기로 하고 건의서를 만들어 부산 시청을 방문하였다. 우르르 몰려온 우리들의 꼴을 보고 시청 직원들은 눈살을 찌푸리며 짜증 섞인 목소리로 말했다. "무슨 일이냐." 나는 우리의 처지를 설명하고 시장과 면담하게 해 달라고 했다. 그러자 그 직원이 "지금 안 계시니까 서류를 만들어 올리라"고 하길래 재빨리

서민들의 애환이 서린 부산 영도 다리. 사진 왼쪽에 보이는 것이 용두산 타워이다

"여기 우리의 애로 사항을 적어 왔습니다" 하고 건의서를 전달했다. 우리는 시장에게 보고하겠다는 그 직원의 말을 믿고 돌아왔다.

한 달이 지나도록 아무 소식이 없었다. 우리는 다시 30명 정도 모여 시청으로 우르르 몰려갔다. 시장과 면담하게 해 달라니까 또 없다고 했다. "시장 만나게 해 달라. 못 살겠다." 소리를 지르고 난리를 쳤다. 당황한 시청 직원은 "시장은 안 계시니까 보건 국장님을 만나게 해 줄 테니 애로 사항을 이야기하면 시장님께 전달될 것"이라고 사정했다. 거만함이 잔뜩 배인 표정으로 떡 버티고 앉아 있는 보건 국장에게 건의서를 건네 주었다. 보건 국장은 건의서를 보는 둥 마는 둥 힐끗 쳐다보며 성가셔 죽겠다는 표정을 하고는 "대교동 합숙소는 도시 미관상 좋지 않고 민원이 많이 들어와 철거할 계획이다. 합숙소에 쓸 예산도 없는 데다가 살기 힘들면 나가면 될 것 아니냐"고 했다. 반

들반들한 마빡을 한번 후려치면 시원하겠다는 생각을 하고 있는데, 옆에 있던 한 친구가 "야! 밥장사 하숙 치려면 똑똑히 해라. 그러고도 밥장사 해 처먹냐"고 보건 국장에서 소리쳤다. 나는 그 친구를 진정시키고 나서 "보건 국장 당신하고는 말이 통하지 않으니까 시장과 면담할 수 있게 주선해 달라"고 했다. 보건 국장은 "시 방침은 변하지 않는다. 합숙소에 더 이상 신경 쓰지 않을 것이다"라고 단언하였다.

나는 시청에 가서는 시장을 만날 수 없겠다는 생각을 하고 노상 면담을 하기로 마음먹었다. 당시 박영수 시장은 부지런해서 현장에서 살다시피하였다. 노상 면담을 몇 번 시도했으나 번번이 실패하였다. 그러다가 용두산 타워 준공식 전에 용두산 공원에서 시장을 만나게 되었다. "시장님 전할 말이 있습니다." 소리소리 지르니까 보좌관 두 명이 앞을 가로막고 내 손을 비틀었다. 나는 계속해서 소리를 질렀다. "부산 시민이 애로 사항이 있어 시장을 면담하겠다는데 왜 방해하는 거냐."

박영수 시장이 "무슨 일 때문에 그러느냐"고 물었다. "나는 대교동에 있는 거지 합숙소 대표입니다. 시청에 건의서를 무수히 보냈는데 회답이 없고 시장님을 만날 수 없어 노상 면담을 할 수밖에 없었습니다. 제발 우리 합숙소에 한 번만이라도 와서 실상을 보십시오. 그리고 우리의 어려움을 적어 놓은 것을 보시기 바랍니다." 시장은 직접 건의서를 받아들고 알았다고 짤막하게 말하고는 그 자리를 떠났다.

거짓말처럼 그날 저녁때 시장이 합숙소에 나타났다. 시장은 그날 처음으로 지옥을 보았을 것이다. 복도마다 배어 있는 악취, 큰 못이 촘촘히 박혀 있는 방문, 부두 깡패에게 폭행을 당해 온몸에 붕대를 두르고 있는 사람들, 부두 깡패들과 노름하느라 합숙소에는 신경도 쓰지 않는 소장과 직원들. 건의서에 적혀 있는 것이 거짓말이 아니었다는 것을 알고 시장은 입을 다물지 못했다. 속전속결로 사태 해결이 이루어졌다. 소장과 직원들은 즉시 직위 해제. 그들은 퇴직금을 한 푼도 받지 못하고 쫓겨났다. 합숙소 안은 완전히 열광의 도가니였다. 고기, 술, 떡이 나오고 잔치가 벌어졌다. "윤 선생, 수고했습니다." 일일이 악수를 받아 주느라 손이 다 얼얼했다.

『부산일보』 문화부 기자에게서 금전적인 도움을 받아 근근히 합숙소 생활을 하는 사람이 있었다. 그는 초배기(신출내기)였는데, 술만 마셨다 하면 아무 데서나 오줌을 싸는 버릇이 있었다. 하루는 이불에 세계 지도를 그려 놓아 방 안이 지린내로 가득 찬 적이 있었다. 악어 눈물은 그 꼴을 그냥 지나칠 위인이 아니었다. 신출내기를 얼마나 두들겨 팼는지 얼굴이고 몸뚱이고 말이 아니었다.

나는 우리 합숙소 사람들 그 누구의 폭력도 용서하지 않았다. 부두 깡패의 폭력이든 합숙소 사람의 폭력이든. 그 결과 폭행과 금품 갈취가 없다시피했고 부두 깡패들도 합숙소를 드나들지 못했다. 그런데 악어 눈물이 주먹을 휘두른 것이다. 나는 악어눈물한테 화를 냈다. "네가 뭔데 사람을 죽사발로 만들었냐. 내 말이 말 같지 않아? 폭력은 절대 안 된다고 했지 않느냐." 악어 눈물은 자기는 거지 합숙소 소속이 아니기 때문에 내 말을 듣지 않겠다고 하고는 휙 나가 버렸다. 통금 직전에 들어온 악어 눈물은 잠자는 나에게 발길질을 하고 소리소리 질러 댔다. 요점은 내가 자기 친구들을 개 패듯 팼어도 눈감아 주었는데 실수투성이 초배기를 좀 때렸다고 그렇게 심하게 질책할 수 있느냐는 것이었다. 나도 화가 치밀어 내뱉았다. "야, 꺼져! 술 먹고 개기지 말고. 고향 생각하기 전이 행복한 거야." 두들겨 맞고 나서 고향 생각하지 말라는 야유였다.

악어 눈물은 길길이 날뛰더니 "좋다! 어데 부서져도 법에 하소연하기 없다. 법에 호소하는 비겁한 놈이 되지 말자. 고발하면 남자가 아니다"라면서 내게 덤벼들었다. 나도 냉정하게 악어 눈물을 대했다. "술을 많이 마신 것이 네 큰 실수다." 나는 술을 마신 놈하고 싸우기 싫었다. 그는 내 모가지를 잡아 억지로 밖으로 끌어냈다. 한 시간 이상 싸움이 계속되었다. 거구의 사내 악어 눈물에게는 술 마신 것이 치명적인 약점이었다. 한 시간 이상 두들겨 맞은 악어 눈물은 얼굴이 완전히 찌그러지고 피범벅이 되었다. 더 이상 손을 댈 수가 없었다. 불쌍하였다.

방으로 들어오고 나서도 마음이 착잡하였다. "그동안 사이 좋게 지냈는데……." 나는 피곤한 몸을 주체 못하고 쓰러져 잠이 들었다. 손목에 차가운 감촉이 느껴졌다. 눈을 떠 보니 은팔찌(수갑)가 내 손에 채워지고 있었다. 곰(형사) 세 놈이 보였다. 덩치가 큰 것을 보니 형사계에서 나온 것이 분명했다. 악어 눈물 친구들인 부두 깡패들이 함께 온 것을 보니 그놈들이 나를 고발한 것 같았다. 부두 깡패들은 "이 자식 악질이에요. 여러 사람이 이놈한테 작살났어요. 이런 놈은 진작 잡아넣었어야 하는데", "몇 년 가다밥(콩밥)을 먹여야 해"라며 난리를 쳤다. 그들은 이 일을 계기로 '목에 가시 같은 놈을 제거해 버리자'는 생각을 했을 것이다. 악어 눈물은 아무 말도 못하고 고개를 숙이고 있었다. 악어 눈물의 얼굴은 눈도 뜨지 못할 정도로 부어 올라 차마 쳐다볼 수가 없었다.

부두 깡패들은 항만파출소에 가서 진단서를 첨부하여 조서를 작성하고 나를 중부경찰서로 넘겼다. 나는 조서를 넘겨받은 형사에게 부산 지검에 있는 사람의 이름을 말하고 전화를 걸어 달라고 부탁하였다. 그 형사는 "이 거지 새끼가 영감님을 팔아먹네"라면서 내 뺨을 때렸다. "이 상놈의 새끼야, 왜 때리는 거야!" 갖은 욕설을 다 퍼붓고 소리 지르는데 저쪽 큰 의자에 앉아 있던 중늙은이 형사 과장이 "왜 떠들고 야단이야" 하고 소리쳤다. 그러자 그 형사가 "거지 합숙소에 있던 놈이 폭행죄로 들어왔는데 검사를 팔잖습니까" 하고 황당한 표정을 지으며 이야기했다. 형사 과장은 귀찮다는 듯 해 달라는 대로 해 주라며 그 형사한테 인상을 썼다. 그 형사는 전화를 걸어 폭행죄로 아무개가 들어왔는데 하고 자초지종을 말했다. 그 말이 끝나기 바쁘게 수화기에서 "그 사람도 다치지 않았어? 병원에 데려가 진찰받게 해"라는 소리가 들려왔다.

나는 경찰서 정문을 당당히 나섰다. 그후로 부두 깡패들은 나를 두려워했고 합숙소에도 들어오지 않았다. 부두에서 짐을 나르는 일을 하던 김씨가 방문에 박혀 있던 못을 뽑아 내면서 "참으로 자유가 왔다"고 말했다.

새로 부임한 소장을 만나 공부방을 열고 싶다고 했더니 창고로 사용하는 방을 교실로 쓰라고 했다. 부산 시내의 여러 학교를 다니면서 공부방에 필요한 책상, 의자, 칠판, 분필 등 여러 가지 비품을 얻어 왔다. 그 덕분에 그럭저럭 공부할 수 있는 교실을 만들 수 있었.

첫날에는 공부하러 온 사람들을 너무 많아 교실에 다 수용하지 못할 정도였다. 그러나 날이 갈수록 공부방에 나오는 사람이 적어졌다. 합숙소의 조경사 조수가 나에게 귀띔을 해 주었다. "요새 일본 관광객들이 많이 들어오니 일본어를 알면 요긴하게 쓸 수 있습니다. 그러니 한 시간은 교양, 한 시간은 일본어를 가르치면 많이 참석할 겁니다." 조경사 조수의 생각이 맞았다. 먹고사는 것이 얼마나 중요한 것인가! 새삼 깨닫게 되는 순간이었다. 늙은 학생들의 초롱초롱한 눈을 바라보는 것은 가방끈이 짧아 위축되어 있던 나에게 색다른 기쁨을 안겨 주었다.

일상

넝마 줍는 신립이가 하루는 여자를 데리고 왔다. 모두들 눈이 동그래져서 '웬 여자' 하는 표정으로 쳐다보았다. 신립이는 멋쩍은 듯 여자에게 "야, 큰형님이야. 인사 드려"라고 말했다. 여자의 인사하는 모습이 얌전해 보였다. 나중에 들은 이야기로는 청량리 588에 가 외로움을 풀다 눈이 맞아 데리고 왔다나. 그런 경우가 가끔 있었다.

말들이 많았지만 두 사람에게 따로 막사를 지어 주고 식사도 따로 하게 하였다. 술을 좋아하던 신립이는 형들이 권하는 술도 일절 입에 대지 않고 새벽부터 밤늦게까지 쓰레기통을 열심히 뒤졌다. 신립이 때문에 쓰레기통에 물건이 없다고 형들이 투덜댈 정도였다. 동료들 모르게 찐빵이며 떡이며 과일이며를 슬쩍슬쩍 아내한테 갖다 주다가 들켜 형들의 놀림감이 되는 신립이가 곧 아빠가 될 것이라고 했다. 신립이 아내는 만삭이 되어 진통을 시작하였다. 이웃에 있는 산부인과에 신립이 아내를 입원시켰는데 그날로 예쁜 딸이 생겼다. 우리는 "여자애가 태어났으니 우리 넝마공동체가 이제 부자되겠다"고 덕담을 나누며 즐거워했다. 그런데 산모가 병골이라 산후 후유증으로 꽤 오랫동안 입원해야 했다. 병원에서 내민 청구서를 보니 병원비가 50만 원이 넘었다. 우리는 십시일반으로 돈을 걷었는데 10만 원 정도밖에 되지 않았다. 아무리 의논을 해 보아도 해법이 없어 의사 선생님께 우리 사정을 이야기하였다. "쓰레기통을 뒤져 먹고사는 넝마공동체 식구들입니다. 식구들이 모은 돈 10만 원이 있으니 우선 이걸 받아 주시면 나머지는 벌어서 갚아 드리겠습니다."

말끔하게 생긴 의사는 안경알을 닦으면서 "우리는 흙 파서 먹고사는 줄 아세요. 안 됩니다. 다 마련해 가지고 오세요"라고 매몰차게 말했다. 우리는 멀뚱해질 수밖에 없었다. 모여서 궁리를 해 보았다. "의

넝마공동체 식구들이 작업 도중에 라면을 끓여 먹는 모습(사진 제공: 윤팔병)

사 새끼 깨 버리자"고도 했고, "돈 없어 퇴원 안 된다면 아예 병원에서 퇴원하지 말고 거기서 살아 버리자"고도 했다. 막내가 갑자기 소리를 질렀다. "하이방 까면(도망치면) 돼. 병실이 2층이니까 창문으로 빼돌리면 돼." 모두 이구동성으로 "야! 그러자" 했다. 전직이 전직이라 눈 깜짝할 사이에 의사와 간호원들 넋을 빼 버리고 산모와 아기를 탈출시켰다. 그 뒤가 재미있다. 그 의사는 10만 원이라도 보내 달라고 했다. 그 뒤의 이야기는 상상에 맡기겠다.

국가를 도둑질할 실력을 기르고 있는 중

따르릉. 우리 집에 있는 고물 전화기는 소리가 유난히 크다. 한밤중에 울려 대는 전화기 소리는 녹초가 되어 곯아떨어진 마누라를 일으켜 세운다.

저쪽에서 기어들어가는 목소리가 들린다. "여보세요. 저 돼지인데요. 여기 ○○파출소인데요." 알 만하다. 공사상에서 고철을 주워 오다가 방발이(방범)한테 걸려 파출소에서 조사받고 있는 것이다. 공사장 감독이 쓸모가 없어서 버려 둔 물건이라고 해명을 해 주었는데도 절도라며 기필코 경찰서로 넘겨 버린다. 경찰서에 가면 더욱 황당한 일이 기다리고 있다. 우리는 이미 꿈도 희망도 없는 갈 데까지 간 양아치들인데 훈계랍시고 툭툭 내뱉는 말을 들어야 한다. "야, 실망하지 말고 희망을 가져. 열심히 살다 보면 좋은 날이 올 거야." 언제 그 날이 오겠는가.

때에 찌들어 시커먼 옷이며 목욕 한번 못한 꼬락서니를 봤으면 설렁탕이라도 한 그릇 시켜 주고 등이라도 한번 두드려 줄 만도 한데 그러는 법은 없고, 손가락으로 동그라미를 그리며 "이거 가져왔어?" 한다. 한 사람당 10만 원. 넝마공동체를 시작한 이후로 숱하게 반복된 일이다. 20년 전의 일이니까 경찰도 지금은 많이 달라졌겠지.

나는 경찰서에서 나오자마자 애들한테 분풀이를 한다. "야, 이 새끼들아! 내가 말했지. 조세형이 만한 기술이 없으면 아예 남의 물건에는 손도 대지 말란 말이야. 너희한테 도둑질하지 말라는 것 아냐. 해! 그렇지만 밑지는 장사는 하지 말란 말야."

수도 없이 반복된 일이다. 이제는 밑지는 장사는 절대로 하지 않는다. 그런 어리석은 친구들은 이제는 없다. 우리는 국가를 도둑질할 실력을 기르고 있는 중이니까.

헌책방

영동고등학교 앞 헌책방, 도곡동 헌책방, 서초동 헌책방. 대학교 학생들이 수백 명 거쳐 갔다. "그 헌책방에 사회과학 책이 많다더라."

"주인이 전과자인데 주먹 세계에서 알아주는 사람이라고 하더라." "말만 잘하면 책도 공짜로 준다더라." 온 국민을 동태로 만들어 버린 전두환이는 학생들을 깔본 게 실수였다. 헌책방은 수배 학생들의 은신처나 정보 교환 장소로 활용되었다. 나는 가끔 우스갯소리로 수배 학생들에게 "너희들 다 잡아넣으면 팔자를 고치겠는데" 하고 입맛을 쩍쩍 다시기도 했다.

1980년, 한신대학교 학생이던 승현이, 제혁이 그리고 다른 학생 예닐곱 명이 헌책방에서 지내고 있었다. 승현이는 수배 생활 중에도 공장에 나갔다. 넝마공동체 식구가 되어 쓰레기통을 열심히 뒤지기도 했다. 하루는 영국제 중절모를 뒤집어쓰고는 "사진 한 장 잘 찍어 주시오잉. 1930년대 독립 투사 같지 않으요" 한다. 옆에 있던 형들은

한국 현대사와 함께 숨쉬어 온 헌책방. 서울 청계천의 한 헌책방

"야, 꿈깨라. 아편 파는 일본놈 같다"고 맞받아쳤다. "아이고, 무슨 험한 말씀인가요. 역사에 남을 인물이니 잘 찍어 주시오잉."

넝마공동체를 만든 날을 기념하기 위해 주위 분들을 모시고 잔치를 벌였을 때였다. 술기운이 오른 승현이가 자꾸 다른 사람의 말에 방해를 놓으며 횡설수설하였다. 옆에서 짜증을 내며 보고 있던 태규가 버릇없이 군다고 맥주병으로 승현이의 머리를 갈겼다. 넝마공동체 식구들은 승현이가 평소에도 잘난 척을 한다고 불만을 터뜨렸고, 승현이는 승현이대로 넝마공동체 식구들이 저를 인격적으로 대해 주지 않고 똘마니 대하듯이 함부로 대하고 주먹질을 한다고 불만을 터뜨렸다.

승현이는 피를 꽤 흘렸다. 피 좀 흘리는 것 정도는 대수롭지 않게 여기는 여기 사람들도 빨리 병원에 가 봐야겠다고 할 정도였다. 승현이를 업고 뛰다시피해서 대학병원으로 갔다. 두개골이 함몰되었다고 했다. 다행히 승현이는 별 탈 없이 나았다.

그러나 승현이는 떠나 버렸다. 등사기에 먹물이 너무 많아 글씨가 잘 보이지 않는다고 투덜대면서도 열심히 팸플릿을 만들어 군사 정부와 싸우던 승현이가 떠난 지 17년이나 흘렀다.

무정하게도 소식 한번 없다. 동료라 믿었던 사람들에게 당한 폭행의 충격이 컸을 것이고 배신감도 들었겠지. 나에게도 많이 섭섭했겠지. 결혼도 하고 아이들도 열심히 키우고 있겠지. 열심히 살자. 어디에 있더라도.

새 식구

새로운 식구들이 들어왔다. 노숙자로 떠돌아다니던 종철이 부부는 딸아이와 함께 지친 모습으로 들어왔다. 교통사고를 당하여 한쪽 다리를 못쓰는 원또라이는 물어물어 간신히 작업장을 찾아 왔다. 잔뜩 굶주린 것 같아서 자장면을 곱빼기로 시켜 주었더니 허겁지겁 먹는다. 동진이가 '빨리도 먹는구나' 하는 표정을 지으며 원또라이를 물끄러미 바라본다.

　새로 들어온 사람들에게는 컨테이너로 만든 잠자리를 마련해 주고 공동체 생활을 하면서 지켜야 할 몇 가지 수칙을 말해 준다. 처음 6개월 동안은 의식주를 해결해 준다. 원또라이는 교통사고로 걷기가 불편해서 당분간 치료를 받게 하고, 종철이와 동진이는 고물 수집하는 일을 하겠다고 해서 그러라고 했다. 동진이는 꽤 부지런했다. 아침 일찍부터 밤늦게까지 쉬지 않고 작업장 근처의 쓰레기통이란 쓰레기통은 다 뒤진다. 성실함이 주위에 알려져 동진이한테만 고물을 모아

넝마공동체 식구들이 야학에서 수업을 받고 있다(사진 제공: 윤팔병)

주는 사람도 생겼다.

  공동체 식구가 되어 6개월간 성실하게 지내면 자동차 운전 학원에 등록시켜 준다. 십 년 전만 해도 추렁을 메고 쓰레기통을 뒤졌는데, 이제는 수많은 경쟁자들이 차로 덤벼드니 옛날 방식으로는 살아가기가 힘들다. 이 일도 경쟁자가 많아져서 살아남으려면 기동력을 가져야 한다. 그러자면 운전 면허가 절대 필요하다.

  동진이를 자동차 운전 학원에 등록시켜 주려니까 "형님, 제 저금 통장에 돈이 좀 모였습니다. 제 힘으로 면허증을 취득하여 형님께 보여 드리겠습니다" 한다. 동진이의 건강한 마음 덕분에 그동안 쌓였던 피로가 쫙 풀어지는 것 같았다.

우리도 인간답게 살고 싶다!

  "여자가 갈 데까지 가면 창녀가 되고, 남자가 막바지에 다다르면 경비가 된다!" 고물 수집하러 아파트를 기웃거리다가 경비원에게 주

아파트 단지의 재활용 쓰레기 수거함

워들은 말이다. 경비들의 신세가 얼마나 처량한지는 몰라도 넝마 줍는 우리들보다야 나을 것이다.

사람이 살아가는 데는 먹는 것, 입는 것, 자는 것이 제일 중요하다. 가장 기본적인 혜택조차 받지 못하고 구석에 내팽개쳐져서 고물처럼 뒹구는 게 우리다. 서른은 고사하고 마흔, 쉰 살이 넘어도 결혼조차 못하고 덜컹이는 가건물에서 고통스럽게 살다가 죽어 간다. 그래도 죄 안 짓고 자력으로 어떻게든지 살아보려고 애를 쓰는 게 우리다.

그런데 이상한 단체가 하나 생길 모양이다. 폐품 재활용을 전문으로 하는 용역 공사를 설립해서 재생 산업에 종사하는 사람들에게 기술을 가르치고 일꾼으로 채용한다는 이야기가 나돈다. 실제로 요사이 아파트 단지에는 '자원 재생 공사'라고 써 붙인 트럭이 뻔질나게 드나들어 우리를 불안하게 하고 있다. 오죽하면 우리가 쓰레기 더미 속에 묻혀 살겠는가. 피눈물 흘려 가며 일해서 가건물이라도 한 채 짓고 살아 보려면 관에서는 때려 부수느라 바쁘다. 지금까지 당국에서 폐품 재생산에 종사하는 우리를 도와준 게 뭐 있는가? 옷 걱정을 해 준 적이 있나, 밥 걱정을 해 준 적이 있나, 집 걱정을 해준 적이 있나 말이다. 아니다. 집 걱정은 해 준 적이 있다. 때려 부수는 일로 말이다. "동냥은 주지 못해도 쪽박은 깨지 말라"는 얘기가 있다. 이야기를 들어 보니 공무원들이 각 아파트 부녀회에 압력을 넣어서 '자원 재생 공사'에만 폐지를 팔도록 종용하고 있단다. 지금은 소규모로 운영을 하지만 앞으로는 모든 고물 업종으로 영역을 넓혀서 몽땅 먹어 치울 심산이란다. 안 되면 공권력을 동원해서라도 강제로 집행할 모양이다.

경비 용역 회사, 청소 용역 회사 등을 만들어 퇴역 군인들에게 말단 인생들이 피고름 짜내어 가며 번 돈을 뜯어먹게 해 주더니 이제는 넝마주이들까지 벗겨 먹으려고 드는 것이다. 신문을 보니 국내 폐품 재활용율이 46%라고 되어 있는데, 우리가 알기로는 20%도 채 안 된다. 정부는 외국 폐지 수입을 당장 그만두고 무슨 용역 회산지 뭔지를 만들어서 우리들 삶의 터전까지 말아먹으려고 드는 생떼도 그만두어야 할 것이다.

농민에게서 쌀 한 가마니를 15만 원에 사서 소비자에게 5만 원에 팔아 농민들 주름살도 펴 주고 시민 가계도 도와주는 일본 경우처럼, 우리도 국가 예산으로 폐지를 1킬로그램에 200원 정도에 구입한 다음 재생 공장에 30원이나 50원 정도에 팔든지 해서 폐품 수집하는 사람들이 안정된 생활을 할 수 있도록 대책을 마련해 주어야 한다. 그것이 바로 국민에게 희망을 주는 참정치를 실현하는 길이다. 국가 예산 백억 원이면 폐품 재생산에 종사하는 백만 명의 식구들이 안정된 생활을 할 수 있다.

마지막으로 쓰레기 파서 먹고사는 백만이 넘는 우리 넝마주이들은 우리 스스로 국가 경제에 이바지해 온 공로를 자랑스럽게 여기고 이제부터라도 우리들의 권리를 당당히 주장해야 한다. 요구할 것은 요구해야 한다. 우리의 밥줄은 우리가 지켜야 한다. 갈라 터진 손 마주 잡고 우리가 지켜야 한다.

함께 고생했던 분들께

야학을 열어 무식한 공동체 식구들을 깨우쳐 주었던 직장인들, 병이 들어 신음하는 공동체 식구들에게 정성 어린 치료를 해 주던 의사, 한의사, 뼈 교정하는 분들, 메마른 생활에 정서를 심어 주겠다고 사물놀이를 가르쳐 준 국악 하시는 분들, 넝마공동체의 회보를 계속 편집하여 책이 나오도록 헌신적으로 도와 준 여러 출판사 분들, 더불어 사는 세상 나눔과 섬김의 세상을 배우겠다고 방학 때 현장에서 함께 일하던 학생들, 6년 동안 월급 한 푼 받지 못하고 넝마공동체의 총무로 뼈 빠지게 고생만 했던 송경상. 경상이가 떠나면서 남긴 말은 절대 잊히지 않을 것이다. "내 생애 가장 값진 체험이 될 것입니다."

함께 고생했던 모든 분들께 이 자리를 빌어서 고맙다는 인사 드립니다.

낯선 곳으로의 여행, 일상으로의 초대

김송혜숙

낯선 곳으로의 여행, 일상으로의 초대

　나를 누구라고 소개할까, 음…… 한국에 돌아온 지 1년이 넘도록 지인들에게 얼굴도 제대로 내비치지 못할 정도로 대도시의 스피드에 정신없이 휘말려 살고 있는 사람, 낮에는 실업 문제를 다루는 직장에서 눈코 뜰 새 없이 바쁘고 밤에는 논문을 쓰다가 '지뢰 찾기' 게임으로 도피하는 사람, 일주일에 두세 번씩 소모임과 〈끼리끼리〉 운영회의에서 활동하는 사람, 주말이면 할 일이 더 많아지는 사람, 여성이면서 또 다른 한 여성을 인생의 동반자로 맞아 삶의 우여곡절을 함께 나누고 행복을 추구하는 평범한 사람이라고 말하면 좀 그림이 그려질까?
　이 글을 읽는 독자들은 지금부터 여행할 준비를 하는 게 좋겠다. 낯선 곳을 여행하다 보면 익숙했던 삶의 조건들이 새롭게 다가오고 활력이 살아나듯이 타자의 삶 속을 여행하다 보면 분명 자기 자신에 대해 성찰할 수 있는 기회가 다가올 것이다. 나는 나의 일상으로 독자를 초대하는 느낌으로 글을 쓸 것이며, 독자들은 여행하는 느낌으로 나의 글을 읽어야 할 것이다. 나도 즐겁고, 독자도 즐겁게 하기 위해 선언적인 이야기보다는 너무나 다르면서도 별로 다르지 않은 나 개인과 내가 속해 있다고 여기는 공동체(들)의 이야기를 들려 주고자 한다.1)

좀 뜬금없긴 하지만 공상 과학 영화 얘기부터 시작하련다. 공상 과학 영화 대부분은 외계 생물체를 파괴적이고 지구인을 위협하는 존재로 묘사하고 있다. 게다가 지구인 가운데서도 악인은 외계 생물체와 협잡하여 지구를 외계의 식민지로 만드려는 야욕을 품은 위험한 인물로 그려지고 있다. 이 모든 위험으로부터 지구인을 구하는 것은 가족을 보호하려는 아버지의 노력이었다. 외계 생물체를 지구인에게 적의를 지닌 타자로 묘사하는 방식과 위험으로부터 구원해 줄 수 있는 것은 아버지밖에 없다는 배타적이고 가부장적인 이데올로기가 지배하는 스토리의 그 구태의연함이라니.

유심히 살펴보면 우리 주변에서도 다수가 향유하는 문화 코드를 비껴가는 낯선 소수를 볼 수 있다. 머리에 물을 들이고 헐렁한 바지 차림으로 거리에서 춤을 추는 청소년들, 동남아에서 일하러 온 외국인 노동자들, 생존력 강하기로 소문났으나 우리나라에서만큼은 뿌리 내리지 못하고 있는 화교들, 이성이 아닌 동성과 인생 설계를 하고자 하는 동성애자라 불리는 이들 등을 그 낯선 소수라고 할 수 있다. 바라보는 것으로 그치는 것이 아니라 관계를 맺는 것으로 이런 소수 문화를 대할 때 일반적으로 나타나는 극단적인 태도 두 가지를 얘기해 보겠다.

---

1) 이 글을 읽으면서 레즈비언 커뮤니티의 역사, 활동, 내부의 고민 등이 궁금한 분들은 『여성과 사회』10호(창작과비평사, 2000)에 실린 나의 글과 『한국여성인권운동사』(한울, 1999)에 실린 이해솔 씨의 글을 참조하면 좋을 것이다.

낯선 소수 문화를 대하는 태도 중의 하나는 외계 생물체가 등장하는 영화에서처럼 낯선 소수 문화를 위험하고 불안하게 여기는 태도이다. 이 태도는 무엇이 우선순위이며 정상적인지에 대한 기준이 너무나 획일적이고 확고부동해서 소수 집단이 숨을 쉴 수 없을 정도의 폐쇄성을 지니고 있다. 못마땅하다는 정도가 아니라 정상에 어긋나는 것은 모두 비정상이라는 딱지를 붙여 버려야 직성이 풀리는 규범적 태도가 여기에 속한다. 청소년은 단정해야 하는데 그렇지 않으니 사회가 어지러워지고, 한국인 실업자가 늘어나는 판국에 외국인 노동자가 끼어들어 일자리는 더욱 줄어들고, 자리를 잡은 화교가 우리의 상권을 넘본다고 불평할 때 드러나는 당위적 규범의 원형과 잣대는 동성애자를 바라볼 때도 마찬가지로 적용된다.

낯선 소수 문화를 대하는 또 다른 태도는 극단적 신비화이다. 문명 세계에 대한 염증이 원주민 세계에 대한 향수로 나타나는 것처럼 자신이 가지지 못한 부분을 가진 존재로 투영시키는 것이다. 여성 동성애자에 대한 신비화는 상상의 주체에 따라 최소한 두 가지는 있는 것 같다. 포르노를 접하는 일부 남성들은 화면 속에서 '자유로운' 성행위를 구사하는 '레즈비언'과 현실의 레즈비언을 동일시하여 레즈비언 정체성을 지닌 사람들이 모두 성적 자유주의(sexual liberalism)가 판치는 세상을 꿈꾸는 주체로 상상한다. 또 일부 여성주의자들은 레즈비언 관계를 '남성'이 없으므로 가부장적 억압이 존재하지 않는 이상향으로 상상한다. 물론 그들이 현실을 파악하게 되면 실망이 클 것이란 것은 두말할 나위가 없다.

사실 낯선 것을 이해해야 한다는 당위는 이미 진보 진영에서는 진부한 것인지도 모르겠다. 하지만 나의 경험으로는 낯선 것을 논리적으로 이해하는 능력과 현실에서 소수 집단 구성원과 관계를 맺고 그

한국 여성 성적 소수자 인권 운동 모임 〈끼리끼리〉의 홈페이지와 〈끼리끼리〉에서 만든 웹진 『또 다른 세상』

관계를 발전시켜 나가는 능력은 별개의 것인 듯싶다. 전자에 비해 후자는 웬만큼 자신이 진보적이라고 자부하는 사람들도 쉽게 터득할 수 없는 것 같다. 타자에 대한 포용력이 뛰어나다고 자타가 공인하는 사람이 타자의 자아를 건드리는 수위의 질문들을 거침없이 하는 경우를 종종 볼 수 있다. 레즈비언을 처음 만나서 제일 궁금했었다며 언제 레즈비언이 되었느냐, 레즈비언이 아닐 가능성은 없느냐 하는 질문을 던지는 것이 그 예이다. 대개는 그런 질문으로 그치지 않고 좋은 남자를 만났으면 이성애자가 될 수도 있는데 안타깝다는 등등의 말까지 한다. 조금 사정이 낫다고 하는 경우에도 정치적 레즈비언이냐, 천성적 레즈비언이냐 아니면 부치(남성적 레즈비언)냐, 팸(여성적 레즈비언)[2]이냐 하는 질문을 던진다. 이런 질문을 하는 사람들

---

2) 부치와 팸은 모든 레즈비언에게 다 적용되는 범주가 아님을 먼저 밝혀 두고 싶다. 부

은 대개 이성애자 남성인데, 그들에게 이런 질문을 던지면 어떤 기분이 들까. 언제 이성애자가 되었느냐, 이성애자가 아닐 가능성은 없느냐, 정치적 이성애자냐 천성적 이성애자냐, 마마보이냐 마초맨이냐. 대상을 바꿔 놓으니, 매우 이상한 질문이 되어 버리는 것을 알 수 있다. 또한 동성애자도 이성애자만큼이나 다양한 유형이 있고, 자신이 어떤 전형 속에 표상되기를 거부하는 이들이 있음을 무시하고 레즈비언의 유형을 미리 단정 짓는 것은 마치 모든 남성을 마마보이 아니면 마초맨으로 판가름하는 것과 마찬가지로 편협한 것임을 알 수 있다. 그러므로 앞에서 예로 든 질문은 그 질문을 받은 사람이 타자화되고 주변화된 존재라는 것을 다시 한번 상기시키는 데 아주 효과적인(?) 것이다. 자신의 개방성과 진보성을 과신한 나머지 초면의 긴장감까지도 쉽게 잊어버리고 곧바로 사적인 질문이나 자아를 자극하는 발언을 거리낌 없이 하는 것은 그리 좋은 결과를 낳지 못한다. 그런 드라마가 가능한 것은 이야기를 주고받는 사람들 간의 위계질서가 분명해서 사적 영역의 침탈이 허용되거나 유아적 호기심을 충족시키는 것 이상의 만남을 지속해야 할 이해관계가 없을 때이다.

나는 낯선 존재에 대한 경계와 자만심에 대해 얘기하고 있다. 그런데 꼭 이성애자들만 이런 낯섦에 대한 공포(?)를 가지고 있다고는 얘기할 수 없다. 동성애자들 자신도 내면화된 두려움이 있다. 동성애 성향을 가지고 있으면서도 동성과 평생을 함께한다는 것이 얼마나

치와 팸은 다만 외모나 태도 등을 기준으로 남성성과 여성성을 가르는 하위 범주로서 쓰이는 용어라고 할 수 있다. 여성 동성애 관계를 이성애 관계와 비슷한 것으로 생각하는 이들은 부치와 팸이라는 말을 남성적 레즈비언과 여성적 레즈비언으로 이해하기도 한다. 하지만 부치와 팸이라는 분류를 이성애 남녀의 관계와 상응하는 것으로 보는 것은 동성애 관계를 이성애 관계의 복사판 정도로 단순하게 인식한 결과이다.

따돌림당할 '짓'인지를 알기 때문에 자신의 정체성을 속여야 하는 이들이 많이 있다. 그 사람들이 동성애와 이성애의 경계선에서 느끼는 갈등은 그 사람들과 관계를 맺고 있는 타인에게 상처를 줄 뿐만 아니라 그 사람 자신들에게도 몹시 고통스러운 기억으로 남을 가능성이 많다. 낯선 것 자체가 끼치는 해악보다는 낯선 것에 대한 공포가 가져오는 해악이 더욱 크다고나 할까.

'모든 사람은'이라고 말할 수는 없다 하더라도 대개의 사람은 어쨌든 익숙한 것을 편하게 느낄 것이다. '우리'라고 할 때의 연대감이나 소속감은 그만큼 타자에 대한 인식을 분명하게 하고, 자신과 타자의 경계선이 분명하면 할수록 어중간한 그 무언가를 견디지 못하게 하는 기제를 발동시키는 것 같다. 주류면 주류대로, 비주류면 비주류대로 획일적인 문화를 암묵적으로 강요해 온 것이 우리 사회의 현실이었다. 군사 독재 정권은 정권대로, 또 그에 대항하느라 그만큼 단결할 수밖에 없었던 '운동권'은 운동권대로 획일적인 위계질서를 지닌 닮은꼴을 하고 있었던 것이 그 원인일지도 모르겠다.

가족을 예로 들어 낯섦을 이해하는 방식을 생각해 보자. 부부와 그들의 혈연 자녀로 구성된 것을 가족의 전형으로 알아 온 사람들에게는 '비정상적'인 가족이 너무나 많을 것이다. 편부모, 소년 소녀 가장, 비혈연 공동체, 독신자 등등. 내 파트너와 나도 대안 가족의 한 형태를 이루고 있다. 동성애 커플이라는 점에서 이성애 커플에 대한 대안이며, 동시에 모노가미(일부일처) 형식이라는 점에서 이성애 커플과 별반 다르지 않다고 할 수 있다. 문제는 어느 특정 형태만을 '정상적'인 가족으로 생각하는 방식과 그의 법제화로 인해 적지 않은 가족 형태들이 가족 '취급'을 받지 못한 채 사회에서 유리(遊離)되고 있다는 것이다. 그런 면에서 이성애 부부(가족)에게만 적용되는 법제의 보호와 혜택이 법적인 결혼식을 치르지 않았을 뿐인 모든 종류의 동거 형태에도 적용되어야 한다고 본다.

나의 일상을 예로 들어 보겠다. 나는 파트너와 함께 생활하고 있는데, 법적인 '가족'으로 인정받지 못하기 때문에 겪어야 하는 불이익이 여기저기서 발견되고 있다. 의료보험료, 자동차 보험료 등은 이성애 부부에 비해 두 배

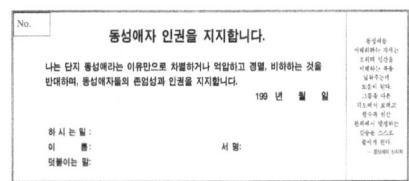

동성애 전문 잡지 『버디』에서 벌인 동성애 인권 지지 일만명 서명 운동의 내용(사진 제공: 『버디』)

가까이 내야 한다. 더군다나 한 사람이 먼저 죽어도 남아 있는 사람이 먼저 간 사람의 가족으로서 재산 상속을 받을 수도 없다. 그뿐만 아니라 파트너와 온전한 '살림'을 하고 있는데도 친구와 '자취'하는 정도로 인식되는 바람에 나의 사회적, 경제적 등급이 아직은 불완전한 성인 정도로 매겨지는 경우가 종종 있다. 혈연 중심으로 이뤄진 가족 체계에서는 부모가 멀쩡히 살아 있는데 '미혼'인 여성이 따로 떨어져 나와 '친구'와 사는 것이 여간 이상한 게 아닌가 보다. 그 사람이 미혼인지 기혼인지, 여성인지 남성인지, 두 사람 사이가 친구인지 연인인지에 대해 기존의 상식으로만 확인하려 하고, 그 상식으로 설명되지 않을 때는 이상한 것으로 치부하는 것이다.

이런 현실에 비추어 볼 때, 최근 프랑스에서 통과된 법안은 그저 부러움의 대상일 뿐이다. 동성애 부부를 포함한 다양한 동거 형태의 합법화를 의미하는 시민연대협약(PACS)이 1999년 10월 13일 프랑스 의회에서 통과되었다. 동성애 가족을 포함한 다양한 가족들이 국민 연금, 고용보험, 생활 보호 등의 복지 혜택과 각종 세제상의 혜택을 누릴 수 있게 된 것이다. 국제적 네트워크를 통해 열심히 추진되고 있던 것이 드디어 통과된 것이다. 우리나라의 경우, 국민의 인권을 보호하려는 취지에서 국가인권위원회가 생겼다. 다행한 일이라고 생각된다. 그러나 국가인권위원회가 제정한 인권 법안 어디에도 동성애 그룹이 소수 인권 그룹으로 명시되지 않았다. 그런 상황이니 동성애자 가족의 합법화는 더욱 요원하기만 하다.

물론 국가와 법의 보호는 결국 시민 자율권의 통제를 불러온다는 면에서 동성애자 가족의 합법화를 통해 기존의 가족 제도나 결혼 제도의 정당성을 강화하려는 것은 진보에 역행하는 것일 수도 있다. 결혼 자체는 하나의 계약으로서 가족 구성원 가운데 누군가에게는 억압 장치가 될 수도 있기 때문이다. 하지만 국가를 형성하고 있는 시민으로서의 권리를 사회적으로 인정받은 적이 없는 소수자인 동성애자들에게는 제도적 혜택을 보장하는 것만으로도 그들 개개인의 사회적, 경제적 독립과 권익 향상에 큰 도움이 된다고 볼 수 있다.

낯섦에 대한 경계심이 정상성과 비정상성을 가르고, 비정상성을 병리적으로 유해한 것으로 만들어 버리는 또 하나의 예는 동성애에 관련한 왜곡된 지식을 싣고 있는 중·고등학교 교과서이다.

내가 중·고등학교를 다닐 때만 해도 동성애란 말 자체가 교과서에 나오지 않았다. 하지만 요 몇 년 사이, 중·고등학교 윤리, 보건, 성교육 교과서에는 동성애에 대한 얘기가 자주 나오고 있다. 문제는 동성애자를 변태, 정신병자, AIDS 주범자 등으로 묘사한 편견으로 가득 찬 정보가 담겨 있다[3]는 것이다. 민간에서 제작한 교과서도 국정 교과서와 함께 교육부 승인을 받아야 유포되는 것인만큼 이러한 잘못된 지식을 유포하도록 용인하는 국가 이데올로기가 무엇인지 의심스러워진다. 국가는 다양한 배경의 시민들이 하나로 융화될 수 있는 여건을 조성할 의무를 지니고 있다. 그런데도 불구하고 그릇된 이데올로기가 담긴 지식을 유포하여 사회 성원을 적대시하고 있는 것이다.

교과서 지식은, 제도 교육을 받은 대개의 사람들이 이미 인정하고 있듯이 대학 입시를 치를 때를 제외하고는 거의 활용할 일이 없다. 하지만 사전 정보가 많지 않은 분야에 대해 교과서를 통해 입문하게 될 경우, 단순하고 표준적인 사회 규범을 당연하고 유일한 것으로 받아들인다. 따라서 그 표준적인 것에서 벗어나는 것을 보면 상당히 배척하는 태도를 지니게 된다. 교과서에 실린 동성애자에 대한 인식이나 지식이 부정적일 경우 동성애를 경험하고 있는 청소년들이 수치심을 느껴 자신에 대한 자긍심을 잃게 되고 심지어는 자살을 하게 될 수도 있는 것이다. 물론 동성애자가 아닌 청소년은 동성애에 대한 획일적이고 그릇된 인식을 확고한 사실로 받아들이게 될 것이다. 어른들의 무분별한 편견 때문에 아이들이 희생당할 수밖에 없는 구조적 문제가 우리 사회 곳곳에서 드러나고 있다는 것을 기억할 필요가 있다.

정보망이 다양할수록 어느 한쪽으로 치우치지 않은 정보를 가지게 될 가능성이 많으므로 동성애에 관한 서적을 출판하는 자유를 보장해 주어야 한다. 『또 다른 세상』과 『버디』 등, 동성애자의 인권 향상

---

[3] 월간 『새교육』 99년 5월호 '기획 진단' 란에 실린 정여라 씨의 「동성애 소수일 뿐, 자연스런 현상」에 자세히 나와 있다.

제자였던 한 소녀와의 동성애 끝에 바다로 몸을 던지는 고대 그리스의 시인 사포. 당시 사포가 살던 곳이 레스보스 섬이었는데, 이때부터 여성 동성애자를 레스보스 섬의 사람들이란 뜻의 레즈비언으로 부르게 되었다

을 목적으로 하는 잡지가 청소년 유해물이라는 판정을 받았다. 이 잡지들이 섹스에 대한 얘기를 하는 것이 아님에도 불구하고 청소년들에게 음란한 성행위를 조장한다는 혐의를 받은 것이다. 동성애를 곧바로 음란함과 연결시키는 것이야말로 포르노 영화의 영향을 상당히 많이 받은 사람들이나 가질 만한 비논리적인 노파심이 아닌가. 성(sex)과 성 정체성(sexual orientation)을 동일시하는 것은 일차적으로 무지의 산물이며, 성을 얘기하는 통로를 차단할수록 성이 음성화하리란 것은 누구나 예상할 수 있는 바이다. 교과서가 제대로 하지 못하는 동성애에 관한 교육을 대행하고 있는 동성애 인권 단체와 저널을 통제하는 것이야말로 청소년들에 대한 무책임한 행동이 될 것이다.

언론과 출판의 자유에 관한 이야기를 한 가지 더 해 보자. '책갈피'라는 출판사는 1995년에 동성애 운동을 맑시스트 입장에서 해석

한 책(노라 칼린의 『동성애자 억압의 사회사』와 노엘 핼리팩스의 『동성애자 해방운동과 맑스주의』)을 출판했다는 이유로 국가보안법 위반이라는 판결을 받았다. 1960년대의 매카시즘이 다시 부활하여 '빨갱이'와 동성애자를 반공 이데올로기로 싸잡아 탄압하는 것을 보는 듯하다. 낯선 것에 대한 정부의 대처 방안이 결국 헌법이 보장하는 기본권을 통제하는 것이란 말인가……

마지막으로 낯선 것에 대한 경계심과 관련해서 얘기할 주제는 성폭력이다. 성폭력의 의미를 좁게 해석하여 낯선 (성) 정체성을 가진 이들이 성폭력을 당해도 법적인 보호를 하지 않는 것 또한 낯선 것에 대한 무조건적 경계심과 잇닿아 있는 부분이다. 독자들은 알고 있을까, 우리나라의 법이 규정한 강간의 요건을? 1996년 6월 12일 대한민국 대법원에서는 성전환 수술을 받아 여성이 된 사람을 성폭행한 사람에게 강간죄를 적용할 수 없다는 판결을 내렸다. 성전환 수술로는 성염색체 구성이 바뀌거나 생식 능력이 생기지 않기 때문에 사회 통념상 피해자를 여자로 볼 수 없어서 그렇다는 것이었다. 즉 강간은 남자의 성기가 '생식 능력'이 있는 여자의 성기를 가해했을 경우에만 성립되는 것이다. 우리 사회의 법 규정과 해석은 다양한 성 정체성을 가진 사람들 사이에서 일어나는 성을 매개로 한 폭력을 규제하기에는 너무나 한계가 많다고 생각한다. 인간을 생물학적 존재로만 한정시키면 '객관적'인 근거가 나올 것이라고 믿는 것은 너무나 단순한 발상 아닌가? 설사 생물학적으로만 따진다 해도, 생식 능력을 가지지 못한 여성이나 염색체로는 여성인지 남성인지를 구별할 수 없는 이들(인류의 1%가 이에 해당된다고 한다)은 강간 피해자가 될 자격조차도 없는 것인가. 여성이 생식 능력의 여부로써만 규정되는 참담한 현실이 안타까울 뿐이다. 역시 낯섦을 '비정상'으로 받아들이는 사고 방식이 드러난 예라고 할 수 있을 것이다.

그리 긴 인생을 산 것도 아닌데 내가 겪은 일들에 대해 쓴다는 것이 쑥스럽기만 했다. 하지만 막상 나의 '투쟁'을 보여 주고자 용기를 냈지만, 또 막히는 구절이 있었다. 나는 어느 집단에 속해 있으며 내가 속한 집단은 무엇을 하는지에 대해, 꼭 주장하고 싶어하는 바가 있어야 하는 것인지? 날 주저하게 만든 부분이 뭔지 끌어내는 데 한참 시간이 걸렸다. 그 단상을 적어 본다.

나는 한 집단에만 속해 있는지에 대해서 생각해 봤다. 나의 정체성과 내가 하는 레즈비언 운동은 언제나 단수형으로 일관되게 설명되어야 하는 것인지. 내가 어떤 집단에 속해 있다는 것은 항상 무언가 주장할 거리가 준비되어 있다는 것을 의미하는 것인지. '주장'이란 틀 속에서 나는 얼마나 즐겁게 나를 표현할 수 있는지. 그리고 주장을 펴다 보면 언젠가는 주장이 아닌 대화를 할 수 있는 순간이 올 것인지.

청소년 교육 운동이나 여성 운동, 또는 대안 조직 운동을 하는 사람으로서가 아닌 여성 성적 소수자로서의 정체성과 그에 따른 '주장'을 해야만 하는 것에 대해 괜히 딴죽을 걸어 본다. 내가 속한 집단은 상황에 따라서 '여성 이반'으로 국한될 수도 있고, 남녀를 떠난 '이반' 전체라고 할 수 있지 않은지. 페미니스트 레즈비언으로서의 소속감을 가지고 있다거나, 아니면 좌파 페미니스트 레즈비언이라고 할 때 각각의 주장이 달라질 수 있지 않은지.

누군가에게 나와 내가 속한 집단을 알릴 때마다 뭔가 내 주장을 강하게 펴야 한다는 강박 관념 때문에 마치 수많은 청중을 앞에 둔 연사가 된 것 같은 느낌이 든다. 계몽적 발언이 얼마나 타자를 소외시키는가를 깨달았기 때문에 더 이상 그런 발언을 하지 말자고 다짐하지만, 일단 운동가로 나서다 보니 계몽적 발언을 하지 않을 수 없는 아이러니가 생긴다.

  그래서 내가 사색할 수 있는 공간을 만들고 거기에 독자들을 초대하는 형식을 취함으로써 반복적인 글쓰기의 지겨움을 벗어버리고자 하였는데, 잘 되었는지 모르겠다. 이 글이 독자들이 잠시 쉬었다가 돌아갈 수 있는 여행지였는지, 아니면 독자들을 더 멀리 가고 싶게 만드는 사잇길이었는지. 나로서는 독자들에게 좀더 멀리 가 보라고 권하고 싶다.

장애인과
장애 여성의 목소리로

김효진

장애인과 장애 여성의 목소리로

장애 여성. 지체 3급의 장애 등급.

나에 대한 간략한 소개이다. 세 살 때 소아마비를 앓아 다리를 절게 되었다. 목발을 사용하며 걷기 때문에 조금 불편할 뿐 일상생활이나 사회생활에 아무런 제약이 없음에도 불구하고 나는 우리 사회로부터 줄곧 배제되어 왔다. 그래서인지 장애인 인권 운동을 시작한 지 1년이 채 안 되었고 상근 운동가가 된 지 반 년이 채 안 되었는데도 오래전부터 이 길을 걸어왔다는 착각을 하곤 한다. 어쩌면 장애인을 사회 구성원으로 받아들이지 않는 우리 사회에서 독립된 인격체로서 자긍심을 지키며 살아가기 위해 노력하는 것 자체가 이미 처절한 싸움이었기 때문에 그런지도 모르겠다. 그러나 한 개인으로서의 싸움은 얼마나 허무한 것이었는지. 나는 열심히 사는데도 여전히 불행한 나 자신을 발견하고 내 불행의 근원이 무엇일까에 대해 줄곧 생각해 왔다.

무성으로 취급되다

　나는 무성(無性)적인 존재로 키워졌다. 딸만 넷에다 아들이 하나인 집안에서 나의 여성성은 철저히 부정당했던 듯하다. 다른 여자 형제들과는 달리 나는 늘 짧은 커트 머리만 해야 했고 남자 아이처럼 취급받았다. "이 다음에 크면 엄마 아빠와 같이 살자"는 말을 수도 없이 들으며 자랐기 때문에 나는 일찌감치 내가 배우자를 만나 가족을 이룰 가능성은 없다고 여기고 그에 대한 반대급부로 직업에 대한 욕구만 키워 나갔다.

　처음으로 생리를 했을 때의 당혹감과 자괴감은 평생 잊혀지지 않을 것이다. 아무도 내게 그런 날이 올 거라고 가르쳐 주지 않았다. 생리 같은 건 나와 상관없는 일인 줄 알았는데도 그날은 왔고, 그날 들었던 엄마의 한숨 소리가 지금도 생생하다. 결혼해서 아이를 낳을 가능성이 없는 것으로 취급받던 여자 아이는 자존심에 상처를 받으며 매달 번거로운 일을 감당해 내야 했다. 이것이 내가 장애 여성으로서 겪었던 최초의 폭력이었을 것이다.

　나는 장애인이긴 하지만 엄연히 여성이다. 따라서 결혼을 하고 아이를 낳아 기를 권리가 있다. 하지만 아무도 장애 여성에게는 가사 노동, 출산, 양육 등에 대한 기대를 하지 않기 때문에 어릴 적부터 무성으로 규정되고 여성성의 부정을 경험하게 되는 것이다. 아이를 낳고 엄마가 될 수 있는 가능성을 부정당했기 때문에 아무런 계획도 세우지 못하고 있다가 갑작스레 성인이 되어 겪어야 했던 정체성의 혼란을 상상해 보라!

　대부분의 사람들이 결혼을 한다. 그러나 우리 사회는 한 여자가 한 남자를 만나 가족을 이루는 이성 간의 결합만을 장려하고 그런 가정만을 적극적으로 보호하고 그와 다른 형태의 가정은 금기시하고 죄

악시해서 상당한 불이익을 준다. 장애인의 결혼에 대해서도 크게 다르지 않다. 장애 남성은 비장애 여성이나 자신보다 경증의 장애 여성을 만나 사적인 영역에서 불편함을 적게 느끼면서 살아가고 공적인 영역에서의 활동 영역을 넓혀 나갈 수 있는 가능성이 그나마 있지만, 장애 여성은 집안일을 꾸려 나갈 능력, 출산 능력, 양육 능력에 대해 줄곧 의심받기 때문에 결혼의 가능성이 매우 희박하고, 자신보다 계층이 낮은 남성과의 결혼을 감수해야 하는 경우가 흔하다. 더욱이 낮은 계층의 장애 여성은 어쩔 수 없이 독신으로 남아 가족의 보호를 계속 받거나 그러지 못할 경우 장애인 시설 따위에 몸을 의탁할 수밖에 없다.

여성이라는 조건만으로도 이미 독립적인 삶을 영위하기 어려운 사회 구조에서 장애 여성이 선택할 수 있는 결혼과 직업의 폭이란 아주 좁다. 그리고 그마저도 자신의 의사를 반영시키기 어렵다. 장애 여성도 여성이며 인간이다. 결혼을 하든 하지 않든 자기 삶을 스스로 계획하고 중요한 결정을 스스로 할 수 있는 자기 결정권을 가질 때 비로소 인간다운 삶을 영위할 수 있을 것이다.

계단과 턱…… 장벽을 넘어 세상 밖으로

아주 어릴 적에는 그나마 가족의 배려 덕에 이 사회의 다수가 장애인에게 얼마나 폭력적인지를 잘 모르고 지냈다. 그런데 아버지가 사업에 실패하고부터 우리 집안은 가난과 질병에서 좀처럼 헤어날 수 없게 되었고, 그때부터 나는 커다란 굴절을 경험해야 했다. 태어나서 열네 살 때까지 살아왔던 집과 동네를 떠나 서울 변두리 지역의 셋방을 전전하지 않을 수 없었고 그 때문에 학교 다니는 일이 고통스러워지기 시작했다. 목발을 짚고 버스를 타기란 얼마나 어려운 일이었는

이 사회는 장애인에게 얼마나 폭력적인가. 장애인들이 넘어야 할 계단은 너무도 많다

지. 아침저녁으로 승차 거부를 무릅쓰고 버스에 매달릴 때의 참담함이란. "그 몸으로 집에나 있지" 하는 소리를 수도 없이 들어야 했다. 열심히 버스 앞까지 뛰어갔는데도 바로 앞에서 문을 탁 닫아 버리는 야멸찬 대우를 거의 매일 받아야 했다.

열악한 조건에서나마 대중 교통수단을 이용할 수 있는 나 같은 경증 장애인은 세상 속으로 뛰어들어 온몸으로 맞서 싸울 기회가 아주 없지는 않다. 하지만 휠체어를 타야하는 중증 장애인은 문밖 출입 자체를 제한하는 요소들로 인해 원천적으로 그런 기회를 봉쇄당한다. 집 밖으로 나오는 순간부터 곳곳에 진을 치고 있는 '턱'이나 '계단'으로 인해 그들은 어느 곳에도 접근할 수 없는 것이다.

학교 시설도 마찬가지이다. 장애아가 접근할 수 있는 학교 시설이 갖추어지지 않는 한 장애인은 제대로 교육을 받을 수 없다. 장애인의 교육 정도도 무척 낮지만 특히 장애 여성의 3분의 2 이상이 초등학교 졸업 이하의 학력을 소지하고 있다. (1996년 한국보건사회연구원 조사 결과에 의하면 초등학교 졸업 이하 학력 소지자는 장애 남성이 48%, 장애 여성이 79%로 나타났다.) 장애인을 위한 특수 학교가 있지만 장애인들만 모아서 교육한다. 우리 장애인은 장애가 있다는 이유로 격리되어 교육받기를 바라지 않는다.

대부분의 장애인은 비장애인과 더불어 살기를 희망한다. 그럼에도 불구하고 대부분의 장애인이 지역 사회에서 어울려 살지 못하고 제한된 환경, 즉 시설 안에서 누군가의 감시를 받으며 생활하거나 가족과 함께 살더라도 언제나 집 안에서만 생활하고 있는 것이 우리의 현실이다.

여행, 그리고 자기 결정권에 대하여

5년 전부터 운전을 하게 되었다. 불편한 두 다리를 보완해 줄 수 있는 수단으로 자동차가 절실하게 필요했던 것이다. 자동차가 생긴 후부터 엄청난 생활의 변화가 있었다.

첫째, 어디든 내가 가고 싶은 곳으로 가는 것이 두렵지 않게 되었다. 승차 거부도 없고, "집에나 있지 왜 돌아다니느냐?"는 비난도 듣지 않게 된 것이다. 지하철 계단을 오르내리고 갈아타기 위해 먼 거리를 걸어야 하는 고통도 없어졌다.

둘째, 내가 원하던 직장을 선택할 수 있게 되었다. 얼마 전까지 근무했던 직장은 자동차로 1시간 정도 걸리는 거리에 있었는데, 만일 대중 교통수단을 이용하려 들었다면 도저히 엄두도 내지 못했을 일이었다. 내 경우처럼 대다수의 장애인이 적절한 수단만 제공받는다면 사회 진출에 아무런 불편을 겪지 않을 것이다. 물리적인 장벽뿐만 아니라 장애인을 제약하는 사회적 장벽도 없어진다면 장애인을 비롯한 모든 사회적 약자가 불편을 겪지 않아도 될 것이다.

셋째, 제한적이긴 하지만 운전을 하게 된 뒤부터 '자유'를 얻게 되었다. 대중 교통수단을 이용할 때는 한시도 타인의 시선으로부터 자유로울 수 없었고, 말을 걸어오는 수없이 많은 사람들로 인해 사생활의 침해를 받아야만 했다. "어쩌다 몸이 그렇게 되었느냐?"는 질문과 "참 딱하다"는 동정에 "열심히 살라"는 격려까지. 사람들은 언제나 내게 말을 걸어온다. 그들은 내가 원하든 원치 않든 대화를 강요한다. 왜 그들은 내가 항상 자기들의 질문에 답해야 하고, 자기들의 동정의 대상이 된 것에 기꺼워해야 한다고 여기는 건지…….

대다수의 사람들은 내게 무언가 도움을 주겠다고 자청하곤 한다. 내가 도움을 받고 싶어하는지 그렇지 않은지에 대해서는 전혀 관심이 없다. 가령 내가 버스에 올라탈 때 누군가가 부축해 주는 것은 아무런 도움이 되지 않을 뿐 아니라 오히려 방해가 됨에도 불구하고, 사람들은 내게 묻지도 않은 채 내 허리나 양팔을 잡곤 한다. 이건 여성인 나로서는 무척이나 유쾌하지 않은 경험이다. 그러나 사람들은 아마도 나를 여성으로 여기지 않거나, 여성으로 여긴다 해도 장애 여성은 함부로 취급해도 되며 자기들의 일방적인 행위를 무조건 고마워해야 한다는 생각을 하는 것 같다.

우리 사회의 대다수 남성이 여성을 기사도를 발휘해 보호하고 도와주어야 할 존재로 여기고 그에 따라 행동하는 것을 남자답다고 여긴다. 장애 여성의 경우 더욱 보호해야 할 존재로 여기는 것은 당연하다고 할 수 있는데, 나는 그런 태도야말로 여성과 장애 여성을 독립적인 인격체로 인정하지 않는 증거라고 본다.

물론 우리 장애 여성들은 많은 이들의 도움을 필요로 한다. 하지만 언제 누구의 도움을 받아야 하는지는 우리 스스로가 가장 잘 알고 있다. 그러므로 진정으로 누군가를 도와주려 한다면 우선 그 사람이 원하는 것이 무엇인지부터 알아야 한다.

　오랜 경험을 통해 나는 누가 내게 말을 걸고 싶어하는지, 그가 무슨 말을 하고 싶어하는지 눈빛이나 표정만 보고도 알 수 있게 되었다. 나는 줄곧 종교인들의 표적이 되어 왔기에 내게 전교를 하고 싶어하는 사람과는 되도록 눈을 맞추지 않으려 한다. 어떤 개인이 강한 종교적 신념을 가지는 것은 개인의 자유라고 할 수 있겠지만, 그 신념을 남에게 강요할 권리는 없을 것이다. 내게는 사색하면서 길을 걷거나 대중 교통수단을 이용할 권리가 있다. 그럼에도 불구하고 종교인들은 내게 말을 걸어오며, 내가 대화할 의사가 없음을 분명하게 밝혀도 집요하게 자신의 믿음을 강요하려 한다. 심지어는 믿음이 없는 내게 시련이 올 것이라는 협박(?)까지 한다. 운전을 하게 된 뒤부터 나는 이런 폭력으로부터 자유로워질 수 있게 되었다. 누구의 시선도 의식하지 않고 음악을 듣거나 때로는 큰 소리로 노래를 따라 부르기도 하면서 나는 나만의 공간에서 자유를 느끼게 되었다.

　넷째, 많은 곳을 여행할 수 있게 되었다. 물론 그 이전에도 여행의 경험이

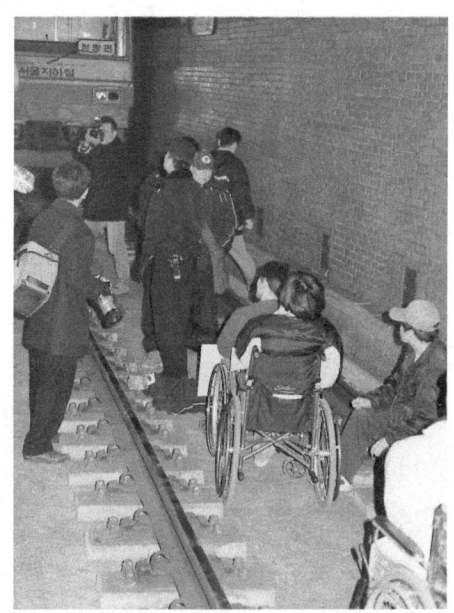
장애인들이 지하철 선로를 점거하고 이동권 보장을 요구하는 시위를 하고 있다(사진 제공: 한국장애인연맹)

없었던 건 아니지만 이전과는 전혀 다른 경험을 할 수 있었다. 특히 경주 여행이 기억에 남는다. 미숙한 운전 실력 탓에 3박 4일 내내 수시로 길을 잃어 전혀 엉뚱한 곳으로 가곤 했지만 길을 잃어도 불안하지 않았으며, 길을 찾다가 방향이 영 아니다 싶으면 담담하게 되돌아가거나 아예 코스를 바꾸기까지 했다. 여행이 주는 진정한 자유로움을 만끽했다고나 할까? 고등학교 수학여행 때도 경주에 갔었는데, 그때의 끔찍했던 기억과는 정반대였던 셈이다. 그때는 혹시라도 뒤처져 친구들이나 선생님에게 폐가 되지 않을까 싶어 그 좋다는 문화 유적에는 조금도 집중할 수가 없었다. 자동차가 생기고 나서 비로소 내 갈 길을 스스로 결정하는 경험을 하게 되었으며, 스스로의 결정이 얼마나 중요하며 소중한 일인지 새삼스레 깨달을 수 있었다. 또한 최근에 전개된 장애인 이동권 운동이 왜 중요한지를 깨닫게 되었다.

삶이란 이런 것이어야 하지 않을까? 갈 길을 스스로 정하는 것. 남의 도움을 받되 어떤 도움을 받을지 스스로 결정하는 것. 다른 누군가가 아닌 자기 자신이 주인이 되는 것.

'자기 결정권'은 장애인 인권 운동에 있어서 매우 중요한 개념이다. 자신의 삶을 주체적으로 영위할 수 있는 결정권을 가지는 것이 바로 사회 성원이 되는 출발점이자 기반이기 때문이다. 그리고 장애인 자신이야말로 스스로에게 필요한 게 무엇인지를 가장 잘 알고 있기 때문이다. 지금까지 장애인들은 아침을 몇 시에 먹을 것인가, 무얼 먹을 것인가, 밤에는 몇 시에 잘 것인가, 어떤 친구와 친하게 지낼 것인가 등등 매우 기본적인 선택조차 할 수 없는 상황에 처해 있었다. 장애인 본인이 결정하기보다는 의료 관계자나 재활 치료 관계자가 그들의 마음대로 결정해 버리는 것이 예사였던 것이다.

시설에 수용되어 있건 가족의 보호를 받고 있건 장애인의 의사가 존중되지 않는 것은 별반 다를 바가 없다. 자기 결정권이라는 개념은 장애인 외에도 이 땅에서 소외되고 차별받는 소수자들을 포함한 모든 인간의 평등한 인권 쟁취를 위한 싸움에 새로운 지평을 열어 줄 것이다.

노동 시장에 끼어들기와 판 바꾸기?

내가 장애 여성이라는 정체성을 가지게 된 것은 그리 오래된 일이 아니다. 장애 여성으로서의 정체성을 가지기 어려웠던 이유는 우리 사회에서 장애 여성이라는 존재가 부정적으로 받아들여졌기 때문일 것이다. 게다가 철저히 고립되어 다른 장애 여성과 교류할 수 없었던 환경 탓도 크다. 아니, 나 스스로 장애인임을 부정했던 듯하다. 이 사회에서 요구하는 능력을 갖추면 장애쯤은 아무 문제도 되지 않을 것이라는 낭만적인 생각을 했던 것이다. 그래서 우리 사회가 요구하는 기준에 맞춰 나 자신을 변화시키려고 많은 노력을 기울였고, 어느 정도는 목표한 바를 이룰 수 있었기에 정상성에 가까워진 나를 어느 곳에서도 받아들이지 않는 현실이 당혹스러웠다. 장애 여성이라는 조건 자체가 아주 새롭고도 심각한 차별의 근거가 된다는 사실 인식에 조금만 일찍 다가갈 수 있었더라면 내 삶은 어떻게 달라졌을까?

나는 얼마 전까지 모 정부 출연 기관의 월간지 편집 담당자로 일했다. 정규 교육 과정을 다 마치고 편집자로서 갖추어야 하는 모든 능력을 갖추었음에도 불구하고 안정된 직장에서 일할 기회를 얻기까지는 꼬박 10년의 세월이 필요했다. 그 세월 동안 장애 외에도 무언가 능력의 결함이 있거나 노력이 부족한 탓에 일자리를 쉽게 구하지 못하겠지 하는 주변 사람들의 시선에 나는 짓눌려 지내야 했다.

나는 대학과 대학원에서 국문학을 전공했으며, 대학 시절부터 이미 편집직이야말로 장애라는 조건에도 불구하고 선택할 수 있는 유일한

직종일 것이라고 판단했다. 사실 장애인, 특히 장애 여성에게는 직업 선택의 폭이 지극히 좁으며, 우리 사회에 유포되어 있는 특정 직업에 대한 신화는 장애인을 억압하는 또 하나의 기제로 작용하곤 한다. 어릴 적부터 나는 책읽기와 글쓰기를 좋아했고, 감수성이 발달한 편이었다. 그런데 인생을 설계하는 데 있어 이런 내 적성은 조금도 고려 대상이 되지 못했다. 내게 희망과 격려를 주고 싶어하던 선의를 가진 사람들은 한결같이 커서 약사나 한의사가 되라는 충고를 아끼지 않았다. 약사나 한의사를 움직이지 않고 앉아서 일할 수 있는 직업으로서는 가장 좋은 것으로 생각했던 것이다. 수학이나 과학에는 좀처럼 흥미를 느낄 수 없던 여자 아이에게 약사나 한의사가 되라니!

아무튼 가족과 주변의 반대를 무릅쓰고 국문학과를 선택한 데 따른 책임은 온전히 내 몫이었다. 누구에게도 의존하지 않고 당당하게 살아가려면 직업이 필요한데도 불구하고 노동 시장에 진입조차 할 수 없었기 때문이었다. 내가 지니고 있는 장애라는 조건이 편집을 하는 데 아무런 장애가 되지 않음에도 불구하고 일자리를 구할 수 없었던 것이다. 거부의 논리는 교묘하게 포장되었지만 늘 장애 때문인 것이 분명했다.

"몸이 불편함에도 불구하고 열심히 밝게 살아가는 모습이 보기 좋다. 그러나 편집이라는 게 앉아서만 하는 일은 아니다. 복사도 해야 하고, 시장 조사도 나가야 하고, 인쇄소에도 나가 봐야 한다. 비록 채용이 되지 않더라도 좌절하지 말고 열심히 살아라." 그쯤에서 물러나면 나는 착한 장애인일 수 있겠지만, 내가 복사도 할 수 있고, 외근도 나갈 수 있다고 힘주어 말하면 그때부터 상대방은 몹시 불쾌해 하며 자기들이 불편해서 안 되겠다고 딱 잘라 말하곤 했다. 현대 산업 사회의 개인은 사회적 '일'을 통해 자기 정체성의 주요한 부분을 형성

하며 사회 속에 살아 있음을 느끼게 된다고 하는데, 나는 오랫동안 실업 상태에서 누군가에게 받아들여지기를 기다려야 했다.

우여곡절 끝에 어렵사리 채용이 된 경우에도 대개 재정이 어려운 회사에 채용되어서 저임금과 고강도 노동에 시달려야 했다. 그러나 나는 일할 기회를 갖게 된 것만으로도 감사해서 열악한 근무 환경과 부당한 대우에도 불구하고 경쟁력을 좀더 기르려는 노력을 아끼지 않았다.

정부 출연 기관 연구원으로 일하게 됨으로써 중심에 끼어드는 데 어렵사리 성공할 수 있었으나 노동 과정은 역시 험난했다. 말단 연구원으로서의 자리를 지키기 위해 과다한 노동을 하다 보니 재생산을 위한 시간이 부족함을 뼈저리게 느껴야 했다. 그리고 더 이상의 발전이나 도약은 없을 것이라는 절망감에 시달려야 했다. 평생 바쁘게, 치열하게 일해도 권위적인 남성 중심의 직장 문화 속에서는 여전히 가난할 수밖에 없을 것이라는 암담한 전망만 거듭되었다. 장애인을 배제하는 사회에서는 열심히 일하면 일할수록 극심한 인간 소외만을 경험할 뿐이었다. 나아가 부패와 타락으로 얼룩진 환멸의 세상을 바꿔 나가는 데 조금도 영향을 미치지 못하는 무기력함에 더욱 절망했다.

장애인의 완전한 사회 참여와 기회 균등의 이념을 바탕으로 장애인 인권을 실현하려는 최초의 '장애인 조직'인 국제 장애인 연맹(Disabled Peoples' International, DPI)과의 만남은 1998년에 이루어졌다. 국제 장애인 연맹은 1980년에 캐나다 위니펙에서 개최되었던 '국제 재활 세계 대회'에 참가했던 세계 각국의 장애인 250명이 발의해서 만든 단체로, 1981년에 싱가포르에서 51개국 400여 명의 장애인들이 모여 제1회 세계 대회를 개최함으로써 공식적으로 출범했다.

국제 장애인 연맹의 지부라 할 수 있는 서울 장애인 연맹에서 일하

한국 장애인 단체 총연합회 창립 대회 모습(사진 제공: 한국장애인연맹)

면서 나는 장애 여성으로 다시 태어날 수 있었다. 이제껏 부정해 온 자신의 정체성을 찾게 되면서 장애 여성의 눈으로 세상을 다시 발견할 수 있었던 것이다. 교육에서 소외되고 성폭력 등 온갖 폭력에 시달리며 생존권조차 보장받지 못한 채 극심한 빈곤에 허덕이고 있는 장애 여성의 인권은 결국 당사자인 우리 장애 여성의 목소리와 힘으로 되찾아야 한다는 인식이 싹트기 시작했다. 장애 여성으로서의 정체성을 갖게 되면서 비로소 나 자신이 가지고 있는, 사회를 변혁시킬 수 있는 힘이 느껴졌다. 장애 여성이기 때문에, 기존의 체제를 비판적이고 총체적으로 볼 수 있는 주변적 위치에 있고 '중심'에 들기 위해 어쩔 수 없이 지니게 되는 '공공의 악덕'에 '덜' 오염되었으며 억압당한 체험을 바탕으로 다른 종류의 억압에도 민감하게 반응할 수 있다는 것 등이 내가 가지고 있는, 사회를 변혁시킬 수 있는 힘임을 확인하게 되었다. 나 자신의 잠재력을 확인하자 장애 여성을 포함한 모든 인간이 소외되지 않는 사회를 만들 수 있다고 믿게 되었다. 그러한 믿음으로 나는 인권 운동을 시작하게 되었다.

새로운 지평을 열며

"그동안 살아오면서 얼마나 인권 침해를 받았기에 인권 운동을 하게 되었느냐?" 한 장애 여성이 자신은 그런 경험이 없어서 그런지 인권 운동의 필요성을 별로 못 느낀다며 내게 이런 질문을 했다. 오랫동안 장애인의 인권은 생존권 보장 차원에서만 논의되어 왔기에 교육권, 노동권, 자립 생활권 등은 장애인 당사자들에게도 매우 생소한 개념이어서 그녀의 질문은 어쩌면 당연한 것이었다. 그때 나는 "한 인간이 사회의 구성원이 되기 위해서는 직업이 필요하다. 그런데 그 사람이 일을 할 수 있는 능력이 있음에도 불구하고 장애인이라는 이유로 일할 기회를 주지 않는 것은 심각한 인권 침해이다. 나는 그런 식의 인권 침해를 많이 당했다. 단순히 생존권을 보장받는 것만으로는 장애인의 인권이 보장되지 않는다. 여전히 장애인의 사회 참여를 가로막는 사회 환경을 바꾸기 위해 인권 운동을 시작했다"는 대답을 한 듯하다.

인권 운동을 시작한 이후 지난 2년 동안 강연을 청하는 곳이나 장애 여성 문제를 주제로 한 세미나에는 어디든 참석했고, 장애인 단체와 여성 단체의 연대도 활발하게 모색했다. 그러나 장애인 단체와 여성 단체라고 해서 모두 장애 여성에게 우호적인 것은 아니었다. 장애인 단체에서는 "장애인 문제를 해결하면 장애 여성 문제는 자연히 해결될 텐데 왜 굳이 장애인 문제와 장애 여성 문제를 분리하려 하느냐?"고 했고, 여성 단체는 "장애 여성 문제에 대해서는 잘 모르겠으니 장애 여성끼리 알아서 해라"는 식으로 반응하였다. 나는 여성 단체와 장애인 단체가 장애 여성 문제를 포괄할 수 있을 때 자기 발전의 새로운 계기를 맞을 것이라고 확신한다.

1999년 겨울, 민중 대회 때 있었던 일이다. 평화 행진을 하던 장애인 전원이 마포 경찰서에 연행되었다. 대열의 맨 뒤에서 걷고 있다가 아무 예고나 경고도 듣지 못한 채 순식간에 닭장차에 실려 가게 된 것이었다. 3만여 명의 대회 참가자들 중에서 유독 우리 장애인만 불법 연행된 이유가 무엇일까? 사회적 약자인 장애인이 우리 사회에서 어떤 취급을 당하고 있는지 알 수 있는 단적인 예라고 할 수 있겠다.

최근의 가장 커다란 변화라고 하면, 나 자신의 인간에 대한 이해가 얼마나 협소했었는지에 대한 깨달음을 들 수 있겠다. 운동하기 이전부터 이 사회에서 차별받고 배제되는 이유를 찾지 않고서는 내 삶의 주인공이 되기 힘들다는 생각으로 나를 바라보는 사람들의 입장에서 나 자신을 재조명하는 연습을 꾸준히 해 왔고, 내가 서 있는 자리와 현실을 정확히 이해하려 노력해 왔기 때문에 나름대로 인간에 대해서는 이해를 하고 있다고 생각했다. 그러나 나 스스로를 장애인으로 인정하지도 않고, 또 장애인을 인간의 범주에서 제외시켜 장애인들과는 전혀 교류도 하지 않았던 나의 인간 이해가 얼마나 협소한 것이었는지 깨닫게 된 것이다. 따라서 장애인으로서의 집단적 정체성(내가 혼자가 아니라 사회의 어떤 특정한 집단에 속한다는 자기 인식에서 생겨나는 정체성)을 갖지 못한 것은 당연했으며, 변혁 의지를 실천할 주체로서의 자각은 더더욱 어려울 수밖에 없었던 것이다. 그런 점에서 내 삶의 근원으로 돌아와 새로운 삶을 시작하게 된 것은 축복임에 틀림없다.

장애인이라 하더라도 성별, 유형별(지체 장애, 청각 장애, 시각 장애 등), 장애 정도별로 다양한 차이가 있다. 장애인이 지니고 있는 다

장애인 운동에서마저도 주변화된 장애 여성의 독자적인 목소리를 내자는 장애 여성의 모임(사진 제공: 한국장애인연맹)

양한 차이를 이해하면 할수록 인간에 대한 깊은 이해에 다가가고 있음을 느낀다. 그리고 장애인들이 지닌 차이를 차별의 구실로 만들지 않고, 오히려 다양한 차이를 지닌 장애인들이 함께 어우러지고 비장애인들과도 더불어 살아갈 수 있는 사회를 만드는 것이 내가 해야 할 일임을 절실하게 깨닫고 있다.

 장애인 인권 운동을 하면서 어느덧 나는 매순간 내가 하는 결정과 선택이 참으로 중요하다는 생각을 하게 되었다. 정부 출연 기관의 연구원이었을 적에는 노동을 하면 할수록 나 자신이 점점 더 위축되어 초라한 존재가 되는 것 같았다. 그때의 나는 거대한 조직의 일원으로서 오로지 살아남기 위해 몸부림쳤다. 그러나 나는 지금은 내가 무엇인가에 대한 자기 인식을 바탕으로 우리 사회의 모순을 진단하고 억압과 소외가 없는 사회를 만들기 위해 미력이나마 다하고 있다. 내가 내 삶의 주인이자 사회 변혁 운동의 주체라는 자각은 가슴이 두근거릴 만큼 신비한 체험이 아닐 수 없다. 어떻게 하면 장애인 모두가 삶의 주체, 사회의 주체로 거듭나고 장애인을 비롯한 모든 사회적 약자가 소외되지 않는 세상을 만들 수 있을까?

장애인 (여성) 인권 확보는 우리 힘으로

1999년은 장애인 스스로의 투쟁으로 쟁취한 '장애인 고용 촉진법'을 재활 프로그램 정도로 격하시키려는 전문가주의에 맞서 싸운 한 해였다. (취업을 원하는) 장애인의 완전 고용 쟁취에 초점을 맞춰 부단히 투쟁한 결과 고용 문제를 도외시한 '장애인 직업 재활법' 제정을 저지하고 '장애인 고용 촉진 및 직업 재활에 관한 법률'을 통과시킬 수 있었다. 그 과정에서 장애인 문제 해결을 위해서는 장애인 당사자의 요구가 얼마나 중요한지 새삼 깨닫게 되었다. 또 장애인을 조직하고 대표하는 장애인 단체의 중요성에 대해서도 인식을 새롭게 할 수 있었다.

장애인 문제를 해결하기 위한 노력은 오래전부터 있었다고 한다. 그럼에도 불구하고 장애인의 인권 현실이 제자리걸음을 하는 것은 장애인의 의사를 대변한다는 사람들이 정작 당사자인 장애인의 요구는 뒷전으로 미루어 두었기 때문이라고 할 수 있다.

대개의 사람들은 아직도 장애인을 자신의 삶을 스스로 통제할 능력이 없는 환자로 여기기 때문에, 시설에 수용되어 의사나 재활 전문가의 도움을 받는 것이 당연하다고 생각한다. 장애인 인권 운동이 재활을 목표로 할 경우 장애인은 치료의 대상이 되고, 장애는 없애거나 극복해야 할 그 무엇이 되어 버린다. 특히 재활의 관점에서 보자면 장애인은 비장애인의 기준에 맞추기 위해 스스로 자신의 장애를 극복해야만 한다. 그러나 장애인은 환자가 아니다. 엄밀히 말하자면 장애를 이유로 우리 사회로부터 장애를 입은 사람들이다. 따라서 장애인을 비정상으로 간주하고 그들에게 정상의 기준에 맞출 것을 강요할 것이 아니라 장애를 이유로 장애인을 배제하는 이 사회를 바꿔야 한다.

장애인들의 요구는 효과적이면서도 효율적인 방법으로 모아져서 장애인 당사자의 목소리를 통해 표출되어야 할 것이다. 그럼에도 불구하고 전문가와 서비스 제공자의 조언이 장애인의 목소리를 대변하는 것으로 여기는 현실이 안타까울 뿐이다. 이는 여성 문제나 다른 소수 집단 문제를 다룰 때에도 마찬가지로 중요할 것이다.

1980년 이후 장애인 운동에서 장애 여성이 차지하는 비율은 장애 남성과 거의 동등했었다고 한다. 그럼에도 불구하고 장애 여성은 주

장애인들이 '장애인 고용 촉진법'을 개정하라는 시위를 하고 있다 (사진 제공: 한국장애인연맹)

변화되어 있으며 아직 독자적 영역을 확보하지 못하고 있다. 장애 여성의 경우 그들이 겪는 억압과 차별의 정도와 질이 장애 남성과 다름에도 불구하고, 그 차이가 전혀 고려되지 않는 것은 장애 여성의 목소리가 제대로 모아지지 못했기 때문으로 보인다.

장애 여성의 조직화를 통해 독자적인 목소리가 충분히 울려 퍼질 때 장애인 운동의 내용도 보다 풍요로워지고 발전할 수 있을 것이다. 여성 운동도 마찬가지일 것이다. 계급, 나이, 능력의 정도에 따라 다양한 차이가 존재함에도 불구하고 단일 범주로 여성을 규정하고 그에 따라 문제 해결을 시도한다면 여성 운동 역시 자기 발전의 계기를 잃을 위험이 있다.

소수가 조직화되지 않은 상태에서 다수가 모든 인간을 대표하여

휠체어 리프트는 장애인들에게 오히려 '장애물'이다. 장애인 이동권 쟁취를 위해 시민들의 서명을 받고 있는 모습

추상적인 인간 해방을 부르짖으면 오히려 인간 해방에 역행하는 결과를 초래할 것이다. 그러므로 소수자들이 주체가 되어 독자적으로 활동할 수 있는 여건을 마련해 주는 풍토가 절실하다. 장애인이 자신의 조직을 통해 사회 환경을 바꿔 나갈 때 장애인을 포함한 모든 사회적 소수자들이 소외되지 않고 주체적으로 참여할 수 있는 사회를 만들 수 있을 것이다. 장애인 스스로 주체가 되어 자신을 변화시키고 장애인을 배제하는 사회를 변화시키는 여건을 만드는 것, 이것이 바로 장애인 인권 운동의 몫이 아닐까?

제발 때리지 마세요!

김해성

제발 때리지 마세요!

1. 반한 감정(反韓感情): 위험 수위에 도달한 분노

일전에 『동아일보』에 실렸던 내용이다. 한국인 사업가 두 사람이 필리핀 마닐라 공항에서 비행기의 트랩을 내려서는 순간, 같은 비행기를 타고 왔던 필리핀 청년 여섯 명에게 둘러싸여 몰매를 맞았다. 폭행당한 한국인들은 즉시 공항 경찰대에 신고를 했고 그 청년들은 출동한 경찰들에게 연행되었으나 그 청년들이 한국에서의 취업 기간 중에 당한 학대와 모욕을 이야기하자 흥분한 경찰들까지 합세하여 재차 폭행했다고 한다. 폭행당한 한국인들은 필리핀 주재 한국 대사관에 신고하여 문제를 제기했으나 결국은 강제 출국당하고 말았다. 한국인이라는 이유만으로 당한 봉변이었다.

한국인이 "We are Nepali"

나는 취업 도중 여러 가지 재해로 사망한 외국인 노동자들의 유해

나 보상금 등을 전달하고자 다른 나라를 찾게 되는 일이 매우 잦다. 그런데 네팔을 방문했을 때 우리 일행이 길을 걸어가는데 자전거를 타고 지나쳐 가던 네팔 청년 두 명이 힐끗 우리 얼굴을 살피더니 저만치 멈추어 섰다. 잠시 후 우리가 다가서기를 기다렸다는 듯이 영어로 "한국인이냐? 일본인이냐?" 하고 물었다. 무의식적으로 "한국인"이라고 답하자 그들은 대뜸 "우리가 한국말을 할 줄 아는데 한번 들어 보겠느냐?"고 했다. 한국에서 일을 했던 이들이라는 직감이 들었다. 외국에서 외국인이 한국말을 해 보겠다고 하니 반갑기도 하고 궁금하기도 해서 "그럼 한국말을 해 보라"고 했더니, 싸늘한 표정을 지으면서 "이 씨팔놈아! 죽어 볼래"하는 것이 아닌가? 우리는 혼비백산하여 도망치듯이 그 자리를 빠져나올 수밖에 없었다. 그 일이 있고 나서는 "한국인이냐? 일본인이냐?"는 물음에는 꼬박꼬박 "We are Nepali (우리는 네팔 사람이다)"라고 답할 수밖에 없었다. 네팔은 크게 두 민족으로 구성되어 있는데 하나는 인도 아리안 계통으로 얼굴이 조금 검고 윤곽이 뚜렷한 이들이고, 다른 하나는 상당히 차별을 당하는 몽골리안으로 한국인과 생김새가 비슷해서 거의 구별하기가 어렵다. 봉변을 당한 후부터는 줄곧 네팔 사람 행세를 할 수밖에 없었다.

'검댕'이 된 주검으로 고향 가

몇 년 전 무더위가 한껏 기승을 부리던 여름, 건축 현장에서 열사병으로 쓰러져 3일 만에 사망한 중국 교포 유영희(남, 49세) 씨는 병원비와 영안실 비용을 내지 못해 국립의료원 영안실에서 8개월 가까이 방치되었다. 겨우 화장을 하고 장례라도 치를 수 있었던 것은 비보를 접하고 한국에 온 유영희 씨의 아들(18세)이 부천의 한 공장에서 일

성남 〈외국인 노동자의 집, 중국 동포의 집〉 〈사진ⓒ김지연〉

해 번 백만 원을 가지고 가서 병원 측에 사정사정했기 때문이었다.

공장의 천장에 엉성하게 만들어 놓은, 창문 하나 없는 숙소에서 잠을 자다가 화재를 피하지 못하고 온통 숯덩이처럼 타 버린 세 방글라데시인 모타레브, 굴차르, 화룩의 처참한 모습이 지워지지 않는다. 하루에 세 차례의 장례를 치르고, 그 시신을 방글라데시로 싣고 갈 비행기를 멍하니 기다리던 방글라데시 대사관 공사 바타차야 씨와 직원들. 그들의 눈에 비친 한국의 모습은 무엇이었을까? 과연 한국에 대해 어떤 생각을 하고 있었을까?

2000년 초 중국에서 한국인 살인 사건이 빈번하게 일자 외교통상부에서는 발 빠르게 중국에서 일어난 한국인 살인 사건 피해 상황을 발표하였다. 1998년부터 2년 동안 살인 사건이 17건 발생했고, 그로 인해 18명이 사망했다고 했다. 그런데 일개 상담소인 성남의 〈외국인 노동자의 집, 중국 동포의 집〉에서만 사흘에 한 번 꼴로 장례를 치르며, 하루에 네 번씩이나 장례를 치른 경우도 있다. 그리고 지하 창고에는 30여 구의 유골이 쌓여 있다. 살아서는 불법 체류자라는 이유로 쫓겨다니다가 죽어서는 외국 국적자라는 이유로 행려병사자 처리조차 되지 않아 납골당에 안치될 수도 없는 것이 외국인 노동자들과 동포들의 슬픈 현실이다. 게다가 임금 체불, 산업 재해, 질병, 폭행, 사기 등에 대한 상담 건수는 이루 말할 수 없이 많아 상담 파일이 산더미처럼 쌓여만 가고 있다. 한국에 와 있는 외국인 노동자들과 동포들의 그 막대한 고통은 아랑곳없이 우리의 조그만 피해만을 내세우며 그에 대한 책임을 묻는 일은 이제 그쳐야 하겠다. "남의 눈에 눈물 나게 하면 제 눈에 피눈물 난다"는 말이 있다. 외국인 노동자들과 동포들의 눈에 흐르는 눈물을 누가 닦아 줄 수 있으랴?

성남 〈외국인 노동자의 집, 중국 동포의 집〉 지하에 쌓여 있는 유골(사진ⓒ김지연)

2. 외국인 체류자 50만여 명, 매월 3천여 명씩 증가 추세

외환 위기 당시 언론을 통해 1998년 한 해에만 8만여 명의 외국인 노동자들이 귀국하는 모습을 본 많은 이들이 걱정스레 "요즘 외국인 노동자들이 다 출국한다고 하는데 상황이 어떠하냐?" 또는 "외국인 노동자들이 다 나가면 할 일이 없어 〈외국인 노동자의 집, 중국 동포의 집〉이 문을 닫게 되는 것은 아닌가?"라는 물음을 던져 왔다. 이에 대해 나는 "제발 문을 닫았으면 좋겠다"고 답했었다. 그런데 법무부는 2000년 10월 28일 현재 50만 2591명의 외국 국적자가 국내에 체류하고 있으며, 매월 3천여 명씩 늘어나고 있다고 발표했다. 그렇다면 외국 국적자 가운데 상당수를 차지하는 외국인 노동자 문제는 앞으로도 계속될 것이 분명하다. 특히 국내 체류 외국인 노동자는 30여만 명이며 그중 6%만이 정식 취업이 가능한 체류 자격을 가지고 있으며, 31%가 산업 기술 연수생(연수생이기 때문에 일을 하더라도 '연수'일 뿐이지, '취업'한 것은 아니다), 65%가 불법 체류 취업자들이다. 이 통계는 국내 체류 외국인 노동자의 상당수가 단순 기능직 근로자로서 출입국관리법상 취업 가능한 체류 자격 없이 취업하고 있음을 보여 주고 있다.

열악한 노동 조건과 인권 유린에도 불구하고 왜 한국에 올까?
중국에서는 사장을 경리 또는 총경리라고 부르는데 사장의 한 달 월급이 인민폐로 1,000원 내외라고 한다. 이를 한국 화폐 가치로 환산하면 8만 원 내지 10만 원 정도이다. 그런데 한국에 오기만 하면 하루 일당으로 그 돈을 벌 수 있는 것이다. 그동안 수많은 중국 동포들이 기회의 땅이자 고국인 한국으로 몰려왔다. 그러나 숱한 이들이 한국인에게 사기를 당하고, 한국에 오는 비용을 대기 위해 빌린 돈을 갚지 못해 가정이 풍비박산이 되는 아픔을 겪어야 했다. 그럼에도 불구하고 지금도 한국에 오고자 하는 사람들이 줄을 서고 있고, 또 사기 사건과 밀입국 행렬도 꼬리를 잇고 있다.

한편 방글라데시는 인구가 1억6천5백만 명으로 세계 최고의 인구밀도를 자랑(?)하는 국가이다. 국토의 대부분이 강물이 운반해 온 토사가 쌓여서 이루어진 삼각주 지대로서 유용한 지하자원은 희박하고, 해마다 홍수가 국토의 절반 이상을 휩쓸어 버리니 산업 시설을 세울 엄두를 내지 못하고 있다. 오죽하면 물에 잠긴 자기네 나라를 도와 달라며 가난한 우리 상담소에까지 원조를 요청하겠는가. 나라 밖으로 나가 주기만 해도 애국이고, 나가서 달러까지 벌어 오면 그것보다 더 큰 애국이 없는 것이다.

'자본'은 이동하지만 '노동력'은 고정되어 있던 시대는 가고 '노동력'도 자본처럼 이동하는 시대가 되었다. 물이 높은 곳에서 낮은 곳으로 흐르는 것이 자연스럽듯 노동력도 저임금 지역에서 고임금 지역으로 이동하는 것이 당연시되는 그야말로 '노동의 지구화' 시대가 되었기 때문에 이주(이민) 노동자의 문제는 이제 세계적인 관심사이자 피할 수 없는 과제이다.

3. 외국인 노동자 인권 유린의 역사와 흐름

'한 지붕 세 가족'

한 공장에서 똑같은 일을 한다고 하더라도 외국인 노동자는 그들이 처한 조건과 상황에 따라 세 부류로 나눌 수 있다. 첫째 부류는

'해외 현지 투자 기업 연수생'으로서 3~10만 원 가량의 월급을 받고 있는 이들이다. 이들은 해외 현지에서 계약을 맺고 연수 명목으로 들어와 있기 때문에 현지에서 받는 수준의 임금을 지급받는다. 그리고 노동관계법의 적용 대상에서 제외되기 때문에 인권의 사각지대에 방치되어 있는, 말 그대로의 노예라고 할 수 있다. 둘째 부류는 '중소기업협동조합중앙회'(이하 '중기협'으로 약칭)에서 관리하는, 2년 기한의 '산업 기술 연수생'이다. 이들은 최저 임금제를 적용받아 30여만 원 이상의 임금을 받는다. 그리고 셋째 부류는 방문이나 관광 목적으로 한국에 와서 불법 체류 중이거나 또는 연수생으로 왔다가 이탈한 '불법 체류 불법 취업자'로 50~100만 원 가량의 월급을 받고 있다. '해외 현지 투자 기업 연수생'이나 '산업 기술 연수생'들은 연수생 자격을 포기하고 다른 공장으로 가면 두 배 이상의 월급을 받을 수 있으니 자진해서 불법 체류자가 되는 기막히는 상황이 벌어지는 것이다.

합법 체류자는 '연수생', 불법 체류자는 '노동자'

불법 체류 외국인들이 심각한 사회 문제로 부각되자 정부는 이에 대한 대처 방안으로 1994년에 '산업 기술 연수생' 제도를 실시하여 합법적인 체류 자격을 주었다. 그러나 산업 기술 연수생 제도는 오히려 문제를 더욱 심각한 양상으로 몰아가 버렸다. 우리가 사는 사회는 상식이 통하는 곳이어야 한다. 법을 지키는 이에게는 혜택을 주고, 그러지 않는 이에게는 불이익을 주는 것이 상식이다. 그런데 외국인 노동자 문제에 있어서는 이 상식이 무시되었다. 합법 체류자가 하루에 12~16시간씩 밤낮으로 죽도록 일을 하고서도 고작 15~20만 원의 월급을 받은 데 비해 불법 체류자들의 경우 대부분이 50~100만 원의 월급을 받았던 것이다. 한편 일을 하다가 산업 재해를 당했을

동료의 시신이 담긴 관을 비행기에 실으며 눈물을 훔치는 방글라데시 노동자들(사진©김지연)

경우 합법 체류자는 사망 사고일 경우 회사별로 임의로 가입한 상해 보험 회사로부터 최고 1,500만 원을 받도록 되어 있었지만 회사나 송출 업체가 보험금을 가로채는 경우가 많았다. 그러나 불법 체류자의 경우는 노동부의 산업 재해 보상과 회사 측으로부터 민사 보상을 동시에 받을 수 있었다. 이러한 모순은 '연수생의 경우 합법 체류자이지만 노동자가 아니므로 보상을 해 주지 않고, 불법 체류 노동자의 경우 체류 자체는 불법이지만 노동자이므로 산업 재해에 대한 보상을 해 주었기 때문'에 일어난 것이다. 이런 상황이니 합법 체류자들이 직장을 이탈해 불법 체류자가 되려고 하는 것은 당연한 일이다. 그런 까닭에 2년 기한을 다 채우는 산업 기술 연수생은 10% 남짓에 불과하다.

검찰, 월급 한 푼 안 준 사업주에게 '무혐의' 결정

한국에 취업한 외국인 노동자들 중 거의 모두가 5~6개월에서 2년치의 임금을 받지 못하고 있으면서도, 불법 체류자라는 신분적인 약점 때문에 관공서 어디에도 호소하지 못한다. 방글라데시인 M. D. 알리 씨는 예일 산업이라는 가구 공장에서 2년 동안 하루에 12~16시간씩 밤낮없이 죽도록 일을 해서 그동안의 월급이 천 만원이 넘는데 사장이 부도를 내고 잠적해 버리는 바람에 한 푼도 받지 못했다고 한다. 한국에 오기 위해 한국행을 알선해 준 브로커에게 400만 원 가량을 지불했다는 알리 씨는 우리를 찾아와 "이대로는 절대로 돌아갈 수 없다", "브로커에게 주려고 빌린 돈은 어떻게 갚아야 되느냐?", "그 돈을 받지 못하고 돌아가면 감옥에 갇히든지 죽게 될 것이다"며 눈물을 흘렸다. 진정서를 냈으나 노동부 사무소에서는 조사도 하지 않은 채 "불법 체류 외국인이니 다른 방도를 강구하라"는 통지만 보내 왔다.

재차 노동부에 고소장을 접수했더니 그제야 사업주와 알리 양자를 조사하고서 조사 결과를 검찰에 송치하였고 의정부 지청에서 판정 내용을 담은 결정문을 보내 왔다. 결정문의 내용은 "사업주가 고소인의 임금을 지불하지 못하고 있는 사안으로 인정이 된다. 그러나 고소인은 관광 비자로 입국하여 불법 취업한 자로서 적법한 근로 계약을 전제로 하는 근로기준법상의 근로자로 볼 수 없으므로 사업주의 범죄 혐의가 없다"는 것이었다. 고소인의 주장을 사실로 인정하지만 고소인이 불법 체류자이기 때문에 사업주의 범죄 혐의가 없다는 것이다. 도대체 이 무슨 해괴한 논리란 말인가? 2년간의 피땀 어린 노동의 대가를 떼어먹었는데도 범죄 혐의조차 없단 말인가?

강제 출국 당한 외국인 노동자들의 항의

노동부는 불법 취업 외국인이 임금 체불, 산업 재해 등과 관련한 소송을 제기할 경우 법원의 판결과 관계없이 우선 이들을 강제 출국시키도록 법무부에 요청하고 있다. 이는 1993년 11월 26일 필리핀인 아키노 시바은 씨가 불법 취업 외국인이라는 이유로 산업 재해 보상을 받지 못한 것은 부당하다며 노동부를 상대로 낸 요양 불승인 처분 취소 청구 소송에서 서울 고등 법원이 "노동부는 요양 불승인 처분을 취소하라"며 원고 승소 판결을 내린 것에 대한 노동부의 대책이었다. 노동부는 불법 취업 외국인에 대해서도 산업 재해 보상을 해 줘야 한다고 판결이 남으로써 앞으로 불법 취업 외국인들의 소송이 잇따를 것으로 보고 이같이 결정했다고 한다. 노동부가 산업 재해를 방지하는 대책을 마련하기는커녕 산업 재해를 당한 외국인 노동자가 보상을 요구하면 강제 출국시켜 버리라고 요구하는 웃지 못할 상황이 벌어진 것이다. 그렇다면 팔이 잘리고 손가락이 잘려도 신고나 보상 요구를 하지 말고 가만히 있으라는 것인가. 이후 소송이 잇따르고 외국인 노동자 농성 사건이 터지자 노동부는 1994년 2월 7일부터 불법 취업 외국인 노동자의 산업 재해에 대해서 제한적으로 보상을 하겠다고 발표하고 5인 이상의 사업장에 한해서 보상을 실시했다. 그리고 이미 산업 재해를 당하고 보상도 받지 못한 채 강제 출국된 노동자들이 농성을 벌여 국제적인 분쟁의 조짐이 보이자 1994년 9월부터 그들에게도 소급하여 보상을 해 주기로 하고 해외 공관을 통해 피해 사례 접수를 받고는 있지만 성과는 미미한 상태이다.

강제 징용 서러운데 동포 차별 웬 말이냐!

1999년 12월부터 발효된 '재외 동포법'이 중국 동포를 더 이상 동포로 인정하지 않자 한국 거주 조선족들은 "강제 징용 서러운데 동포 차별 웬 말이냐!" "부잣집에 시집간 딸만 딸이고 가난한 집에 시집간 딸은 딸이 아니냐?"는 구호를 외치며 뜨거운 폭염 아래서 단식을 하는 등 분노를 터뜨렸다. 중국 동포들이 어떤 사람들인가? 어떤 사람들의 자손인가? 강제 징용을 당하지 않으려고, 학병이나 정신대로 끌려가지 않으려고, 도탄에 빠진 민족을 구하려고 중국으로 떠난 사람들이며, 그 사람들의 자손들 아닌가? 일제 만행의 피해자들, 나라와 민족을 위해 목숨을 걸고 피 흘려 싸웠던 독립 투사들, 독립 투사들을 지원했던 사람들, 그 자손들을 동포로 인정하지 않는 것은 이들을 또다시 조국에서 멀어지게 만드는 것이다. 지금까지 이국에서 외국인이라고 차별과 멸시를 당한 것도 억울한데 고국에서조차 동포로 인정해 주지 않는 것이다. 1999년 8월 31일 김대중 대통령이 국무회의에서 재외 동포법과 관련해서 "중국과 구 소련 지역 거주 동포들도 우리 동포임이 분명하므로 실질적인 혜택을 주어야 하며, 국내의 불법 체류 동포들에게도 안정된 생활과 귀국을 보장해 주어야 한다"고 이야기하였음에도 불구하고, 법무부에서는 벌금 면제 출국 기간을 2000년 6월 말로 정하고 7월 1일부터는 단속을 통해 추방 조치를 하겠다고 발표하였다.

한편 한국에서 태어나 중국으로 이주한 동포 1세대들 중 호적이 버젓하게 살아 있고 현재 한국에 머물고 있는 이들이 여생을 고국에서 보내고 싶다고 하는데도 법무부는 "호적은 국적이 아니다"라며 불법 체류를 문제 삼아 그들의 국적 회복을 불허하고 있다.

4. 외국인 노동자들의 심각한 인권 실태

불법 체류라는 신분적 약점: 인권 유린의 출발점

불법 취업 외국인 노동자들은 한국인이 기피하는 3D 업종에서 밤낮없이 뼈 빠지게 일을 하지만 임금을 받지 못하는 경우가 비일비재하다. 사업주에게 임금을 달라고 항의하면 경찰에 불법 체류자라고 신고하여 추방당하게 하는 일도 벌어진다. 중국 동포 김희택 씨 부부도 40만 원씩 월급을 받기로 하고 비닐하우스 농사일을 하였으나 5개월이 지나도록 월급을 받지 못해 일을 그만두고, 안양 노동사무소에 그 문제를 진정하였다. 근로 감독관의 출석 요구에 따라 업주와 김희택 씨 부부가 함께 노동사무소에 출석하였는데, 그 업주는 곧장 휴대 전화를 꺼내 "불법 체류자 두 명이 있으니 체포하라"고 경찰에 신고하였다. 나이가 지긋한 김희택 씨 부부는 무릎을 꿇더니 딸 같은 업주의 치맛자락을 붙들고 "잘못했다", "용서해 달라", "월급을 받지 않겠다"고 몇 번씩 다짐한 후에 눈물을 뿌리며 도망치듯이 노동사무

성남 〈외국인 노동자의 집, 중국 동포의 집〉의 중국 동포들 (사진ⓒ김지연)

소를 빠져나갔다.

장용남 씨를 비롯한 중국 동포 43명은 주택공사 운암 지구 택지 조성 사업장에서 일하였는데, 임금 1억5천여 만 원을 받지 못하였다. 그들이 사무실에 찾아가 항의하자 사무실 직원이 경찰에 신고를 하는 바람에 그들 모두 체포되어 외국인 보호소에 100일간 수감되었다가 강제 추방되었다. 억울함에 치를 떨던 장용남 씨는 1,000만 원이나 되는 비용을 들여 다시금 한국에 왔으나 밀린 임금을 한 푼도 받지 못하였다. 중국 동포 김길원 씨는 손가락이 모두 잘리는 재해를 당한 것에 대해 보상을 요구하다가 역시 사장이 경찰에 신고하는 바람에 불법 체류자로 체포되어 외국인 보호소에 수감되어야 했다.

2000년 6월 3일, 중국 동포 왕균당 씨는 출근길에 횡단보도를 건너다가 차에 치여 정신을 잃었다. 얼마 후 정신을 차린 그는 경찰관이 다가오는 것을 보고 "괜찮다"고 말하고는 깨진 턱뼈와 쏟아지는 이빨을 추스려 그 자리를 피했다. 불법 체류자라는 신분적인 약점이 얼마나 이들을 옥죄고 있는지를 보여 주는 사건이다. 피해자가 도리어 뺑소니를 쳐야 하는 어처구니없는 일이 불법 취업 외국인 노동자들 사이에서는 종종 일어난다.

상담의 70% 정도를 차지하는 임금 체불

외국인 노동자들은 한국에 돈을 벌기 위해 왔다. 그런데 〈외국인 노동자의 집, 중국 동포의 집〉을 찾아오는 외국인 노동자들의 70% 정도는 임금을 제대로 받지 못하고 있다. 일부 사업주들은 임금을 받으러 온 외국인 노동자나 상담소 직원들에게 "법대로 하라!"거라 "경찰서에서 만나자"는 등의 협박을 하거나 실제로 경찰에 신고해서 끌려가게 하기도 한다. 이에 대해 경찰청에서는 피해 사실을 확인할 경우 무분별한 단속이나 체포, 연행보다는 피해 보상을 우선시하라는 지시를 내려 전향적인 모습을 보이고 있다. 이에 반해 노동부는 진정을 해도 아예 외면하기가 일쑤였고 고소나 고발에 대해서도 무혐의 처리로 일관해 왔다.

그러다가 1999년 1월 1일부터 불법 취업 외국인 노동자들에게도 근로기준법이 제한적으로 적용되어 숨통이 트이기 시작하였다. 그럼에도 불구하고 일부 노동부 근로감독관들은 조사도 제대로 하지 않고 먼저 출입국 사무소에 통보하여 불법 취업 외국인 노동자들을 끌려가게 하는 등의 행동으로 규탄의 대상이 되기도 하였다. 노동부 근로감독관은 '특별사법경찰리(特別司法警察吏)'로 수사권을 가지고 있으므로 좀더 적극적으로 분쟁 사건에 접근하고 해결책을 모색해 주기를 간곡히 요청한다. 근로감독관들은 사업주를 입건해 검찰에 송치하고 나면 자신들의 책임은 그것으로 끝났으니 소송을 제기하라고 하는데, 한국인도 쉽지 않은 소송을 외국인 노동자들이 어떻게 하라는 말인지 막막할 뿐이다. 사업주에 대하여 벌금을 부과하는 것도 필요하지만 임금 체불 문제를 해결하려는 노동부와 검찰의 적극적인 자세가 절실히 요구된다.

콩팥을 팔아서라도 가족의 품에 돌아갈 수 있게 해 달라

불법 취업 외국인 노동자 가운데 많은 이들이 산업 재해를 당하고서도 보상을 받지 못한 채 체포되어 강제 출국당하였다. 중국에서 태어난 교포 류정기 씨는 성남시에 있는 플라스틱 옷걸이 공장에 취직해 야간 작업을 하던 중 네 손가락이 절단되는 사고를 당했다. 사업주가 수술비를 대어 봉합 수술을 했지만 수술 부위가 부어 오르고 고통이 심해져서 후속 치료를 요구하자 사업주는 "당신 때문에 이미 많은 돈을 썼는데 더 요구하면 어떻게 하느냐? 심사가 불편하니 차라리 치료비가 싼 중국에 가서 치료하라"며 더 이상의 치료와 보상을 외면했다고 한다. 류정기 씨의 손에서 썩는 냄새가 나 붕대를 풀어 보니 봉합 수술을 받은 손가락이 퉁퉁 부어 있었다. 병원으로 데리고 갔더니 봉합한 손가락을 모두 절단하고 치료를 받아야 한다고 했다. 류정기 씨는 1년 가까이 입원해 있으면서 수술과 치료를 받았는데, 문제는 1,300만 원이 넘는 치료비였다. 대책을 강구하자고 했더니 사업주는 "가진 재산이 없으니 사글세 보증금이든 사출기든 가져가고 싶은 것을 가져가라. 나는 더 이상 책임질 능력이 없다"고만 했다. 산업 재해 보상을 받으려고 노동부에 신고했더니 5인 이하 사업장이기 때문에 산업 재해 보상을 받을 수 없다는 통보가 왔다. 하는 수 없이 각계 요로에 진정서를 보내고, 류정기 씨를 청와대 민원실에 보내 하소연해 보도록 했으나 결국 안 된다는 답변에는 변함이 없었다. 변호사에게 민사 소송을 제기하면 보상을 받을 수 있겠느냐고 했더니 소송을 하면 승소하겠지만 소송을 않는 것이 좋겠다고 했다. 재판에서 이기더라도 재판 실익(實益)이 없기 때문에 차라리 인지대라도 아끼라는 것이었다.

류정기 씨는 "그동안 돌봐 주신 것은 고맙지만 이제 곧 중국으로 돌아가야 하는데 보상비는 그만두고서라도 병원비는 어떻게 갚으며 가족들에게는 무어라 설명해야 하느냐?"며 아침마다 내게 전화를 했다. "한국에서 콩팥을 팔면 5천만 원을 받을 수 있다고 하는 걸 들었는데 나는 3천만 원만 받으면 된다. 콩팥을 떼어 내도 겉으로는 표시가 나지 않으니 그 돈으로 병원비를 갚고 남은 돈은 많은 이들의 도움으로 보상받은 것이라고 가족들에게 설명하겠다. 그러니 발이 넓은 목사님께서 소개를 해 달라"고 하는데 차마 더 이상 들을 수가 없어서 "나는 그런 사실을 알지도 못하고 그런 사람들은 감옥에 가야 한다"고 설명을 했다. 그랬더니 "그러면 나는 어떻게 해야 하느냐?"며 큭큭 울음을 터뜨린다.

의료의 사각지대에 방치되다

불법 체류자들은 의료 보험 혜택을 받을 수 없어서 비싼 진료비를 내야 하니 어지간해서는 병원을 찾지 않는다. 급성 맹장염에 걸린 몽골인 바트센드 씨는 진통제 몇 알로 버티다가 혼절하여 병원으로 후송되어 수술을 받았지만 이미 손을 쓸 수 없는 상태였다. 결국 바트센드 씨는 패혈증으로 하루 만에 사망하였다. 스리랑카인 서짓 쿠마라 씨는 작업 중 발등에 부상을 당했는데 제대로 치료를 받지 못해 결국은 무릎 아래를 절단해야 했다. 쿠마라 씨가 절단한 부위가 가렵고 아프다고 해서 의사에게 물어 보았더니 '환각통'이란다. 네팔인 엠 구룽 씨는 진통제 몇 알에 의지하여 복통을 참다가 결국 쓰러졌다. 병원에 후송되었을 때는 복막염으로 번져 꽤 위험한 상태였기 때문에 6개월 동안 중환자실에서 치료를 받아야 했다. 호미로 막을 것을 가래로 막은 셈이다. 병원과 약국, 의사와 약사가 홍수처럼 넘치는데도 외국인 노동자들은 '군중 속의 고독'을 느껴야 한다. 외국인 노동자들이 최소한 응급 진료는 받을 수 있도록 하는 제도를 조속히 마련할 필요가 있다. 그리고 사망자는 행려병사자로 처리할 수 있게 해서 장례도 못 치른 채 유골을 보관하는 일이 없도록 해야 할 것이다.

폭력에 무방비로 노출된 외국인 노동자

각 사업장에서는 가뜩이나 인력이 부족한데다가 이탈자가 생기면 추가 배정도 받을 수 없기 때문에 외국인 노동자들이 이탈하는 것을

명동 성당에서 외국인 노동자와 함께 시위를 벌이고 있는 김해성 목사 (사진ⓒ김지연)

막는 데 골몰하게 되었다. 작업장 이탈을 위한 정보 교환을 차단하려고 전화나 편지를 하지 못하게 하고, 여권을 압수하거나 고의적으로 5~6개월씩 임금을 지급하지 않아 외국인 노동자가 눌러앉게 만드는 경우가 비일비재하였다. 심지어 어떤 송출 업체는 작업장을 이탈한 외국인 노동자를 붙잡아 일주일이나 감금시켜 놓고 하루에 물 한 컵과 빵 한 조각만 주어 아사 직전에 이르게 하는 야만적인 행위를 한 적도 있었다. 이러한 억압적 조치들에 대한 반발이 1995년 1월 9일부터 17일까지 9일 동안 벌어진 외국인 산업 기술 연수생들의 명동성당 농성 사건이었다. 이는 정부의 정책이 자초한, 필연적으로 터질 수밖에 없었던 사건이었다. 그러지 않아도 분노로 들끓던 명동성당 농성

제발 때리지 마세요! 163

장에 기름을 끼얹는 듯한 속보가 날아들었다. 경기도 광주의 한 가구 공장에서 외국인 여성 노동자가 공장장에게 강간을 당했다는 것이었다. 농성장에 있던 외국인 노동자들은 목에 쇠사슬을 감고 "제발 때리지 마세요!", "우리는 노예가 아닙니다", "강간하지 마세요!"라고 외치기 시작했다.

네팔인 고빈다 씨는 일을 그만두겠다고 하자 사장이 옥상 아래로 밀어 버리는 바람에 양팔이 부러지고 온몸이 만신창이가 되어서 6개월간 병원 신세를 졌다고 한다. 그랬는데도 그 사장은 약식 기소되어 벌금 100만 원만 물고 풀려났다.

중국 동포 서문봉 씨는 한국인이 휘두른 몽둥이에 맞아 뇌를 다쳤는데 수술을 받던 중 뇌사 상태에 빠졌다. 범인이 돈도 가족도 없으니 몸으로 때우겠다는 배짱을 부려 구속되자 병원 측에서는 치료비를 받기 위해 서문봉 씨의 장기 기증을 주선했지만 책임질 가족이 없어 불발되고 말았다. 그러는 와중에 서문봉 씨는 끝내 저 세상으로 갔다. 장례라도 치르려고 찾아갔지만 병원 측에서는 치료비 1,300만 원을 내지 않으면 시신을 내줄 수 없다고 해 그냥 물러설 수밖에 없었다. 서문봉 씨가 사망한 지 5개월 후에 그의 부인이 찾아와서 병원 측에 사정이라도 하려고 갔더니 그동안의 영안실 안치료 500만 원이 추가되었으니 그것까지 지불해야만 시체를 내줄 수 있다고 했다. 서문봉 씨의 부인은 "멀쩡한 사람을 때려 죽이고는 보상도 한 푼 주지 않고 장례조차 치르지 못하게 하는 이 땅이 남편의 고국이란 말입니까?"라며 울부짖었다. 그 며칠 후 대통령에게 탄원하여 겨우 장례를 치르기는 했지만 보상은커녕 고인의 월급 450만 원과 회사에 맡긴 200만 원을 아직도 받지 못하고 있다.

방글라데시인 라흐만 씨는 한국인 공장장에게 살해되었다. 그 한국인 공장장은 라흐만 씨의 시체를 불에 태우고 손발을 잘라 산속에 버렸다. 뒤늦게 라흐만 씨의 사체를 찾았는데 방글라데시 대사관에서는 코란 율법에 따라 화장할 수 없으니 사체를 송환해 달라고 요구했다. 난도질당해 등판만 남은 그 사체를 차마 보낼 수가 없었다. 만일 그 사체가 방글라데시로 가게 되면 방글라데시의 모든 언론이 대서특필할 것이고 한국은 야만 국가로 매도될 것이 분명했다. 알량한 애국심 때문에 일주일 동안 사체 송환을 두고 옥신각신하다가 방부 처리가 되지 않는다는 이유를 들어 어렵사리 화장을 한 다음 유골을 돌려보냈다.

중국 동포 김인성 씨는 1998년 3월 3일 자신이 일하고 있던 부천의 한 공장에서 분신자살하였다. 그는 공장의 벽에 스프레이로 "나쁜 놈

자신이 일하던 공장 벽에 써 놓은 김인성 씨 유서의 일부분(사진 제공: 성남 〈외국인 노동자의 집, 중국 동포의 집〉)

김○○ 천벌을 받는다. 내 영혼이 영원히 너를 괴롭힌다. 한국이 슬프다. 金寅星"이라는 유서를 써 놓았다. 김○○는 그 공장의 사장이었다. 아무 일도 없이 사장을 저주하고 죽지는 않았을 텐데 사장은 별다른 일이 없었다고 발뺌을 했다. 결국 5개월이 지나서야 보상 한 푼 받지 못하고 간신히 장례만 치를 수 있었다. 김인성 씨의 부인은 "남편이 남긴 '한국이 슬프다'는 글이 마음에 걸린다. 왜 고국인 한국이 우리에게 슬픈 나라가 되었는가?"라며 울음을 터뜨렸다.

외국인 노동자들의 절규는 해방 50돌을 맞이하던 1995년 새해 벽두부터 일그러진 우리의 자화상을 보여 주었다. 연수생들의 농성으로 연수 제도의 문제점이 폭로되는 계기가 되었다. 정부 당국은 외국인 산업 기술 연수생 제도의 개선 지침을 발표하여 1995년 3월 1일부터 연수생들도 의료 보험, 산업 재해 보상 보험, 최저 임금제 적용의 혜택을 받을 수 있게 하였다. 그러나 연수생 산업 재해자의 경우 1995년 3월 1일 이전의 사고에 대해서는 보상해 주지 않았는데 이는 형평의 원칙에 어긋난다. 불법 체류 외국인 노동자의 경우에는 그 이전의 사고에 대해서도 소급하여 보상해 주었고, 이미 출국을 한 이들에 대해서도 해외 공관을 통해 접수하면 보상해 주었기 때문이다. 1995년 3월 1일 이전에 산업 재해를 당한 연수생도 보상해 주는 것이 마땅하다.

정신대 배상 문제처럼 우리도 제소 당해

우리나라에는 '근로기준법'이라는 법이 있다. 이는 근로 조건의 최저 기준선을 제시한 법으로서 사업주들은 그 기준선을 반드시 지켜야 하며, 지키지 않으면 처벌받는다는 것을 그 내용으로 한다. 근로기준법 제5조는 "국적, 신앙 또는 사회적 신분을 이유로 근로 조건에 대한 차별적 대우를 하지 못한다"라고 명시하고 있다. 또한 우리나라 헌법 제6조와 유엔법 제2조 2항은 '인간의 사회, 문화, 경제적 기본 권리에 대한 차별 금지'를 명시하고 있다. 그러나 외국인 노동자들이 최소한의 기본적인 권리마저 인정받지 못하고 있는데도 정부는 이러한 현실을 외면하고 있다. 예전에 한·일 양국 교회협의회 인권위원회에서 '전후 처리, 전후 보상과 재일 한국인의 인권'이라는 주제의 토론회를 연 적이 있다. 한국 측 사례 보고로 정신대 배상 문제와 외국인 노동자 문제에 대한 발표가 있었다.

외국인 노동자 문제에 대한 발표가 끝나자 정신대 배상 문제에 대한 사례를 보고했던 발표자가 마이크를 잡더니 "한국에 있는 외국인 노동자를 이렇게 학대하면서 어떻게 일본에 정신대 배상 요구를 할 수 있겠느냐?"고 지적하였다. 어떤 목사님은 "50년도 더 지난 정신대 문제에 대해 배상을 요구하고 유엔에 제소하는데, 외국인 노동자들이나 그 노동자들의 국가도 나중에 그럴 것 아니겠느냐?"고 탄식하였다. 그런데 아니나 다를까 1999년 여름, 필리핀 주재 한국 대사관 앞에서 한국에서 산업 재해를 당하고도 보상을 받지 못한 이들이 시위를 벌여 한국 정부를 규탄했다. 그들에게는 '코리안 드림' 대신 '한국에 대한 증오'와 '추악한 한국인의 이미지'만이 남아 있을 것이다.

5. 외국인 노동자 문제의 해결 방안

송출 비리를 척결하고 연수생 제도를 폐지해야

산업 기술 연수생 제도는 우선 그 제도 자체와 운영의 편법성에 문제가 있다. 연수생이라는 이름으로 외국 인력을 들여와서는 연수의 기회는 주지 않고 단순 노동을 시킨다. 그리고 그들에게 부여하는 법적 지위는 단지 연수생일 뿐이어서 노동자의 기본적인 권리를 누릴 수 없다. 즉 산업 기술 연수생 제도는 단순 인력을 싼값에 부리려는 것일 뿐이다. 국내 노동 시장에서 산업 기술 연수생의 실제적 지위는 '연수생'이 아니라 명백히 '노동자'이다. 따라서 노동자로서의 대우를 해 주어야 한다. 그리고 불법 취업 외국인 노동자가 합법적인 연수생보다 높은 임금을 받고 있는 것도 아이러니이다.

산업 기술 연수생 제도는 처음부터 잘못된 결과를 가져올 수밖에 없었다. 최소한 국가 간 쌍무 협정에 의해 제도가 만들어졌어야 함에도 불구하고, 법무부 장관의 훈령에 의해 만들어져 특정 부문이나 단체의 이익을 대변하는 쪽으로 운용되었던 것이다. 또 국가나 공익 기관이 담당해야 할 외국인 노동자들의 도입과 관리를 사업주의 연합 단체인 중기협에 맡김으로써, 그들 집단의 논리만이 관철되고 있지 외국인 노동자들의 인권은 전혀 보장되지 않고 있다. 사업주 단체에 노동자의 관리를 맡기는 것은 고양이에게 생선을 맡기는 것과 같은 상식 밖의 일이다. 여러 가지 개선책으로 보완되었다고는 해도 근본적인 문제는 상존하고 있기 때문에 산업 기술 연수생 제도는 반드시 철폐되어야 한다. 국제적으로도 산업 기술 연수생 제도는 저임금으로 노동력을 착취하는 악랄한 제도라는 비난을 듣고 있다. 합법적인 체류자인 연수생 신분으로 받는 저임금으로는 한국에 오기 위해 꾼 돈의 원금과 이자를 갚기가 어렵기 때문에 연수생의 상당수가 작업장을 이탈하여 불법 취업 시장으로 유입되고 있다. 한편 사업장에서는 연수생이 이탈해도 그 사실을 보고하지 않고 은폐한다. '산업 기술 연수 관련 사후 관리 방안'에 따르면 업체에 소속된 산업 연수생의 이탈율이 높으면 그 업체는 다음에 인력을 배정받을 수 없기 때문이다. 사업주는 추가 배정 등에서 불이익을 받지 않기 위해 이탈자 보고를 제대로 않기 때문에 실제 이탈율은 훨씬 높을 것이다.

외국인 노동자 합법화는 기업주들의 요청이다

사업주들이 외국 인력을 쓰는 이유는 한국인을 구할 수 없기 때문이다. 외국 인력이라도 안정적으로 확보하려면 외국인 산업 기술 연수생을 고용할 수밖에 없는데, 그러기 위해서는 여러 복잡한 과정을 거쳐야 하고 1년 가까이 기다려야 한다. 그러니 차라리 (불법) 외국인 노동자의 고용을 합법화하자는 주장도 나오는 것이다. 한편 임금을 많이 지불할 수 없는 영세 사업장은 외국인 노동자를 고용할 수밖에 없음에도 불구하고 연수생을 배정받지 못하기 때문에 불법 체류자를 고용하는 악순환을 거듭하는 것이다. 영세 사업장 사업주들은 더 이상 불법 체류자를 고용한 것 때문에 불안해하는 일이 없기를 바란다. (외국인 불법 체류자를 고용하면 출입국관리법 위반으로 3년 이하의 징역이나 1,000만 원 이하의

국가인권위원회는 2002년 8월 1일 크레파스와 수채 물감의 특정 색을 '살색'으로 이름 붙인 것은 헌법에 보장된 평등권을 침해한 것이라며, 한국산업규격을 개정하도록 권고했다 (사진ⓒ김지연)

벌금형에 처해진다.) 특히 중기협에서 분리, 독립하여 출범한 소기업 연합회는 공식적으로 외국인 노동력 고용의 합법화를 주장하고 있다.

수많은 중소기업 사업주들이 인력난 때문에 어쩔 수 없이 불법 체류자들을 고용하여 생산 활동을 하고 있으면서도 불법이라는 굴레 때문에 항상 마음을 졸이며 불안에 떨고 있다. 그것은 외국인 노동자들도 마찬가지다. 외국인 노동자 고용이 합법화되면 사업주는 외국인 노동자를 마음 놓고 고용할 수 있고 외국인 노동자들도 마음 놓고 일할 수 있다. 불법 취업 외국인 노동자들이 우리 경제에 이바지했다는 것은 부인할 수 없는 사실이다. 게다가 지금 일하고 있는 불법 체류 외국인 노동자들은 한국의 문화나 음식에 이미 잘 적응하고 있고, 한국말도 잘 할 뿐더러 숙련된 기술을 가지고 있다. 그들이 생산성 향상과 산업 재해 예방에 절대적인 기여를 할 수 있음에도 불구하고 강제로 추방한 다음 생짜 연수생을 새로이 들여온다면, 시행착오만을 거듭할 수밖에 없다. 중기협은 위와 같은 이유를 들어 산업 기술 연수생들의 체류 기간을 2년에서 3년으로 연장하였다.

6. '한국의 따뜻함'을 보여 주자!

얼마 전 우리 외국인 노동자의 집 요양소 〈쉼터〉에서 1년 가까이 치료를 받으며 요양하던 네팔인 채왕 씨가 문둥병 환자라는 사실이 밝혀져 우리 모두를 충격에 빠뜨린 일이 있었다. 채왕 씨는 그동안 번 돈 가운데 700여만 원을 송금 사기를 당해 날리고, 남은 돈을 치료비로 탕진하느라 많은 빚을 지게 되었다. 그는 자살하고 싶다며 눈물로 시간을 보냈다. 채왕 씨는 우리들이 정성 들여 모은 기금으로 네팔에 있는 가족들의 품으로 돌아갔다. 그후 계속해서 채왕 씨에게 약을 보내 주고 있다. 채왕 씨는 "한국인은 내 생명의 은인이며 한국의 따뜻함을 죽을 때까지 잊을 수 없다"는 편지를 보내 왔다.

채왕 씨를 네팔로 돌려 보낸 직후에 방글라데시인 준토 씨가 백혈병 환자임이 밝혀져 병원 중환자실로 옮겨 치료를 받게 했으나 곧 죽을 것이라는 진단을 받게 되었다. 영양제 덕택으로 기력을 조금 회복한 준토 씨는 떠듬떠듬 입을 열어 고향의 가족에게 보내 달라고 했다. 사실 하루에 100만 원 가까이 들어가는 병원비를 감당할 수 없기도 해서 방글라데시 대사관 측과 상의하여 그를 귀국시켰다. 방글라데시로 돌아간 그는 보름 만에 유명을 달리했다고 한다. 그나마 위로가 되는 것은 가족들 품에 안기고 싶다는 그의 마지막 소원을 들어줄 수 있었다는 점이다. 우리는 준토 씨의 병원비를 갚아야 할 의무를 고스란히 떠맡았지만, "준토는 편안히 잠들었고 친척들과 마을 사람들이 한국의 따뜻함에 감사하고 있다"는 준토 씨 가족의 전언이 그 의무를 한결 가볍게 해 준다.

누가
이 아이들의 작은 소망을
들어줄 수 있는가?

이주영

누가 이 아이들의 작은 소망을 들어줄 수 있는가?

엔날 엔화라아버지 랑할머니 랑 도라가서서 아빠 엄마언니 나 박에 엄써다 그런데 점신시 간이다 돼다 그런데 밥 이업써다 그래서 엽집에서밥 을먹 엇다 그래도 배 가고파 다 밥을 아무리 먹어 도배 가고 판다 병원에가 도문 이 잠겨져 잇 엇 다 그레서 집에 간 는 게 아무 도업었다 (권○늘, 7세)

빈민 지역 아이들에게는 공부방을, 밥을 굶는 수도권 지역 아이들에게는 밥을 제공하는 '사랑의 밥집'을 후원하는 부스러기 선교회에서 해마다 여는 글잔치에 응모한 글의 심사를 맡았다가 이 아이의 글을 읽게 되었다. 이게 무슨 말인가? 처음에는 그 내용을 이해하기가 어려웠다. 몇 번을 다시 읽고 나서야 이 아이가 하려는 말이 무엇인지, 이 아이의 작은 소망이 무엇인지를 어렴풋이나마 깨닫고 눈시울이 뜨거워졌다. 띄어쓰기도 제멋대로이고 글씨도 삐뚤빼뚤하지만 일곱 살 난 아이가 쓴 것 치고는 아주 잘 쓴 글이다. 이 글을 다시 정리

2002년 5월, 부스러기 선교회에서 주최한 글쓰기, 그림 그리기 대회에 참여한 어린이의 모습(사진 제공: 부스러기 사랑 나눔회)

해서 쓰면 다음과 같다.

옛날에 할아버지와 할머니가 돌아가셨다. 그래서 아빠, 엄마, 언니, 나밖에 없었다. 그런데 점심 시간이 다 됐다. 그런데 밥이 없었다. 그래서 옆집에서 밥을 먹었다. 그래도 배가 고팠다. 밥을 아무리 먹어도 배가 고팠다. 병원에 가도 문이 잠겨져 있었다. 그래서 집에 갔는데 아무도 없었다.

이 아홉 문장으로 된 글은 아이가 겪어야 했던 불안과 배고픔과 외로움으로 가득 차 있다. 어린아이에게는 한 달 전이라도 옛날이라고 할 수 있으므로 이 아이의 조부모가 돌아가신 때와 이 글을 쓴 때의 시간적 간격이 얼마나 되는지 알 수 없지만 조부모의 죽음이 이 아이에게 상당히 의미가 있는 사건, 경제적인 타격을 피부로 느끼는 원인이 된 사건이라고 볼 수 있다. 무슨 까닭에서인지는 알 수 없지만 이 아이의 부모에게는 경제 능력이 없는 것 같다. 이웃집에서 밥 한 끼를 얻어먹었는데 아무리 먹어도 배가 고팠다는 것은 그동안 많이 굶었다는 증거다. 병원에는 왜 갔을까? 배가 고프면 병원에 가서 밥을 먹었다는 말인가? 아니면 조부모가 병원에 입원해 계실 때 병원에 가서 밥을 먹은 기억이 있어 밥을 먹으러 갔다는 말인가? 알 수 없다. 그러나 분명한 것은 이 아이는 누군가의 도움을 절실하게 필요로 했고, 도움을 받기 위해 찾아간 병원의 문이 잠겨 있었으며, 집에서마저도 아무도 없었다는 것이다. 일곱 살 난 아이를 이처럼 배고프고 두렵고 외롭도록 내버려두는 것이 우리 사회의 부끄러운 현실이다.

글잔치에 응모한 글들에서 가슴 아픈 우리 사회의 현실과 그 속에서도 결코 희망을 버리지 않고 살아가려고 애쓰는 어린 마음을 읽을 수 있었다. 그 가운데 가정이 파탄나서 겪는 아픔과 슬픔을 이겨 내려는 몸부림이 담긴 글 몇 편을 살펴본다.

사랑하는 어머니 아버지께

엄마 저 나래예요. 그동안 말썽을 많이 피워서 죄송해요. 제가 아플 때는 저를 간호해 주시고 또 저를 낳아 주셔서 감사합니다. 그리고 이 은혜 잊지 않을게요. 그리고 손이 불편하신데도 밥도 차려 주시고 이불도 깔아 주셔서 고맙습니다. 그리고 아빠는 허리가 날마다 아프시고 보조기를 하고 계신데도 우리를 먹여 주시고 쌀도 사 주시고 옷도 사 주시고 고맙습니다. 아빠는 화날 때는 무섭지만 아빠가 웃을 때는 좋아요. 엄마는 화를 많이 내지 말고 많이 웃는 게 잘 어울리는 것 같으니까 많이 웃으세요. 그리고 엄마 아빠 사랑해요. 그리고 우리 오빠는 컴퓨터를 잘하고요 또 그림을 잘 그리고 나도 그림을 잘 그리고 또 공부를 잘해서 기분이 좋지요. 열심히 할게요. 나는 엄마 아빠가 웃는 모습이 참 좋거든요. (이○래, 초등학교 2학년)

손이 불편한 엄마, 허리가 아파 보조기를 달고 사는 아빠와 활짝 웃으면서 살고 싶다는 바람이 담겨 있다. 이 아이의 작은 바람이 이뤄질 수 있는 길은 어디에 있을까?

사랑하는 우리 할머니

우리 할머니는 올해로 65세이시다. 우리 가족이 아무도 돈을 벌지 않기 때문에 할머니께서는 매일 바다에 나가서서 우럭을 잡아 오신다. 저녁 7시 즈음에 큰 대야를 머리에 이고 뒤뚱뒤뚱 걸어오시는 할머니를 보면 정말 마음이 아프다. 나는 할머니 속만 썩혔는데 또 다시 한번 죄송한 마음을 가져 본다. 우리 할머니는 3남 1녀를 두셨다. 3남 중에 장남이 우리 아빠시다. 그런데 슬프게도 우리 아빠와 막내 삼촌이 몸이 안 좋으셔서 돌아가셨다. 그후로 할머니는 더 예민해지셨다. 나만 보고 살아가시는 할머니께 아무것도 해 드릴 수 없어 속상하다. 하지만 그래도 내가 상을 받으면 기뻐하시고 시험 잘 보면 좋으셔서 단돈 500원이라도 주고 싶어 하시는 할머니를 보며 다짐한다. 지금 하는 공부를 더욱더 열심히 하겠다고……. 그래서 이렇게라도 작은 효를 실천하여 할머니 얼굴에, 그 쭈그러진 입술에 주름 한 점 없이 미소짓게 해 드리고 싶다.

지난 주 토요일 저녁, 나는 집에서 목욕을 했다. 혼자 욕실에 들어가 물을 틀어 놓고 몸을 미는데 할머니께서 들어오셔서 내 등을 밀어 주셨다. 바다에 갔다 오셔서 이것저것 할 일도 많으시고 힘들어 하시는 할머니께 내 등을 밀게 하니까 마음이 아팠다. 또 등뿐 아니라 이 곳저곳도 밀어 주셨다. 거친 숨을 내쉬며 내 몸을 밀어 주시는 할머니의 주름진 얼굴에는 이마, 볼 할 것 없이 뼐이 튀겨져 있었다. 어젠 힘들게 할아버지를 목욕시켜 드렸던 할머니인데……. 나는 아무것도 할 수 없어 할머니께 "내가 조금만 더 크면 할머니 꼭 목욕시켜 드릴게" 하며 약속했다. 할머니와 한 약속의 씨가 새싹이 되고 또 꽃을 피운 그때 꼭 할머니 목욕을 시켜 드릴 거라고 내 자신과 약속했다.

월요일 아침. 할머니와 안 좋은 일로 삐쳐서 오게 되었다. 그날 저녁. 욕실에서 씻고 나오는데 할머니께서 굽어진 허리를 반듯이 피더니 주머니에서 부시럭 소리를 내며 무언가를 꺼내셨다. 바로 머리핀이었다. 할머니께서는 그걸 내 손에 쥐어 주셨다. 난 그걸 받고 할머니를 부둥켜안고 닭똥 같은 눈물을 뚝뚝 흘렸다. 할머니는 그 따스한 품으로 날 안아 주셨다. 내가 삐쳐서 속을 썩혀 드렸지만 그래도 날 생각하셨던 할머니. 너무 서글펐다. 우리 할머니는 정말 누구보다도 힘들게 세상을 사셨다. 그래서 난 할머니를 보면 내 마음이 쓰라리다. "아이구, 아이구." 이 말은 항상 우리 할머니께 배어 있다. 또 나는 할머니의 부쩍 늘어난 흰머리를 볼 때마다 그 흰머리가 얄밉기만 하다. 저녁 먹고 너무 피곤하셔서 눕자마자 잠드신 할머니를 보았다. 그 반듯하고 예쁘던 우리 할머니의 손과 얼굴엔 보지 못했던 주름들이 많이 생겼다. 우리 할머니의 손과 얼굴을 보니 죄스러운 마음뿐이다. 요즘 부쩍 할머니께 짜증을 많이 낸다. 그래도 그 짜증 다 받아주시는 할머니께 감사 드린다. 아프고 힘드셔도 내색하지 않고 항상 웃으시며 꿋꿋이 살아가시는 것을 본받아야겠다고 다짐하며 감사드린다.

나는 사랑하는 우리 할머니가 있기에 정말 힘들고 어려울지라도 행복하다. 물질이 행복을 주는 것은 아니기 때문이다. 우리 할머니와 함께 있어 행복한 것은 할머니가 내게 물질을 주시지는 않지만 나를 당신 몸보다 더 사랑하시기 때문이다. 난 정말 행복하다. 이제는 내가 우리 할머니를 아파하고 힘들어 하는 할머니로 만들지 않을 것이다. 교회에 나오실 수 있도록 난 기도할 것이다. 그래서 우리 할머니가 근심하는 것이 아니라 마음의 참 평화와 기쁨을 누렸으면 좋겠다. 정말 우리 할머니가 기뻐하실 수 있도록 내가 효도하며 노력할 것이다. 내가 할머니께 드리는 기쁨이 할머니께서 내게 베푸신 사랑에 비교될 수는 없겠지만 그래도 작은 효부터 실천할 것이다. 그래서 할머니가 이뻐하며 자랑스러워하는 손녀딸이 될 것이다. 내게 피나는 희생과 노력을 베푸시는 세상에 단 하나 밖에 없는 소중한 할머니. 정말 진심으로 사랑한다. (김○지, 초등학교 6학년)

할머니가 일을 해서 먹고사는 가난한 가정의 아이가 쓴 글이다. 아버지는 돌아가셨다고 하는데 어머니에 대한 말이 없는 것으로 봐서 가출한 것이 아닐까 추측된다. 이 아이는 할머니한테 짜증을 내면서도 할머니가 얼마나 힘들게 자기를 키우고 계신지 잘 알고 있다. 그러나 안다고 해서, 정말 진심으로 사랑한다고 해서 이 다음에 할머니 몸을 씻겨 드리면서 살고 싶다는 꿈을 이룰 수 있을까? 이 아이 혼자서 그 꿈을 이룰 수 있을까?

내가 사랑하는 우리 가족

제가 세상에서 가장 사랑하는 사람들은 우리 가족들입니다. 우리 가족은 할머니, 아빠, 나 그리고 여동생, 이렇게 네 명입니다. 엄마는 제가 세 살 때 집을 나가셔서 이렇게 넷이서 살고 있습니다. 우리 가

개발과 발전의 그늘이 짙게 드리운 서울의 어느 달동네에서 한 할머니가 힘들게 골목을 내려가고 있다

족은 좋은 점도 있지만 나쁜 점도 있습니다.

　우리 할머니께서는 매우 부지런하십니다. 엄마가 안 계시기 때문에 집안 살림도 도맡아 하시고 가족의 생계를 위해 하루 종일 밖에 나가셔서 일을 하십니다. 그리고 요리를 잘하시는데 특히 김치찌개를 잘 끓이십니다. 그러나 욕을 잘하셔서 동네에서 '욕쟁이 할머니'로 통합니다.

　우리 아빠에 대해서는 별로 할 말이 없습니다. 왜냐하면 아빠와 우리는 약 3년 전부터 함께 살지 않고 아빠만 따로 나가셔서 살고 계시기 때문에 아빠가 무엇을 잘하시는지 알지 못합니다.

　저는 공부도 잘하는 편이지만 특히 달리기를 잘합니다. 그래서 운동회 때마다 계주 선수로 뛰었습니다. 그러나 저는 할머니를 닮아서 욕을 잘하고 거친 말을 자주 사용하며 다른 아이들, 특히 남자 아이들을 많이 때리고 다닙니다.

동생 정남이는 공부를 잘하는데 욕심이 많고 저와 자주 다툽니다.

우리 식구는 이렇게 모두 각각 장점과 단점을 가지고 있는데 좋은 점들은 오래도록 간직했으면 좋겠고 좋지 못한 점들은 조금씩 조금씩 사라졌으면 좋겠습니다.

우리 가족의 직업은 특별한 게 없습니다. 할머니께서는 동네 이곳 저곳을 돌아다니시면서 종이나 박스, 신문 그리고 재활용품들을 모아서 고물상에 파십니다. 그런데 요즘에는 이런 일을 하시는 분들이 많아서 어려움이 많습니다.

우리 아빠의 직업은 택시 운전기사입니다. 그리고 저와 동생은 초등학교 5학년, 4학년 학생입니다. 저는 아빠가 택시 운전을 하셔서 돈을 버시고 할머니께서는 힘든 일들을 하시지 않으셨으면 좋겠습니다. 왜냐하면 할머니께서 집에 들어오시면 매일매일 끙끙 앓으시고 다리가 편찮으셔서 죽어 가는 소리를 하십니다. 그럴 때마다 저는 할머니가 불쌍하게 여겨집니다. 그래서 빨리 아빠와 함께 살게 되어서 할머니께서 고생을 하지 않으셨으면 좋겠습니다.

제가 우리 가족에게 바라는 것이 몇 가지 있습니다. 먼저 할머니와 아빠가 편찮으시지 않고 오래오래 사셨으면 좋겠습니다. 또한 동생 정남이도 제가 하는 이야기나 말을 잘 들어줬으면 좋겠습니다. 마지막으로 아빠가 집에 돌아오셔서 모두들 오래오래 행복하게 살았으면 좋겠습니다. (국○민, 초등학교 5학년)

사랑하는 우리 할머니

나는 이 세상에서 우리 할머니가 제일 좋다. 그 이유는 할머니께서 날 키워 주셨기 때문이다. 그 이유 말고도 할머니께서는 늘 나에게 웃음 가득한 얼굴로 "넌 꼭 훌륭한 사람이 되어야 한다"라고 하신다. 근데 난 그 말이 듣기가 좋다. 그만큼 할머니께서 날 믿어 주신다는 뜻이기 때문이다.

그런데 요즘은 할머니가 점점 싫어진다. 왜냐하면 이상하게 할머니께서 하신 말씀은 다 잔소리, 간섭으로 들리기 때문이다. 내가 그러면 안 된다는 걸 알면서도 난 자꾸 할머니를 미워하고 할머니께 말대꾸를 한다. 그러다 고모에게 혼나면 그건 다 할머니 때문에 혼난 거라고 원망하게 된다.

고모가 할머니 말을 잘 들으라고 하면 난 그제야 내 잘못을 깨달아 후회한다. 그리고 다시 할머니 말을 잘 듣겠다고 다짐을 한다. 이렇게 다짐하지만 '작심삼일'이라고 3일도 안 가서 또 할머니 말을 안 듣는다.

그래도 날 이해해 주시는 우리 할머니. 난 할머니가 좋다. 13년이나 함께 살아 정이 너무 많이 든 할머니. 난 커서 돈을 많이 벌어서 우리 할머니를 호강시켜 드리고 싶다. 그런데 너무 늙어 버린 우리 할머니는 내가 클 때까지 기다릴 수 없다. 할 수만 있다면 우리 할머니를 젊게 만들어서 내가 큰 다음에 할머니께서 내게 해 준 것보다 배로 더 잘해 드리고 호강시켜 드리고 싶다. 그런데 그것은 단지 나의 꿈이다. 내가 할머니의 마음을 편하게 해 드려서 나와 행복하게 오래 살 수 있도록 해야겠다. 그래서 앞으로는 할머니 말씀도 잘 듣고 또 공부도 잘하고 그 누구보다 착하고 칭찬받는 진실이가 되어야겠다. 그래서 우리 할머니와 오랫동안 행복하게 살 것이다.

가끔 아빠와 엄마가 없어 창피하기도 하고 할머니와 사는 게 부끄럽기도 했지만 이제는 그런 것이 창피하지도 부끄럽지도 않다. 왜냐하면 세상엔 나보다 더 불행한 사람도 있고 또 세상은 누구에게나 공정하지 않다는 것을 알았기 때문이다.

　이 세상은 나와 같은 사람 또 나보다 잘난 사람, 나보다 못난 사람이 다 같이 모여 사는 것이다.

　그래도 세상은 불공평하지 않다. 그래서 난 자상하고 나에게 늘 따뜻한 사랑을 주시는 우리 할머니가 좋다. 다시는 집안 형편으로 울지도 기죽지도 않을 것이다. 나에게는 정말로 사랑하는 우리 할머니가 있기 때문이다. (박○실, 초등학교 6학년)

　내가 사랑하는 사람들
　안녕하세요? 지금부터 제가 이 세상에서 가장 사랑하는 사람들을 소개하려 합니다. 저는 이 세상에서 부모님을 제일 사랑합니다. 왜냐구요? 우리 엄마, 아빠는 저를 낳아 주시고 길러 주셨기 때문입니다.

　하지만 저에겐 부모님보다도 더욱 자랑스러운 분이 계십니다. 그 분은 바로 우리 아버지의 부모님이신 할머니와 할아버지입니다. 할머니, 할아버지가 없었다면……. 저는 물론 아버지도 태어나지 못했을 겁니다. 그럼 아버지와 엄마가 만나지도 못했을 거구요.

　하지만 저에겐 두 가지 슬픔이 있습니다. 첫째는 할아버지가 안 계신다는 겁니다. 할아버지는 몸이 편찮으셔서 돌아가셨어요. 그리고 둘째는 엄마가 없다는 것입니다. 엄마는 아빠와 다투셔서 헤어지셨다고 합니다. 저에겐 너무나도 슬픈 일이죠.

　하지만 전 괜찮아요. 언제나 사랑하는 사람은 제 곁에 있다고 믿고 있으니까요. 그리고 저에겐 제가 아끼는 사람들이 또 있어요. 그건 바로 저의 친구들이에요. 제 친구들은 저의 사정을 잘 알고 있어요. 그래서 전 든든해요. 제가 슬픔에 빠지면 제 친구들은 위로해 주며 같이 슬퍼하거든요. 그리고 저의 친척들도 저를 아껴요. 그래서인지

다들 저를 동정해요. 그래도 저는 슬프지가 않아요. 제 곁에 누가 있다는 것만으로도 행복해요. 언제든지 기댈 수 있는 부모님, 친구들이 있으니까요.

그리고 저는 할 줄 아는 게 무척 많아요. 설거지, 밥, 빨래……. 살림에 도움되는 건 잘해요. 이건 할머니 덕분이에요. 할머니가 이런 건 미리부터 해야 된대요. 그리고 전 체육을 가장 좋아해요.

그리고 저희 할머니는 다리를 다치셔서 수술을 하셨어요. 아빠는 눈을 다치셔서 실명이 되었어요.

그리고 저희 동네 이웃들은요 저에게 잘 대해 주세요. 맛있는 것도 많이 사 주시고요. 그리고 요즈음은 할머니께서 혈압도 높으시고 지난 크리스마스 땐 밖에 바람 쐬러 나가셨다가 팔이 부러지셨어요. 그땐 정말 슬펐어요. 눈물이 울컥 쏟아져 나올 것 같았어요. 그래서 저와 할머니는 자기 전마다 기도를 하고 자요.

우리 집엔 이제 두 돌을 지난 아주 예쁘고 영리한 아이가 있어요. 이름은 지원이라고 해요. 근데 지원이도 엄마가 없어요. 지원이는 무척 영리한 아이예요. 이제 막 말문을 열어서 말을 엄청 잘해요. 저에겐 동생이 없어서인지 지원이가 제 동생같이 너무 좋아요. 될 수만 있다면 제 동생이 되면 좋겠다는 생각도 들어요. 요새는 지원이가 수두에 걸렸나 봐요. 온몸이 불덩어리에 코피도 자주 흘리고 밥도 잘 먹질 않아요. 그래서 너무너무 슬퍼요.

그리고 저는 눈물을 잘 흘려요. 슬픈 음악, 슬픈 기억이 생각나면 눈물이 나오게 돼요. 참 이상한 일이죠? 아마도 슬픈 추억이 많아서인지도 몰라요. 아무튼 전 쓰러지지 않을 거예요. 저와 같은 처지에 있는 아이들이 있으니까요. 전 그 아이들의 기둥이 될 거예요. 전 절대 쓰러지지 않을 자신 있어요.

지역 봉사 단체에서 운영하는 공부방에 모여 놀고 있는 어린이들(사진 제공: 부스러기 사랑 나눔회)

엄마, 아빠 그리고 할머니, 할아버지 사랑해요. (이○늘, 초등학교 5학년)

빈민 가정의 아이들 대부분이 아버지나 어머니가 가출해 버려 할머니나 할아버지와 함께 산다. 정민이네 가족도 아무런 경제 능력이 없는 할머니가 재활용품을 주어다 팔아서 연명하고 있다. 법적으로는 일을 할 수 있는 어른이 있기 때문에 복지 혜택을 받을 수도 없다. 이유는 알 수 없지만 진실이도 할머니와 살고 있다. 진실이는 세상이 불공평하지 않다고 했지만 사실은 너무나 불공평하다는 항의를 하고 있다. 잘나거나 못나거나 다 행복하게 살 수 있어야 하는데, 이 세상은 왜 이렇게 불공평하냐고. 슬프지 않다고 강변하는 하늘이는 더 슬픈 이야기를 하고 있다. "저는 할 줄 아는 게 무척 많아요. 설거지,

밥, 빨래……. 살림에 도움되는 건 잘해요"라고 자랑하는 아이가 있다는 것 자체가 슬픈 일이다. 그런 슬픔 속에서도 하늘이는 또 다른 외톨이인 지원이가 수두에 걸려 고생하는 것을 보니 슬프다고 했다. 자기 아픔보다 남의 아픔을 더 눈여겨볼 줄 아는 이런 아이들이 바로 천사가 아닐까? 그 천사들을 슬프게 만드는 어른들이 너무나 많다.

내가 가장 사랑하는 사람

제가 사랑하는 사람은 저를 돌봐 주시던 어머니입니다. 지금은 어머니와 떨어져 있지만 저는 어머니를 제일 사랑합니다. 우리 아버지는 외국으로 돈 벌러 가셨고, 어머니는 저와 제 동생을 혼자 키우셨습니다.

그때 나는 아직 어렸지만 저 몰래 우시는 어머니를 보고 너무 슬펐습니다. 제 동생은 그 당시 충남에 있는 외할머니 댁에서 살고 있었습니다. 어머니가 저녁에 일 나가시면 나는 12시까지 마당에서 어머니를 기다렸습니다. 하루는 너무 졸려서 방으로 들어가서 잠을 잤습니다. 그런데 갑자기 고양이 울음소리가 들려왔습니다. 난 너무 무서워서 문을 잠그려고 하다가 그만 왼손으로 유리창을 깨고 말았습니다. 손이 많이 찢어졌습니다. 너무 아팠습니다. 이웃 이발소 아저씨가 수건을 가지고 오셔서 피를 닦아 주셨습니다. 어머니는 이 소식을 듣고 급하게 오셨습니다. 응급차를 타고 가는 동안 어머니는 많이 우셨습니다. 손을 꿰맸습니다. 지금도 내 손은 아주 흉칙합니다.

이 일이 있고 나서 우리 가족은 할머니 댁으로 내려가 몇 달간 살다가 서울로 이사를 갔습니다. 방이 두 칸이었습니다. 저는 그곳에서 살았습니다. 어머니는 어떤 아저씨를 만났습니다. 새아버지가 생긴 것입니다. 홍은동으로 이사를 갔습니다. 며칠이 지나고 새오빠도 생겼습니다. 새오빠는 나를 무척이나 많이 때립니다. 목을 잡고 나를 집어던져서 난 몸살이 났었습니다. 우리 새아버지도 어머니를 때렸습니다. 발로 차기도 하시고 주먹으로 때렸습니다. 우리 어머니가 아파하시는 것을 보고 난 결심했습니다. 커서 어머니를 꼭 모시겠다고.

또 새아버지는 나를 성폭행했습니다. 난 이런 게 너무 싫습니다. 우리 어머니가 작년에 아기를 가지셨습니다. 그후에도 계속 새아버지는 어머니를 때리셨습니다. 때리는 건 너무나 싫습니다. 저의 소원은 어머니와 저와 제 동생이 함께 사는 것입니다. 아! 우리 막둥이 예진이까지 이렇게 네 가족이 화목하게 살았으면 좋겠습니다. 하지만 이렇게 살면 어머니가 더욱 힘들어진다는 것을 압니다. 하지만 이것이 제 소원입니다. 저녁에 새아버지가 나를 성폭행하는 것을 어머니에게 들켰습니다. 난 산부인과에 갔다가 와서 짐을 싸고 이곳 '로뎀'(어린이 쉼터)에 와서 1년 동안 살았습니다.

이곳에 와서 안전하게 학교도 다닙니다. 난 학교에서 인기도 많고 친구들과도 사이좋게 지내고 있습니다. 저는 며칠 전 국회의사당에 갔다 왔습니다. 국회의사당에 대해서 배우고, 사진을 보았습니다. 지금은 제16대 국회입니다. 지금의 대통령은 김대중님이시고요. 은평구의 국회의원은 이재오 의원님입니다. 난 덕분에 문화상품권을 받았습니다. 또 문구상품권도 받았습니다. 또 텔레비전에도 나왔습니다. 또 뷔페에서 밥도 맛있게 먹었습니다. 김성준이란 동생을 만났습니다. 이 동생은 아주 귀여운 남동생입니다. 나도 다른 남동생이 생겼으면 좋겠습니다. 하지만 그러면 우리 어머니가 너무 힘들어지셔서 안 되겠지요.

내가 3학년 때 우리 아빠의 얼굴을 한번 보았습니다. 아빠와 함께 살라고 하는 어머니의 목소리를 들은 것 같습니다. 난 아버지와 있는 하루가 너무 좋았습니다. 하지만 저는 어머니가 더 좋습니다. 그 하루 동안 많은 곳을 가 봤습니다. 소양댐도 가 보고 화려한 불빛이 있는 춘천 시내도 가 보았습니다. 또 비싼 고깃집에서 맛있는 고기를 먹었습니다. 또 슬프지만 우리 진짜 아버지는 다른 여자와 결혼하여 아기도 한 명 있습니다. 이름은 까먹었지만 여자 아이입니다. 우리 예진이보다는 아니지만 그 아이도 아주 귀엽습니다. 너무나 귀엽습니다. 하지만 우리 예진이가 더 귀엽습니다.

우리 아버지는 지금 미국에 있는 회사의 사장입니다. 아주 부자인 것 같습니다. 아버지한테 가면 잘살 수 있지만 어머니랑 살고 싶습니다. 어머니랑 살면 맛있는 것도 많이 못 사 먹지만 그래도 화목하게 어머니와 살고 싶습니다. 제가 가장 사랑하는 사람은 저의 어머니예요.
(최○기, 초등학교 5학년)

이 아이의 글은 슬픔을 넘어 분노를 느끼게 한다. 이 아이의 바람대로 어머니와 화목하게 살 수 있게 될 때, 비로소 우리 사회를 진정으로 사람이 사람답게 살 수 있는 곳이라고 말할 수 있을 것이다.

아이들 세계를 조금만 들여다보면 아이들이 생각보다 많은 폭력에 시달리고 있다는 것을 알 수 있다. 집에서, 마을에서, 학교에서 매 맞고 자라나는 아이들이 많다. 아이들은 그 아픔을 어디에 속 시원하게 털어놓기조차 어렵다. 자기를 때리던 아버지가 잡혀 갈까 봐 경찰 앞에서 안 맞은 척 시치미를 떼는 아이들까지 있을 정도이다.

때리면 아파요

나는 6학년 때 맞은 적이 있다. 10월쯤 엄마는 할머니께서 아프셔서 시골에 가시고 아빠가 우리보고 모기도 없는데 모기약을 사 오라고 하셨다. 나는 약국 앞에서 친구를 만났다. 그런데 어떤 형이 골목으로 따라오라고 했다. 골목으로 들어서자 그 형이 우리 형에게 얼마 있냐고 물었다. 형은 돈을 뺏기지 않으려고 아빠 돈이라며 돈을 움켜쥐었다. 그러자 그 형이 쌕쌕거리며 우리 형을 때렸다. 나는 한번만 봐 달라고 하였다. 그 형은 나도 때렸는데 그냥 때리기만 하고 갔다. 나는 그 형을 죽여 버리고 싶었다. (신ㅇ호, 초등학교 6학년)

학교 가기가 무서워요

매 맞을 때, 싸움할 때가 나는 정말 싫다. 학교에서 친구와 싸운 적이 있는데 나의 기분이 상하고 내 마음도 상하는 것 같았다. 나와 싸우는 상대방의 기분도 마음도 내 마음처럼 상할 것이다.

학교에서나 집에서나 선생님, 부모님한테 매 맞을 때 선생님, 부모님의 마음은 어떨까?

나는 오늘 동생이랑 싸웠다. 왜냐하면 죽을 먹는데 서로 많이 먹으려고 투정을 했기 때문이다. 그리고 내가 1학년 때 떠들었다고 모두가 선생님에게 손바닥을 맞았던 적이 있었다. 나는 떠들지 않았는데 무슨 이유로 모두 때리는 걸까? 나는 손바닥을 맞을 때는 아팠고 화가 났다. 그때에는 기분도 마음도 상했다. (이ㅇ인, 초등학교 3학년)

자기와 가장 가까운 사람들인 아버지, 어머니, 선생님, 친구들이 가하는 폭력에 시달리는 아이들의 모습이 안쓰럽기 짝이 없다. 그런 가운데서도 아이들은 자란다. 자기를 때리는 아버지를 미워하면서, 불쌍하게 여기면서 자란다. 아이들이 폭력에 시달리지 않고 행복하게 살 수 있는 그런 세상이 와야 할 텐데……

아빠는 왜 나를 자꾸만 때리는지 모르겠어요

우리 엄마는 안 계시고 나는 아빠와 살고 있습니다. 엄마가 우리 집에는 안 계시지만 그렇다고 우리 엄마가 돌아가신 것은 아닙니다. 나는 엄마를 본 기억이 없습니다. 아마 우리 엄마는 아빠가 술만 먹고 속을 썩이니까 집을 나갔나 봅니다. 내 친구들 중에도 그런 아이들이 있습니다. 그렇지만 아빠와 나 단둘이 사는 것도 아닙니다. 새 엄마가 가끔씩 오셔서 세 식구가 살 때도 있습니다. 우리 아빠는 노동일을 하십니다. 일거리가 생기면 나가시고 없으면 집에서 노십니다. 우리 아빠가 좋은 직장이 없으므로 나는 좋은 직장에 취직하고 싶습니다. 그렇게 되기 위해서는 공부를 열심히 해야 된다는 것도 나는 알고 있습니다.

우리는 조그만 방에서 살고 있습니다. 아빠는 일을 안 가시면 하루 종일 좁은 방에서 술만 잡수십니다. 그래서 나는 공부를 할 수가 없습니다. 오락실도 가고 친구집도 가고 배가 고플 때면 친엄마 생각이 납니다. 친구들이 엄마와 행복하게 사는 것을 보면 엄마가 더 보고 싶습니다.

그러나 나는 이런 것은 참을 수 있습니다. 참을 수 없는 것은 아빠가 나를 때리는 것입니다. 아빠가 왜 나를 때리는지 나는 모릅니다. 아빠는 술이 취해도 나를 때리고 새엄마하고 싸우고 나서도 나를 때립니다. 아빠가 사정없이 마구 때릴 때에는 정말로 너무 아픕니다. 지난번에는 아빠가 나를 마구 때리더니 추운 밖으로 내쫓았습니다. 어두운 밤에 아빠가 무서워 집에도 못 들어가고 울면서 떨고 있으니까 목사님께서 나를 교회로 데리고 가셔서 재워 주셨습니다. 교회 사람들이 아빠를 나쁜 사람이라고 흉을 보았습니다. 나는 아빠를 흉보는 교회 사람들이 미웠습니다. 우리 아빠가 불쌍합니다. 전에는 또 아빠가 밤새 나를 때리니까 옆방에 사는 아주머니가 파출소에 신고를 했습니다. 그래서 순경 아저씨들이 우리집에 찾아왔습니다. 아빠는 나를 안 때린 척하고 가만히 있었습니다. 나도 안 맞은 척하고 울음을 뚝 그치고 가만히 있었습니다. 아빠가 순경 아저씨한테 잡혀 갈까 봐 나는 걱정을 했습니다.

우리 교회에서는 한 달에 한 번씩 달란트 시장을 엽니다. 상으로 받은 달란트를 모았다가 시장이 열리면 달란트로 물건을 삽니다. 맛있는 음식, 학용품, 장난감, 양말, 머리핀 등 여러 가지들이 있습니다. 나는 맛있는 음식도 사 먹고 싶고 학용품, 장난감도 사고 싶지만 참고 아빠 양말을 삽니다. 교회 사모님이 나를 착하다고 칭찬해 주십니다.

나는 우리 아빠가 참 좋아요. 어느 땐 너무 불쌍하고요. 그런데 우리 아빠는 왜 나를 미워하는지 모르겠어요. 아빠가 때릴 때에는 참을 수 없이 너무너무 아파요. 교회 사모님은 아빠가 나를 때리는 것은 진짜 아빠 마음이 아니고 마귀가 아빠를 꼬셔서 나를 때리게 한대요. 교회에 열심히 나와서 아빠를 위해 기도하라고 하셨어요. 그래서 나는 교회에 열심히 다녀요. 이제는 공부도 더 열심히 할 거예요. 그리고 꼭 좋은 직장에 취직하고 돈을 많이 벌어서 우리 엄마를 찾을 거예요. 우리 엄마, 아빠, 나, 행복하게 살고 싶어요. 내가 빨리 크면 우리 아빠도 나를 안 때릴 거예요. 우리 아빠는 빨리 늙어서 힘이 없어지고 내가 크면 우리 아빠는 나를 안 때릴 거예요. (석○민, 초등학교 4학년)

우리를 때리시지만

나는 내가 잘못을 해서 매를 맞은 일이 많다. 5학년 때 일이다. 동생들과 함께 싸우다가 엄마에게 혼났다. 엄마가 파리채를 가지고 머리를 때리고 엉덩이, 팔, 발, 다리를 때려서 시퍼렇게 멍들었다. 아파서 울었는데 엄마가 하도 미운 소리만 하셔서 잠깐 엄마가 미운 적이 있었다. 나는 속으로 욕을 했다. 엄마는 우리를 때리면서 "다른 집 아이들은 가난하게 살아도 공부를 잘한다던데 왜 너희는 공부를 못하냐"고 말씀하셨다. 그럴 때 내 마음이 굉장히 아팠다. 그래서 '차라리 내가 이 세상에 태어나지 않았으면 매도 맞지 않았을 텐데……. 죽고 싶다'라는 생각도 들었다. 그리고 엄마도 "그 애기들 얘기만 들으면 부러워. 세 명 중에서 한 명이라도 공부를 잘해야지" 하고 우셨다.

그리고 밤 8시쯤 되어서 우리를 쫓아내셨다. 우리는 잘못했다고 싹싹 빌었지만 쫓아내셨다. 우리는 굴다리로 걸어가서 울었다. 그때 내

곧 철거될 예정인 서울의 어느 아파트 근처에서 놀고 있는 어린이들

마음은 동생들에 대한 미움으로 가득 차 있었다. 5분쯤 지나서 엄마가 나오셨다. 그러더니 손짓을 하셨다. 나는 겁이 나서 울면서 걸어갔다. 엄마가 "저기 차 타는 곳에 서 있지 왜 거기 서 있냐? 누가 잡아가게 서 있지"라고 말씀하셨다. 그 말을 듣고 내 마음보다는 엄마 마음이 더 아플 거라는 생각이 들었다.

엄마는 집에 들어가서 다시 야단을 치셨다. 엄마는 우시며 고생해 가며 우리들을 키운 얘기를 해 주셨다. 나는 눈물이 더 쏟아졌다. 그리고는 다짐했다. 내가 공부도 잘하고 상도 타고 욕도 안 하고 부모님 말씀도 잘 듣고 착하게 커서 꼭 우리 부모님을 모실 것이다. 그리고 나는 세상에서 엄마가 가장 좋다. 우리를 때리시지만……. 왜냐하면 우리의 못된 버릇을 고쳐 주려고 때리시기 때문이다. 나는 우리 엄마를 사랑한다. (이○주, 초등학교 5학년)

하나님 도와주세요
저는 초등학교 5학년에 재학 중인 송○선이라 합니다. 저는 지금 이 시간 우리 반 어떤 아이가 우리 반 모두에게 준 피해를 말씀 드리고자 연필을 들었습니다.

그 아이의 이름은 ○상경이라고 합니다. 상경이는 그냥 이유도 없이 친구를 밀어서 넘어뜨리기도 하고, 욕도 하고, 친구들의 물건을 가져가기도 합니다. 아침에 사 온 새 지우개를 가져가서 하루에 두 번씩 지우개를 사는 아이도 있었습니다. 또 윤희의 머리띠도 부러뜨린 적이 있습니다. 선생님께서 아무리 야단을 치고 타일러도 듣지 않습니다. 하나님으로부터 구원을 아직 받지 못한 아이겠지요.

지난 토요일이었습니다. 2교시가 끝나고 친구들과 함께 복도를 걷고 있는데 상경이가 갑자기 어깨를 툭 치며 지나갔습니다. 다른 때는 그냥 치기만 했는데 그날은 욕도 했습니다. "니미, 씹"이라고 했습니다. 다른 날은 참았지만 그날만은 참을 수가 없었습니다. 그래서 나도 달려가서 등을 살짝 밀었습니다.

상경이는 "야, 이 씨발년아" 하고 다시 내 가슴을 주먹으로 쳤습니다. 너무나 아팠습니다. 지금이라도 상경이네 집으로 달려가서 상경이 엄마를 만나고 싶습니다. 여기가 중·고등학교라면 선생님께 말씀 드려서 '퇴학' 처리를 하고 싶었습니다.

"내가 니한테 맞을라고 태어났냐?"

상경이는 이제 말로는 나를 못 당할 것이라고 생각했나 봅니다. 그래서 폭력을 행사했겠지요. 상경이는 나의 멱살을 잡고 벽에다 사정없이 눌렀습니다. 나는 울었습니다. 벽에 대고 누르는 순간 납작한 나무 기둥과 시멘트 벽 사이에 부딪쳐서 머리가 4~5cm정도 볼록하게 부었습니다. 일부분만 부어서 그냥 서 있으면 뒤쪽만 볼록하게 나와서 흉측스러웠습니다.

3교시가 시작될 것 같아서 교실로 들어갔습니다. 충격 때문인지 교실에서도 울음은 쉽게 그쳐지지 않았습니다. 생각을 하면 할수록 눈물이 나왔습니다. 선생님께서 이런 내 모습을 보시고 왜 우느냐고 물으셨습니다. 친구들이 "상경이랑 싸웠대요" 하고 내 대신 말해 주었습니다. 이런 친구들 때문에 3교시는 사회 시간이 아니라 상경이의 반성 시간이 되었습니다. 말로는 앞으로 친구들을 때리지 않겠다고 하지만…….

주님의 은총이 함께하여 상경이가 빨리 주님의 구원을 받을 수 있도록 기도해 봅니다.

"하나님, 빨리 상경이가 욕도 하지 않고 친구들도 괴롭히지 않는 착한 어린이가 되게 해주세요." (송○선, 초등학교 5학년)

아이들로서는 어찌할 수 없는 일이 많다. 하나님께 도와달라고 하지만 정말 하나님이 도와줄 수 있을까? 때리는 부모를 원망하지 않고 오히려 이해하고 사랑한다고 하는 아이를 칭찬해야 할까? 아이들끼리의 폭력도 심각한 수준인 것 같다. 아이들이 부모의 폭력을 닮아가는 것은 아닌지 하는 섬뜩한 생각이 든다.

가족과 단란하게 살고 싶어하고, 매 맞는 것에서 벗어나고자 하는 아이들. 누가 이 아이들의 작은 소망을 들어줄 수 있는가?

지옥 일기

정순택

지옥 일기

1. 나의 인생 역정

실패한 인생. 그러나 부끄럽지는 않다

　실패하고도 부끄럽지 않으면 파렴치한이란 말이냐. 아니다. 나도 염치는 있다. 내가 말하는 실패란 혁명에 생애를 바치고도 인생의 종점에 다다르도록 뜻을 이루지 못한 것을 뜻한다.

　소리가 너무 크면 들리지 않고 물체가 너무 크면 보이지 않듯이 사안이 너무 크면 실패하고도 곧바로 부끄럼으로 여겨지지 않는 법. 세속적인 명리를 추구하느라 온갖 범죄와 추잡을 일삼다 가는 사람에 비하면 나는 내 삶의 발자취에 일종의 떳떳함조차 느낀다.

　나는 20대 전반부터 혁명에 뜻을 두었으나 80을 눈앞에 바라보는 오늘에 이르기까지 아무것도 이룩해 놓은 것이 없다. 그러나 일그러진 민족사를 바로잡고 실종된 사회 정의를 구현하고자 험난한 길을 걸어온 그 자체가 혁명을 계승해 나갈 후대들에게 무엇인가 길라잡이가 됐으면 하는 심정에서 나의 인생 역정을 그려 보고자 한다. 자세한 것은 나의 저서인 『보안 관찰자의 꿈』(한겨레신문사, 1997)에 나와 있으니, 이 글에서는 간략하게 소개하기로 한다.

출생과 환경

나는 1921년 충북 진천에서 태어났다. 종중에는 민족주의자였던 정영택(일명 정안립)과 정뇌택(만주에서 활동), 공산주의자였던 정태식(경성제국대학 졸업, 조선 공산당 대변인)이 있었다. 이러한 집안 내력 때문에 나는 일찍부터 일본의 조선 통치의 부당함에 눈을 뜨기 시작했다. 보통학교 2학년 때부터 졸업할 때까지 담임이었던 박건종 선생님이 은연중에 불어넣은 민족의식과 평등의식에 영향을 받은 것도 컸다.

여물지 못한 형태로나마 나의 민족의식이 반일 형태로 표출된 것은 청주상업학교 4학년 때(1940년)의 일이다. 당시 부급장이던 나는 일본어 사용을 남달리 강요하는 조선인 화학 선생에 반대하는 화학 시험 답안지 백지 제출 동맹을 이끌었다. 학교 안에서 벌어진 사건으로는 큰 것이었지만 수석 교원인 최종성 선생님(교장과 교무 주임이 일본인이었지만 학사 운영에서는 최종성 선생님의 영향력이 제일 컸고 평시에도 나를 사랑해 주셨다)이 진력해 준 덕분에 사건은 더 이상 문제되지 않고 시험을 다시 실시하는 정도에서 수습되었다.

일본 학도 지원병, 탈출의 좌절

나는 집이 가난했다. 그래서 진학을 단념하고 졸업 후 부모님 봉양이나 하려고 했었다. 그러나 4학년을 마치고 5학년에 진급하면서 진학을 해야겠다는 욕심에 전무한 학비 부담 능력, 부모님을 비롯한 집안의 만류 등 온갖 불리한 점에도 불구하고 수험 준비를 시작했다. 그리고 남에게 지고 싶지 않다는 의지 하나만으로 1942년 2월에 경성고등상업학교의 좁은 문을 뚫었다. 당시는 전반적으로 고등 교육을 받을 기회가 오늘과는 비교가 안 될 정도로 제한되어 있었는데, 특히 조선인에 대한 제한은 가히 살인적이라고 할 만해서 경성고등상업학교가 조선에서

청주상업학교 5학년 때의 필자(사진 제공: 정순택)

는 유일한 경제 부문 관립(국립) 전문학교였는데도 한 해의 모집 인원은 20명 안팎에 불과했다.

  나는 여러 사람의 도움으로 어렵사리 입학금 100원을 조달했고, 입학 후에는 가정교사를 해서 번 돈과 장학금으로 학업을 계속해 나갔다. 당시 패전으로 치닫던 일제는 병역 의무가 없는 조선인 학생에게까지 학도특별지원병이란 이름을 씌워 강제 징집에 나서기 시작했다. 나는 앞에서 말한 정영택 씨에게 대책을 자문했으나 그는 피할 수 없는 일이니 일단 출진해서 중국으로 가게 되면 임시 정부가 있는 곳으로 도망하라고 하였다. 그러나 나는 학병 문제로 함께 고민하던 학우 장경문과 모의해서 일본군에 들어가지 않고 도망칠 계획을 세웠다.

그런데 내가 노자를 구하기 위해 백부를 찾아가려던 날, 학교에서는 지원 대상 학생을 전원 강당에 모아 놓고 배속 장교가 칼까지 빼어 들며 지원을 강요했고, 사세의 급박함을 깨달은 장경문은 변소에 간다는 구실로 빠져나가 그 길로 혼자 도망을 쳐 버렸다. (그는 중국으로 갔다가 해방 후 돌아와서 주소 조선 대사관에 근무했고 내가 남파될 무렵에는 내각정보국에서 일하고 있었다.) 나는 어리석게도 지원서에 도장을 찍고 일본군에 들어가고 말았다. 부끄럽고 어리석은 짓이었다.

균형 잡힌 체격과 단련된 체력 그리고 7년간이나 학교에서 받은 교련 실력 때문에 나는 쉽게 일본군 초급 장교가 되었다. 초년병 훈련을 받은 후 일본군 중부군 교육대에서 6개월간의 초급 장교 과정을 거쳐 1945년 7월 동부군 도쿄사단 제64부대에 배속됐다. 그리고 8월 15일에 광복을 맞이했다.

해방 정국

나는 사단의 명령으로 다른 지방에 있던 조선인 초년병 300명을 인솔해서 귀국해야 했는데 패전국 일본의 선박 사정이 나빠서 11월이 되어서야 조국에 돌아올 수 있었다. 하는 일 없이 빈둥거리며 배를 기다리던 3개월 동안 내 심정은 복잡했다.

첫째는 일본군 장교복 문제 때문이었다. 일본군 장교복은 무엇을 의미하는가. 일제에 협력했다는 반역의 상징이며, 수치의 상징 바로 그것 아닌가.

둘째는 앞으로 우리 땅에 설 정부의 성격 때문이었다. 자력에 의해서 해방을 이루지 못한 국가의 정부는 허수아비 노릇밖에 하지 못한다는 것, 그것은 이미 만주국이 여실히 보여 주었다. 갑자기 다가온 해방에 대해 조선인이 발언권을 가질 만큼 무슨 기여를 했었는지가 의문스러웠다.

셋째는 해방된 조국에서 무엇을 할 것인가에 대한 고민 때문이었다. 군인이 될까? 정치가? 기업인? 학자? 어느 쪽으로 가든 광활한 희망의 천지가 펼쳐지겠지만, 동시에 어느 쪽으로 나아가든 개척자로서 뚫어야 할 가시밭길이 놓여 있을 것이었다.

사슬 풀린 조국은 응당 기쁨의 도가니여야 할 터인데, 귀국해서 보니 그게 아니었다. 일제의 사슬이 풀린 자리엔 약간 느슨해지기는 했지만 미국의 사슬이 자리바꿈하고 있었다. 미군은 해방군으로 진주한 게 아니라 점령군으로 군림했고, 구원군이 아니라 훼방꾼이었다.

귀국한 지 얼마 안돼서 청주를 방문했을 때의 일이다. 청주상업학교 동기이며 경성고등상업학교 1년 후배인 정만기가 충북도 국군준비대를 설립해서 그 책임을 맡고 있었다. 그는 나에게 그 자리를 맡아 달라고 제의했지만 친구의 자리를 맡아야 할 어떤 명분도 없었던 데다가 당시의 군사 단체란 미군의 앞잡이밖에 되지 않을 것 같아서 그 제의를 수락하지 않았다. 당시엔 서울에도 국군준비대(대장 이혁기)가 있었지만 인사권이 지방에까지 미치지 못했다. 국군준비대에서 활동한 사람들(대개 일본군이나 만주군 출신들)은 국방경비대를 거쳐 후일 국군의 기간 간부가 되었다.

복교와 등교 거부 그리고 남로당 입당

새로 찾은 조국, 갈 길도 여러 가닥이지만 모두가 새 길이어서 어느 길로 발을 들여놓을지 정하지 못하다가 잠정적으로 정한 게 공부를 더 하는 길이었다. 원래 입학할 때는 학교 이름이 경성고등상업학교이던 것이 도중에 경제전문학교로 바뀌고 수업 연한도 줄었다. 학생들을 병영으로 몰아넣으려고 일찍 졸업장을 주었던 것이다. 나는 2년을 수업하고 졸업장을 받았으나 더 공부를 하고 싶어서 복교했고, 1946년 6월에 다시 졸업을 했다. 그런데 이 학교가 그대로 서울대학교 상과대학(4년제)으로 바뀌어서 나는 상과대학 학생으로 다시 등록을 하게 되었다.

그러나 국립서울대학교안(국립대학교안)이 발표되고 미군이 총장으로 임명되자 식민지 교육에 원한이 쌓이고 쌓인 전 국민이 일제히 반대해 총장은 조선인으로 교체되었지만, 국립서울대학교안은 철회되지 않았다. 그 때문에 벌어진 등록 거부와 등교 거부 운동은 장기화되었다.

이 와중에 나는 조선공산당에 입당 청원서를 냈다. 그러나 심사 기간이 길어져 좌익 3당이 합당을 해 남조선노동당이 된 이후인 1946년 12월에야 입당 승인을 받았다.

취직과 월북 결심

학업을 계속하려고 복교를 하기는 했으나 당시 학교 환경이나 개인 사정이나 학업을 계속할 분위기가 못 되었다. 나는 후일을 관망하기 위해 일단 직장을 갖기로 했다. 당시의 산업체는 대부분이 일본인 소유였는데 일본인이 철수해 버려서 기계가 돌지 않던 때라 자리는 비어 있어도 사람을 뽑으려 하지 않았다. 그러나 일자리가 귀한 만큼 고등 교육을 받은 사람 또한 귀한 시절이어서 나는 신한공사(일제가 조선 농민을 착취하기 위해 설립한 최대의 국책 회사였던 동양척식주식회사의 후신)에 취직했고, 입사와 동시에 재무부 경리과의 기장계장이 되었다. 그런데 오래지 않아 정모 씨가 군정장관의 낙하산을 타고 내려와 이 회사의 터줏대감이었던 박모 씨의 총재 자리를 빼앗아 버렸다. 정의감을 가진 사람들의 의분은 당연히 낙하산 반대 운동으로 이어졌다. 하지만 전제 군주와 같은 군정장관의 힘을 누가 꺾을 수 있겠는가. 정씨는 자리가 안정되자 자기를 반대한 사람들을 숙청하기 시작했다. 나도 반낙하산파였기 때문에 쫓겨날 것은 분명했고, 불명예를 당하느니 자진해서 사표를 내는 게 낫겠다 싶어 그렇게 했다. 그후 군정청 재무부 관재처에 이력서를 냈고, 감사원 자리 하나가 내 몫으로 돌아왔다.

적산 관리 회사(일본인들이 남겨 놓고 간 재산을 관리하는 회사)의 먼지 낀 장부를 뒤적거린 지 두 달도 채 안되었을 때이다. 코가 유별나게 우뚝 선 미국인이 와서 나를 비롯한 감사원 십여 명을 불러 앞으로 광산 회사만을 감사하는 사무실에서 일을 하게 될 것이라며 데려갔는데, 정작 일을 하게 된 곳은 엉뚱하게도 물자 배급 기관이었다. 그 기관은 미군이 태평양 전쟁 때 쓰다 남은 물자들을 민간에 팔고 그 대금을 대한민국 재무부에 예치하는 일을 담당했다. 이른바 대충자금(對充資金)이라는 것이 바로 그 예치금이었다. 사업이 확대되어 한때는 종업원이 백여 명에 가까웠고 한 달 매출액은 수억 원에 이르렀다.

나는 수석 경리과원으로 일했는데, 과장이 물자를 빼돌렸다가 해고되는 바람에 일을 시작하고 한 달도 채 안돼서 과장 자리를 차지하게 되었다. 그러나 내가 바란 것은 내 개인 생활 향상과 지위 상승이 아니었다. 일제 36년간의 착취와 억압에서 벗어난 조국에 하루빨리 어엿한 독립 국가가 수립되어 정의가 실현되고 평화로우며 평등한 생활이 보장되는 사회가 실현되는 것이 진정한 나의 바람이었던 것이다.

따라서 항상 남북에서 이루어지는 일에 관심을 기울이고 있었는데, 1949년에 접어들면서부터 미국과 남한에 대해 환멸을 느끼게 되었고 북쪽으로 가야겠다는 생각이 짙어졌다. 남쪽에서 하는 일이 불만스러운 만큼 눈은 자연히 북쪽으로 쏠렸는데, 북쪽에서는 모든 일이 제대로 진행되고 있는 것 같았다.

월북 결행

드디어 남쪽을 탈출하기로 마음먹고 세포책 김세련 교수(구 경성경제전문학교 교무 주임)에게 내 의사를 밝혔다. 김세련 교수는 즉시 중앙당에 연락하여 승낙을 받아 냈다. (우리 세포는 중앙당 직속 특수 세포였으므로 지방당과는 관계가 없었다.)

1949년 5월, 나는 내가 일하고 있던 기관의 자금 1,800여만 원을 당에 제공하고 내 집에서 함께 지내던 경제전문학교 동기생 박필영 부부와 함께 개성에서 송악산을 넘어 북으로 탈출하는 데 성공했다. 평양에 도착한 후 박필영과 나는 강동정치학원에서 3개월간 교육을 받았다. 그후 나는 상업성 부장직을 맡게 되었고, 박필영은 상업간부양성소 교원으로 배치됐다가 후일 김일성대학 경제학부 교원으로 옮겨갔다.

남파와 6·25

나는 북녘 사람들의 일하는 태도에 크게 감명을 받았다. 내각 결정이나 당의 지시가 내려오면 그것을 실행하기 위해 전력을 다하는 태도는 참으로 감동적이었다. 말 그대로 혁명적 열성이 발휘된 것이다. 내가 처음으로 부닥친 일 한 가지만 소개한다.

내가 처음에 배치된 곳은 염업관리처였는데, 때마침 북녘 전 지역에 흩어져 있는 화전민을 평야 지대로 이주시키는 사업이 진행되고 있었다. 여름에 시작해서 한겨울이 되기 전에 사업을 끝내자는 것이 내각의 결정이었다. 그런데 내각은 화전민들이 가지고 가기를 원하는 것은 무엇이든지 다 실어다 주라고 지시했다. 화전민들은 자신들이 산에서 쓰던 가재도구를 버리고 싶어하지 않았다. 게다가 옥수수, 감자 등의 곡류를 3~40가마니 넘게 가지고 있는 사람들도 많았다. 돈으로 치면 몇 푼 안되는 것이었지만 무게와 부피로 치면 대단했다. 수송 수단이 부족하던 당시에 이것을 운반해야 한다는 것은 큰일이 아닐 수 없었다. 또 한 가지 어려운 문제는 화전민들이 산에서 나오려고 하지 않는 것이었다. 그들은 평야 지대에서 고생하다가 굶어 죽을 지경이 되어 산으로 들어갔기 때문에 평야 지대의 살림이 달라진다는 말을 믿으려 하지 않았다. 나는 그 일의 진행 과정을 지켜보면서 과연 짧은 기간에 제대로 될까 하는 회의를 품었다. 그런데 훌륭하게 해냈다. 나는 그 빈틈없는 조직력과 추진력 그리고 단결력에 감탄했다. 내가 근무하던 염업관리처에도 염전 노동자 수백 세대를 이주시켰고, 내가 그들의 정착 상황과 여론을 조사했기 때문에 실태를 잘 알 수 있었다.

해방 직후부터 남쪽에서는 산적한 민족적·사회적 과제가 한 가지도 시원스럽게 해결되는 게 없는 반면 북쪽에서는 신속하게 모두 해결되는 것을 보고 북쪽을 동경했었는데, 월북해서 보니 과연 믿음직스러웠고 그 때문에 희망이 솟구쳤다.

나는 조국 통일은 북녘의 힘이 바탕이 되어서 이루어져야 한다는 신념을 굳히고 하루빨리 북녘의 사업 방식에 익숙해지기 위해 열심히 일했다. 염업관리처에서 3개월 남짓 일한 뒤 1950년 초 순수 행정 기관인 상업성 재정경리처로 자리를 옮겼다.

1950년 6월 9일, 나는 이 날을 결코 잊을 수 없다. 점심을 먹고 돌아오자 중앙당 비서 이승엽한테서 온 출두 명령이 기다리고 있었다.

급히 찾아갔더니 서울에 가라는 것이었다. 서울시당과 접선을 하고 청주에 가서 사업하라는 것이었는데, 내가 월북 직전에 했던 사업도 그렇고 청주가 내 고향이기 때문에 얼굴이 알려져 있어서 사업할 장소가 못 된다고 반대했지만 소용이 없었다. 의문투성이의 남파 명령[1]을 받고 10일 새벽에 평양을 떠나 15일 아침에 서울에 침투했다. 정해진 방법에 의해 서울시당과 접선을 시도했으나 접선이 되지 않아 서울에 은신하고 있었는데, 25일에 전쟁이 벌어졌다. 사흘 만에 서울에 입성한 인민군 덕분에 서울시당을 찾을 수 있었다. 6·25 때 나는 서울시당에 적을 두고 있으면서 시인민위원회에 파견되어 전재 복구용 자재와 식량 교환용 상품을 구매하는 일을 했다.

다시 평양으로

노도와 같이 밀어닥치는 북풍은 어떤 힘으로도 막아내지 못할 것 같더니, 태평양을 건너온 남풍의 돌진 또한 북풍의 힘에 못지않아 나는 만포까지 밀려갔다.

그곳에서 나는 상업성 외국인 접대관리소 소장직을 맡았다. 제대로 된 접시 한 장, 세면도구 하나 없는 처지에 외국인 접대관리소라니, 이름만 있을 뿐 실체는 없는 것이나 다름없었다. 부수상 박헌영은 나더러 트럭 한 대를 끌고 중국으로 가서 당장 시급한 물자를 사오게 하더니, 곧 이어 심양, 하얼빈 일원에서 물자를 사 오라고 했다.

---

1) 후일 나는 이승엽이 나를 남파한 일에 대하여 여러 가지 의문이 들었다. 이승엽은 미국 간첩으로 판명돼 전쟁 중에 처형되었는데, 최근 미국 CIA 극동 지부의 고위직(소장급)에 있던 하리마오 박의 저서 『38선도 6·25 한국전쟁도 미국의 작품이었다』를 읽다가 하리마오가 김일성의 최측근 인물로부터 계속해서 보고를 받았다는 대목에 이르러 이승엽의 유령이 눈앞에 아른거리는 걸 보았다.

나는 화물차 일곱 대분의 물자를 평양으로 보내고 소련 대사관과 중국 대사관 직원들이 만포를 떠날 때까지 만포에 있다가 1951년 3월 평양으로 돌아와 사업을 재정비했다. 제공권을 잃어버린 상황에서 하는 사업이라 산속으로 기어들어 상점 두 곳, 식당 두 곳, 숙박 시설 한 곳, 소규모 빵 공장 한 곳, 대동강 어업조

강원도 철원군에 있는 조선노동당 철원군 당사

하나를 꾸리는 게 전부였다. 빵 공장과 어업조를 빼고는 전부 평양에서 한참 떨어진 산속에 차려 놓았기 때문에 물자 수송이 항상 문젯거리였다. 소장 전용차는 소장인 내가 타고 다닌 시간보다는 상품이 타고 다닌 시간이 더 많았으며, 밤낮없이 상품을 날랐다.

사업이 확대되고 그 중요성이 재인식되어 1951년 10월 관리소가 관리처로 승격되고 나는 부처장으로 임명되었다. 그런데 다음 해 4월경 관리처의 상점 지배인이 사익을 위해 외화를 부정하게 처리하고, 물품 수매를 하는 업무부원이 돈을 착복한 일이 발생하여 나는 감독 불충분의 책임을 추궁받고 상업성 부기지도부장(簿記指導部長)

으로 강등되었다.

남파

박헌영 사건이 발생하자 나도 사상 검토 대상이 되었다. 누차의 토론을 통해 아무런 혐의가 없음이 밝혀졌음에도 불구하고 사상을 계속 검토해야 할 대상이라는 결론이 나왔다. 이 모호한 결론은 승진 인사가 거론될 때마다 걸림돌이 되었다. 그러나 그걸로 인해 혁명에 대한 열정과 당에 대한 충성에 변화가 생기지는 않았다. 시간이 해결해 줄 문제였기 때문이었다.

1954년에 나는 상업성에서 나와 경제계산자격심사위원회 책임심사원이 되었다. 경제계산자격심사위원회는 내각 직속 기관이긴 해도 내각 성원 기관은 아니기 때문에 인사 문제가 덜 까다로웠다. 1956년에 내각기술자격심사위원회로 개편되고 나서도 역시 책임심사원으로 있다가, 1958년 1월 대남 정치 공작원으로 동원돼 소정의 교육을 받고 그해 7월에 서울에 잠입했다. 그러나 잠입한 바로 그날 형사에게 체포되어 1989년 12월까지 31년 5개월 동안 지옥을 헤맸다.

2. 지옥 일기

나는 1958년 7월 27일에 서울에 잠입하여 방송문화연구소장 한운사(청주상업학교 동기)를 찾아갔다가 우연하게도 그곳에 와 있던 형사한테 잡혔다. 나는 먼저 평양 손님 대접용으로 차려 놓은 몽둥이, 밧줄, 고춧가루, 각목, 주먹, 구둣발 등 세상 사람들이 맛보지 못하는 융숭한 메뉴로 환영을 받았다. 그후 지검, 고검 검사는 사형이라는 훈장을 추천했는데, 대법원 판사님이 무기징역으로 등급을 낮춰 주었다. (대검 검사는 어떤 훈장을 추천했는지 내가 참석을 하지 못해서 모른다.)

지옥 호텔 입소식은 이렇게 끝이 났고, 발걸음이 더뎠던 나는 장장 31년 5개월에 걸쳐 서울, 대구, 대전, 전주 등지의 지옥을 거쳤다.[2]

그렇다고 해 두세요

나는 체포된 후에 말단 기관에서만 일했고 특히 박헌영 사건 후에는 노동자로 전락해서 평양 제1백화점 창고원으로 있었다고 경력을 꾸며서 말했다. 남쪽의 정보 기관들이 말단에서 일한 사람에게는 자세한 정보를 요구하지 않고 중앙에 있던 사람에게는 여러 가지 정보를 요구하기 때문에 그걸 피하기 위해서였다.

그러나 창고원으로 있었다는 거짓말이 탄로났고 갑작스레 새로운 거짓말을 꾸밀 수도 없어서 사실대로 진술할 수밖에 없었다. 그러자 서울에 있는 미국 계통 정보기관과 한국 계통 정보기관의 기관원들이 날마다 드나들며 정보를 요구하기 시작했다.

어느 날 미공군 정보부에서 일한다는 사람이 찾아와서는 자기 소개를 길게 늘어 놓았다. 만주에서 홀어머니와 함께 지내다가 해방 후

---

[2] 정순택의 지옥(수감) 일지
  1958년 7월 27일 체포
  1958. 8~1959. 8: 미결, 서울구치소
  1959. 8~1961. 1: 서울 지옥
  1961. 1~1975. 12: 대전 지옥
  1975.12~1985. 7 : 대구 지옥
  1985. 7~1986. 2 : 대전 지옥
  1986. 2~1989. 12. 23 : 전주 지옥

서울에 와서 고생한 얘기, 서울대학을 고학으로 마친 얘기, 미군 기관에서 일할 생각은 조금도 없었는데 어쩌다 보니 일하게 됐다는 얘기, 서울의 학생들 생활이 착실하지 못하다는 얘기, 남한 방송은 듣기 싫은데 평양 방송도 마음에 안 든다는 얘기 등 오랫동안 사적인 얘기만 하는 것이었다. 그러다가 드디어 끝에 가서 얻고 싶어하는 정보 얘기를 꺼냈다. 순안 비행장과 함흥 비행장의 생김새, 활주로 길이와 폭, 비행장에 있는 건물 등을 물었다.

"그런 것을 어떻게 이 자리에서 댈 수 있소?"

그는 자기 멋대로 도면과 수치를 적어 넣고, 이어서 평양 전화국의 건물 길이와 높이 등을 묻는데 모르겠다고 하니까, 시내에서 늘 보는데 왜 모르느냐고 추궁을 했다. 나는 하도 어이가 없어서 이렇게 반문했다.

"그럼 당신은 항상 보는 화신 백화점의 길이와 높이를 이 자리에서 댈 수 있소?"

그는 그렇게 말하면 자신도 어쩔 수 없다면서 적당히 자기 멋대로 적어 넣었다. 그렇게 적당히 일을 끝내고 하는 말이 걸작이었다.

"다른 기관에서 와서 지금 내가 한 것과 똑같은 질문을 하거든 이미 조사해 갔으니 더 말 안 하겠다고 해 두세요. 그래도 아무런 문제 없습니다. 그리고 누가 오늘 제가 적어 간 내용이 사실이냐고 묻거든 그렇다고 해 두세요."

비둘기장 속의 접견물

검사의 심문을 받거나, 판사의 재판을 받기 위해 검찰청이나 법원에 나가는 것을 출정한다고 한다.

검찰청과 법원은 의례 한곳에 있기 때문에 출정한 사람들을 가두어 두는 감방을 공동으로 쓴다. 이 감방은 구치소나 형무소(교도소)의 감방과는 달리 앉아서 기다리는 데에만 쓰는 곳이어서 걸터앉도록 되어 있다. 또한 이 감방은 독거용과 혼거용이 있는데, 독거용은 두 사람을 가두면 꽉 찰 정도로 조그맣다. 혼거용도 다섯 사람이 앉으면 꽉 찬다. 그래서 작은 방이라는 뜻으로 이 감방을 '비둘기장'이라고들 한다.

나는 다른 사람과 접촉을 하지 못하도록 언제나 독방에 집어넣어졌는데, 한번은 검사의 심문을 받고 비둘기장으로 인솔되어 와 보니 내가 들었던 비둘기장에 다른 비둘기가 들어 있었다. 그러자 인솔자가 나를 혼거 비둘기장에 집어넣었다. 그 비둘기장에는 파렴치한 죄를 지었다고 해서 잡혀 온 비둘기가 네 마리 있었는데 형무소 용어로 '잡범'이라고 한다. 정치범과 잡범은 한 방에 넣지 않는 게 원칙인데, 나를 혼거방에 잠깐 넣은 것이다.

들어가 보니 한 사람이 "이 새끼들 왜 빨리 안 갖다 줘? 벌써 두 시간은 지났는데" 하며 초조하게 무엇인가를 기다리다가 투덜거렸다. 그러자 다른 한 사람이 "이 새끼들 시간 임박해서 넣어 주곤 먹을 시간이 없도록 하는 거야. 못 먹고 남긴 건 제 새끼들 오라고 해서 줘 보내려는 수작이지" 하고 응수를 한다. 짐작이 접견물을 기다리는 것 같았다.

그런 얘기를 하며 불만과 초조에 싸여 있는데, 문이 열리더니 접견물 뭉텅이가 들어왔다. 물건 임자가 뭉텅이를 풀어 우선 빵을 한입 물어뜯고 다른 사람들한테도 나누어 주려고 하는데, 다시 문이 열리더니 간수가 "전부 나와! 돌아갈 시간이야!" 한다. 물건 임자가 분통이 터지니까 접견물을 마룻바닥에 놓고 밟아서 모두 뭉개 버렸다. 이 광경을 본 간수가 "이 새끼야, 먹는 물건을 밟는 법이 어디 있어?" 하며 귀싸대기를 갈긴다.
"시간이 다 돼서 넣어 주고는 곧바로 나오라고 하면 도대체 어떻게 먹는단 말이오? 위생이니 나발이니 하면서 가지고 들어가진 못하게 하면서."
"이 새끼야, 그렇다고 먹는 물건을 밟아?"
주먹과 구둣발이 몇 차례 더 안겨졌다.
빵 쪼가리는 못 쪼아 먹고, 욕지거리와 주먹과 구둣발만 소화시키지 못할 만큼 먹은 가련한 비둘기여! 신골치듯 하는 죄수용 버스에 실려 정동(법원)에서 현저동(형무소)까지 기름마저 빼야 하다니.

벽을 지나가는 햇살 따라

변화 없는 감방 생활. 이것은 행형 당국자들이 우리에게 주는 고통의 일종이다. 인간은 본질적으로 활동적이며, 변화는 생활의 리듬이다. 그런데 한 평짜리 방에 갇혀 혼자 지내야 하는 게 독방 지옥의 규칙이다. 지옥에 있는 모든 사람들에게 적용되는 규칙이 아니라 특수한 일부 사람에게만 강요되는 규칙이다. 나도 그런 굴레를 많이 썼던 사람 중의 하나다. 책이 그 무료하고 단조로운 생활의 고통에 위안을 주지만, 그 고통을 완전히 없애 주지는 못한다.

아직 지옥 생활에 길들지 못한, 기결수가 되던 해 초겨울의 일이다. 추위는 하루하루 그 세력을 더해 가는데 추위를 막으라고 주는 건 왕골속 한 겹으로 엮은, 궁둥이만 겨우 올려놓을 수 있는 알팍한 방석 한 장이 다였다. 그러니 책을 읽는 데 쏟던 정신이 점차 추위 쪽으로 옮겨가고 마침내는 손발과 귀를 문지르는 데 시간의 대부분을 빼앗기게 됐다. 그런데 언제부터인지 모르게 감방의 한쪽 벽에 햇살이 비치기 시작했다. 처음에는 점만 찍혔다가 없어지더니 날마다 점이 선으로 변해 가고 마침내는 꽤 긴 선을 그린 후에 사라지게 되었다. 햇살이 드는 동안은 방이 밝아지고 기온이 올라가니 지옥의 광선이란 바로 이런 걸 두고 하는 말일 게다.

그런데 나한테 조그만 욕심이 하나 생겼다. 그것은 내가 조그만 그릇이기 때문에 생긴 욕심이다. 큼직한 그릇이라면, 보이는 것 없고 들리는 것 없는 처지라 하

정동 구 대법원 건물. 현재 서울 시립 미술관으로 사용되고 있다

더라도 그런 변화에 아랑곳하지 않고 사색으로 세상을 넓고 깊게 할 수 있겠지만, 그것은 내가 감히 쳐다볼 수 있는 경지가 아니었다. 그 조그만 욕심이란 벽을 지나가는 햇살을 얼굴로 받아 보고 싶다는 것이었다. 온기도 온기려니와 백지처럼 희어진 피부에 조금이라도 햇살을 쪼여 보고 싶었다. 그런데 일어서지 않고는 햇살을 내 것으로 할 수 없는데 나한테는 일어서지 말라는 굴레가 씌워져 있었다. 그러나 간수가 항상 내 방만 들여다보고 있는 것은 아니니 그 독사 같은 눈을 피해서 날마다 몇 분씩 햇살을 즐겼다. 그러다가 간수가 "앉아!" 하는 소리를 지르면 앉았다가 또 일어서고 하는 숨바꼭질을 계속했다. 그러던 어느 날 낯선 땜통 근무자(본무 담당의 휴식 시간에

잠깐씩 시간을 때워 주는 근무자)가 들어왔는데, 내가 서 있는 것을 보고 앉으라고 하기에 앉는 척하다가 지나간 줄 알고 그냥 서 있었는데 이 자가 지나가질 않고 되돌아서는 것 아닌가. 내가 서 있는 것을 보고는 "앉아, 이 새끼야!" 하고 욕을 하기에 "욕까지 할 거야 없지 않소" 했더니 "뭐야, 반항이야! 나왓!" 하면서 문을 땄다. 나가자마자 발길로 차기에 "왜 이러오" 하고 좀 엄한 목소리로 제지하고, 손이 올라오는 것을 보고 손목을 잽싸게 감아 쥐고 비틀었더니 심상치 않게 생각되었는지 말이 금방 부드러워졌다. "서 있지 못하게 되어 있는데 왜 서 있습니까?" 본무 담당이 들어오자 땜통이 내 방 앞으로 오더니 "아까는 모르고 실례했습니다" 하고 사과를 하고 갔다. 무엇을 몰랐다는 건지 알 수 없으나 본무 담당한테 무슨 말을 들은 모양이었다. 그날 밤 나는 곰곰이 그 일을 생각하다가 눈물을 흘렸다. 한번 차인 게 아파서 흘린 눈물이 아니었다. 모욕당한 게 분해서 흘린 눈물도 아니었다. 사과하는 말을 듣고 기뻐서 흘린 눈물은 더더군다나 아니었다. 갈라진 조국이 슬퍼서 흘린 눈물이었다. 그와 나는 같은 피붙이이며, 같은 울타리 안을 조국으로 삼고 살고 있다. 그런데 왜 하나는 갇히고, 하나는 갇힌 사람에게 고통을 주어야 하는가? 지나가는 햇살이 아까워서 몇 분 동안만이라도 잡아 보려고 하는 안달이여! 그것도 못하게 하는 야박함이여! 누가 이렇게 만들어 놓았느냐?

비둘기

지옥에서는 행형 당국자의 의사에 따라, 감방 사정에 따라, 재소자의 사정에 따라 또는 행형 법규에 따라 거실이 자주 바뀐다. 나도 예외는 아니어서 서울에 있는 3년 동안에 얼마나 여러 번 방을 바꾸었는지 모른다.

한번은 반 년간의 독방 생활 끝에 혼방에 들어가 다른 두 사람과 같이 지내게 되었는데, 하나는 6·25 때 동네 민청위원장을 했다고 몽둥이로 두들겨서 만든 20년짜리 가짜 빨갱이로 그의 무죄를 증언해 주는 증인이 나와 재심을 신청해 놓고 있는 사람이었고, 다른 하나는 탈세하려고 공문서를 위조했다가 금고형을 받은 사람이었다. 두 사람 모두 주머니가 뿌듯해서 주먹만한 보리밥은 거들떠보지 않고, 입에 맞는 음식을 사 먹는 것이 나와는 처지가 사뭇 달랐다. 주머니가 납작한 나로서는 그들과 보조를 맞추려고 하다가는 가랑이가 찢어질 테니 처음부터 그럴 생각조차 하지 않았다. 그런데 그들이 내 사정을 알게 된 후부터는 나에게는 사소한 부담도 못하게 하고 자기들이 부담해서 지옥의 호강을 같이 누리게 되었다.

그렇게 지내던 어느 날 금고형이 "정 선생님, 비둘기 한번 날릴까요?" 하고 제의를 한다.

"비둘기를 날리든 매를 날리든 당신 마음대로 할 일이지 나한테 물을 것 없지 않소."

"그렇지만 선생님 동의를 얻지 않고야 제가 어떻게 마음대로 합니까?"

"무슨 일로 비둘기가 필요하오?"

"술하고 불고기를 좀 가져오도록 하고 싶어요."

지옥에서 술과 불고기라니! 처음 듣는 얘기며 상상조차 못해 본 얘기다. 술과 불고기가 느끼게 해 줄 맛도 맛이려니와 지옥에서 그런 것을 손에 넣는 방법이 있다는 데 호기심이 생겨서 동의하고 안 하고는 나의 권한 밖의 일임에도 불구하고 "한번 해 보구려" 하고 월권적 동의를 했다.

금고형은 곧 패통(죄수가 담당 간수에게 용무가 있을 때 감방 밖으로 내밀어 신호를 보낼 수 있도록 만든 나무 또는 쇠막대기)을 쳐서 간수를 오게 하더니 개별적인 얘기가 있으니 문 좀 따 달라고 해서 밖으로 나갔다.

오랜 시간이 지난 후에 돌아온 금고형은 교섭이 이뤄져서 자기 집으로 보낼 편지를 쓰고 왔다고 했다. 간수가 집에 찾아가면 어떻게 대우해 주어야 하는지 배달 요금이 얼마인지 편지에 밝힌 건 말할 것도 없다.

다음 날 폐방 점검이 끝나고 얼마 있다가 식구통 여는 소리가 나더니 도시락 두 개와 술 한 병이 들어왔다. 금고형의 아내가 불고기 외에 떡이 든 도시락도 함께 보낸 것이다.

"눈치가 빠르면 절에 가도 젓갈을 얻어먹는다"거나 "수단이 좋은 놈은 지옥에서도 술을 먹는다"는 말이 괜히 나온 것이 아니었다.

"내가 감방 문을 쿵쿵 치면 보이지 않게 치우고, 시찰구 주위에 치약을 칠해요. 그러면 시찰구를 열더라도 음식 냄새가 밖으로 나오지 않아요."

간수가 감방 앞을 왔다 갔다 하며 망을 봐 주어서 안심하고 먹을 수 있었다. 참으로 희한한 경험이었다. 지옥에 떨어진 지 3년 만에 먹어 보는 술과 불고기의 맛. 그 맛은 기막히게 진기했다. 주지육림에서 노는 자들이여! 그대들이 즐기는 주지육림보다 지옥에서 즐기는 한 잔의 술, 한 조각의 고기가 얼마나 맛있고 값진 것인지 상상이나 할 수 있겠나.

일주일쯤 지나서다. 편지도 안 물고 간 비둘기가 또 한 차례 음식을 가져왔다. 시키지 않은 것이었지만 잘 먹었다. 지옥은 이런 곳이다. 돈의 장난은 이런 것이다.

구 서울 구치소 감방의 패통(오른쪽에 보이는 나무 막대기가 패통이다)

목욕이냐 모욕이냐?

미결사에는 사동마다 따로따로 목욕탕이 있어서 시간을 길게는 안 주지만 감방별로 몸에서 때를 떨어낼 만큼은 목욕을 할 수 있다. 그런데 기결사에 가면 공동 목욕탕을 쓰는데다가 감방이 많아서 몇 개 감방의 죄수들이 함께 목욕을 한다.

목욕하는 방법은 인솔하는 담당이 누구냐에 따라서 가지각색인데, 대개는 15~20명을 한군데로 모이게 하고 물을 뿌려 준다. 죄수들이 물을 묻히고 비누질을 하면 다시 물을 뿌려 비눗물을 닦아 내게 한다. 물 몇 바가지 뿌려 주고서는 "목욕 그만!" 하고 외치기도 한다. 그러면 비눗물을 닦아 내지도 못한다. 죄수들이 아우성쳐도 아랑곳하지 않고 빨리 옷을 입으라고 독촉한다. 그럴 때면 목욕은 곧 모욕이 된다.

징벌방의 모습. 한 사람이 들어가 겨우 앉을 수 있으며, 누울 수는 없다. 빛은 전혀 들어오지 않는다

어떤 때는 물을 손도 대지 못할 정도로 뜨겁게 데워서 한 바가지씩 쓰라고 준다. 그럴 때는 물을 뿌려 줄 때보다 시간을 더 주기는 하지만 시간을 더 주면 무슨 소용이 있나. 물이 식을 때까지 기다려야 하니 몸에 겨우 물칠이나 하고 마는 것이다.

목욕탕에 들어갈 수 있도록 해 주는 사람다운 간수도 있다. 그러나 시간이 짧은 것은 마찬가지다. 오죽이나 부아가 나면 징벌방에 가서 고생할 줄 뻔히 알면서도 간수를 목욕탕에 메다꽂을까. 박정희 정권의 포악이 극에 달했을 때는 1년 반 동안 목욕탕 구경을 못한 적도 있었다.

밥치기

지옥도 안팎이 완전히 막혀 있는 건 아니기 때문에 밖이 가난하면 안에서도 가난하고 밖이 좀 나아지면 안에서도 그 덕을 보게 된다. 자유당 정권이 썩어 문드러져 민생이 진흙 속에서 허덕일 때 지옥 안의 상황은 뜻 가진 사람의 가슴을 아프게 했다.

지금은 당연히 지급하고 있는 일용품을 그때는 전혀 지급해 주지 못했고, 의무과에서는 약이 없어서 플라세보 효과(아무런 약효도 없는 것을 약이라고 주면 먹고 치료되는 효과)나 노리고 투약을 했다. 옷과 이불에 넣을 솜이 없어서 팥고물 같이 끈기 없는 헌솜을 넣으니 한데로 몰려서 그걸 솜옷, 솜이불이라고 부를 순 없고, 식사라고는 밥 조금에 멀건 국과 젓가락질을 두서너 번만 하면 끝나는 반찬 한 가지가 전부이니 밖에서 제대로 뒷바라지를 못해 주는 재소자의 고생은 이루 말할 수 없었다. 그런데 이런 때일수록 범칙이 활개를 치는 법이라 정해진 분량의 밥이 지급되어도 모자란 판국에 불법적인 밥 거래로 밥이 뜯겨 나가니 돈 없는 사람의 밥은 말 그대로 한심한 것이었다. 이런 환경 때문에 생긴 것이 '밥치기'이다. 하도 배가 고프니까 몇 끼를 굶어도 좋으니 한 끼라도 실컷 먹어 보자고 몇 사람이 조를 짜서 번갈아 한 끼씩 배를 채우는 것이다. 그런데 몇 끼를 굶다가 한꺼번에 많이 먹으니 빈속이 이걸 삭힐 수가 있나. 그래서 위를 버리고 고생하는 사람이 많이 생겼다.

그러던 중에 내 방에 미군 부대에서 이발사 노릇을 하다가 물건을 훔친 사람이 들어왔다. 배가 고파서 늘 걸걸거리던 그 사람은 이발사를 모집한다는 말에 이때다 하고 나가더니 저녁에 돌아와서는 말도 못하고 이불에 기대더니 얼굴빛이 하얘지며 눈을 허옇게 뒤집었다.

중국인이 밥치기하다가 지나치게 먹고 "밥이가 나 죽인다. 밥이가 나 죽인다" 하며 죽었다는 소문을 들은 것이 며칠 전인데, 내 방에서 그 꼴이 벌어지는구나 하고 겁이 번쩍 났다. 한 방에 있는 사람에게 담당을 불러 의무과에 연락하도록 하고 또 한 사람의 도움을 받아 그 사람의 몸을 앞으로 구부리게 했다. 그런 다음 손가락을 목구멍에 넣어 게우게 했더니 마룻바닥에 게워 놓는데 그 양이 엄청났다. 이 밥이 어디에 들어갈 곳이 있다고 이렇게 많이 먹었단 말인가. 도무지 이해가 되지 않았다. 숨이 제대로 돌아오고 얼굴빛이 붉어진 그 사람은 "아이후" 하고 한숨을 내쉬었다. 살아난 것이다.
 정신이 돌아온 다음에 얘길 들으니 바케쓰에 남은 밥을 넉넉히 퍼서 먹으라 해서 오랫동안 굶주린 끝이라 있는 대로 먹었다는 것이다.
 "야, 이 미련한 사람아! 개나 돼지도 배부르면 그냥 남기는데 많이 있다고 해서 무턱대고 그냥 다 먹었단 말이야!"
 "아이후, 선생님 때문에 살았어요."
 먹는 것 절제에는 돼지만도 못한 그 이발사는 다음 날부터 이발소로 나갔다.

편지는 200자 이내로

 당국은 좌익이라 불리는 수감자들을 대전으로 모아 놓고 전향시키려 했지만 좀처럼 전향자가 생기지 않았다. 그러자 압박의 강도를 높이려고 독서 금지, 가족 면회 금지, 서신 왕래 금지, 목욕 금지, 영치금 사용 금지, 감방의 과밀 수용, 독방 등 갖은 수단을 다 동원했다.
 이와 같은 비인간적 처사에 대해서 참을 만큼 참다가 항의도 해 보고 탄원도 해 보았지만 아무런 소용이 없었다. 통방을 통해 집단 단식으로 항거하기로 의견을 모으고 단식 투쟁에 돌입하는 시일과 순서를 정했다. 몇 개 방부터 단식에 들어갔는데 나는 첫날부터 단식을 했다. 미리 정한대로 매끼마다 단식에 들어가는 사람이 늘어났다.
 그러나 당국은 사태를 안이하게 판단하고 폭력으로 해결하려는 방침을 세웠다. 그들은 주동 인물 몇몇만 꺾으면 되려니 하고 자기들 나름대로 주동 인물로 점찍은 몇 사람을 먼저 데려다 폭행했는데 나도 그 몇 사람 중의 하나였다. 그러나 이미 희생을 각오했기 때문에 아무것도 두렵지 않았다.
 단식 이틀째 되던 날이었다. 아침 점검이 끝나자 사방 담당이 감방문을 따더니 나를 호출했다. 복도로 나갔더니 다른 감방에서도 서너 명이 불려 나와 있었다. 삼엄한 분위기 속에 비어 있는 사동으로 끌려갔는데, 내가 들어간 방에는 물이 담긴 바께쓰 두 통, 곡괭이 자루 모양의 몽둥이 하나, 손바닥 너비의 혁대, 오랏줄 등 온갖 고문 기구가 놓여 있었다. 고문을 지휘할 사람은 아직 나타나지 않고 있었다. 곧 지휘자가 나타났는데 보자마자 소름이 끼쳤다. 악명이 높은 오몽둥이였기 때문이었다. 대전 지옥에서 몽둥이질을 제일 잘해서 별명까지 '오몽둥이'인 부장에게 걸린 것이다. 이 악마의 왕이 의자에 앉더니 긴말하지 않고, "밥 먹을래, 안 먹을래?" 하고 물었다.

"안 먹겠다."

오몽둥이는 눈짓으로 졸개들에게 지시를 내렸다. 명령이 내려지자마자 새끼 악마들이 덤벼들어 내 옷을 홀딱 벗기고는 오랏줄로 손목과 발목을 묶었다. 그러고는 그 오랏줄을 내 목에 걸어 잡아당겼다. 내 몸은 동그랗게 말렸다.

"마지막으로 묻겠다. 먹을래, 안 먹을래?"

"안 먹겠다."

그러자 "쳐!" 하는 오몽둥이의 목소리가 들렸다.

새끼 악마들은 구둣발로 나를 차고 짓밟았다. 소나기가 오는 건지, 우박이 쏟아지는 건지 알 수 없을 정도였다.

인권이란 말을 모독하지 마라! 이 나라에 인권이 있느냐? 세계를 향해 외쳐 보라! 몽둥이로 갈기는 게 인권이냐? 구둣발로 차고 짓밟는 게 인권이냐? 미치광이 나라의 인권은 그런 것이라고 한다면 더 말을 않겠다. 그러나 내 조국은 미치광이 나라가 아니다. 내 겨레 가운데 미치광이가 있어서는 안 된다. 그렇기 때문에 나는 항의하는 것이다.

고문을 당한 나는 내 발로 걸을 수도 없었다. 다른 곳에서도 같은 일이 벌어졌다. 그러나 단식하는 사람은 줄어들지 않았다.

다음 날은 법무부에서 검열이 나오는 날이었다. 검열을 나오면 으레 수감자들이 어떻게 생활하는지 한 바퀴 돌아본다. 우리는 검열이 나온다는 정보를 입수하고 그 시간에 맞춰서 단식을 시작했던 것이다. 아무리 두려워할 것 없는 지옥 관리라 할지라도 집단 단식을 하고 있다는 사실이 법무부에 알려지는 것은 두려워했다. 저 많은 사람들이 '나 잡아먹어라' 하고 벌렁 나자빠져 있을 테니(집단 단식을 할 때는 단식 선언과 동시에 모두 누워 버린다). 결국 염라대왕(교도소 소장)이 굴복하고 말았다.

"요구를 들어줄 테니 밥을 먹어라."

싸움은 승리로 끝났다.

2~3일간의 법무부 검열이 끝나고 나서 전원이 강당으로 소집됐다. 그런데 분위기가 전에 없이 삼엄했다. 비번 근무자들까지 퇴근을 하지 않고 전원 강당에 모여 계호(戒護)를 서고 있었던 것이다. 염라대왕은 우리의 집단 행동을 나무라는 훈화(?)를 하더니 독기가 가득한 어조로 우리의 요구를 들어주겠다고 했다.

"가족 면회는 사촌 이내에 한하여 한 달에 한 번만 허락한다. 편지도 사촌 이내에 한하여 한 달에 한 번 허락하되 보통 엽서에 2백 자 이내로 써야 한다. 영치금은 사용하되 한 번에 5백 원 이상은 안 되고, 영치금으로 산 음식은 혼자만 먹어야 한다. 책은 사전을 제외하고 두 권 이상 가질 수 없다. 단 종교 서적은 제한하지 않는다."

염라대왕이 항복을 선언했지만 이전 상태로 돌아간 것이 아니라 더 나쁜 상태에 빠지게 된 것이다. 그후 내가 대구 지옥으로 옮겨갈 때까지도 2백 자 이내라는 편지 글자 수 제한은 철저하게 지켜졌다.

그런데 이런 치졸한 제한 때문에 나에게 우스운 일이 하나 생겼다.

2백 자 이내로 쓰느라고 글자 수를 계산하면서 썼는데도 실수를 해서 한 자를 더 쓰게 되었다. 그걸 모르고 그냥 발송을 했는데, 교무과 서신계에서 족집게로 집어 내듯 그놈을 적발해서는 걸고넘어졌다. '발신 불허, 자 수 초과'라는 붉은 딱지가 붙어서 되돌아온 것이다.

아이고! 아이고! 하늘을 쳐다보고 외쳐 볼 거냐, 땅을 치고 통곡을 해 볼 거냐? 반만년 역사의 문화 민족이라는 내 겨레에 똥물에 삶아 놓은 쓰레기만도 못한 이런 물건이 있단 말이냐? 이들에게 조국 관념이 있겠느냐, 민족 관념이 있겠느냐? 이게 누구의 탓이냐? 나는 그것을 결코 서신을 검열한 계원의 탓으로만 여기지는 않았다. 그릇된 교육의 결과가 이렇게 나타난 것이라고 생각했다. 이미 눈물을 쏟을 대로 쏟고 말라붙어 버린 내 눈에서 또 눈물이 흘렀다.

나는 운동장에서 주운 유리조각으로 딱지도 떼어 버리고 엽서 말미의 "······합니다"의 "다"를 긁어 버렸다. 그러고 나서 "······합니"로 끝을 맺은, 끝맺지 못한 편지를 보냈다. 슬프구나! 우습구나! 이게 지옥이 아니고 무엇인가.

지옥은 학교

세간에서는 지옥이 범죄인을 기르는 양성소라는 말을 한다. 내 경험으로도 그 말은 거짓이 아니다. 나는 내 지옥살이 31년 5개월 중에서 첫머리 몇 달과 끝머리 몇 십 개월 동안만 흰 표를 붙인 죄인(잡범)들과 함께 지냈기 때문에 그들의 범죄나 그들의 세계에서 벌어지는 일에 대해서는 조금밖에 알지 못한다. 그러나 그것만으로도 미루어 생각해 보기에는 부족하지 않다.

감방은 범죄 경험의 교환소이며 범죄 방법의 교습소이다. 파렴치한 범행을 저지른 사람들이 감방에서 책을 읽는 일은 거의 없다. 범죄 경험을 이야기하는 것은 그들이 시간을 보내는 중요한 방법 중의 하나다. 그러면서 범죄 방법의 우열을 가리고 토론하고 학습하는 것이다. 그리고 감방은 새로운 범행을 하기 위한 동료를 구하는 장소다. 동시에 똘마니는 두목을, 두목은 똘마니를 얻는 장소다. 이들은 출소일이 각각 다르기 때문에 앞으로 다시 만날 시간과 장소를 약속한다.

깡패들의 경우 감방 단위나 사동 단위로가 아니라 전체 형무소 단위로 이런 일을 한다. 내가 전주에서 경험한 바로는 이들은 출신 군단위, 도 단위로 활동한다. 이 단위 책임자들의 권위는 소속원들에게는 절대적이다. 도 단위의 책임자는 동시에 소(형무소) 단위의 두목이기도 한데 이 사람의 권위는 자기 소속원에게 국한되지 않는다. 소 당국자들에게까지 막강한 영향력을 행사한다. 이 사람의 입김은 각 사동이나 각 작업장의 잡역(간수 밑에서 잔일을 하는 죄수를 말하는데, 약간의 이동의 자유가 있으며 간수의 통제 역할을 대신하기도 한다) 대부분에 작용하는데, 그들 동아리가 잡역 자리를 차지 못하더라도 작업장 내에서의 위치는 남들과 다르다. 심지어 그들 동아리는 감방에서의 잠자리도 조금 더 나은 곳을 차지한다. 출역하는 작업장을 어디로 하느냐 하는 데도 영향력이 작용하는 것 같았다.

물론 감방은 좋은 면에서 학교 구실을 하기도 한다. 범죄 기술의 전수 장소가 아니라 작업 기술의 전수 장소로 이용될 때다. 지옥에 떨어진 사람이 전부 악인은 아니다. 또 악인이어서 지옥에 떨어졌다 하더라도 악을 종신 직업으로 삼으려고 하는 사람은 그리 많지 않을 것이다. 아니 한 사람도 없을지 모른다. 악을 저지르는 동기의 대부분은 안정된 생업이 없는 데 있을 것이다.

그럼 재벌이나 고관들이 생업이 불안해서 태산과 같은 범죄를 저지르느냐는 질문이 나올 수 있는데, 그 질문에 대한 답은 잠깐 접어두자. 안정된 생업을 가지려면 기술과 기능이 필요한데 불행하게 지옥인이 되더라도 지옥에서 나갈 때 기술과 기능을 가지고 나가면 재범율은 현저하게 줄어들 것이다. 그런데 상황은 어떠한가? 기술을 익힐 만한 시설이 없는 건 아니지만 태부족이다. 작업대에서 일하는 사람보다는 그 옆에서 지켜보고만 있어야 하는 사람이 훨씬 많다. 부족한 작업대에서나마 일할 수 있는 것도 경험자뿐이다. 당국에서는 재소자들의 교육이나 재활에 중점을 두지 않고 작업 능률에 중점을 두기 때문에 미경험자에게는 기회를 제공하지 않고 경험자를 우선 배정하는 것이다. 그 반대여야 마땅하다.

이상의 두 가지 학교 구실, 즉 범죄 전수의 구실과 작업 기술 전수의 구실 외에 학문 전수의 구실도 한다. 당국에서 공식적으로 고시반이란 것을 운영하여 고시를 치러 학교 졸업 자격을 받을 수 있도록 도와주는 것이다. 고시반에 소속된 이들에게는 작업을 면제해 주기 때문에 본인의 노력 여하에 따라 대학 입시 응시 자격을 얻어 대학 입시에 합격하는 예도 있다. 그러나 고시반에 대한 당국의 지도와 통제가 허술해서 자칫하면 고시반은 작업하기 싫어하는 지옥인들만 모인, 공식적으로 인정받은 건달뱅이의 집합소로 전락할 공산이 크다.

이상에서 얘기한 것 외에도 감방이 학교 구실을 할 때가 있는데, 나는 그런 경험을 많이 했다. 지옥인 가운데도 지식욕이 많은 사람이 있다. 그런데 막힌 것을 뚫어 주는 사람이 없기 때문에 쉽게 단념하고 아예 착수조차 않기도 한다. 지옥은 지옥일 뿐이지 학교는 아니지 않느냐는 건 짧은 소견이다. 지옥은 지옥으로 끝나서는 안 되며 학교여야 한다는 게 나의 생각이다. 그렇기 때문에 나는 배우고자 하는 사람이 흰 표건 빨간 표(사상범)건, 또는 제복을 입은 사람이건 가리지 않고 힘이 닿는 대로 가르쳤다.

서울서 대전으로 이감된 후 며칠 동안 세 사람이 혼거하다가 곧 여섯 사람이 혼거하게 됐는데 아까운 시간을 헛되이 보내서는 안 된다고 합의가 돼서 공동 학습을 하기로 했다. 그런데 이들은 학력 차가 너무도 심했다. 국해(국문 해독)부터 고등학교 졸업자까지 있었다. 그래서 중학 1학년 수학에서부터 시작해서 고등학교 수학, 고등학교 물리, 고등학교 화학, 부기학, 주산법, 중국어와 독일어까지 가르쳤는데, 다들 열심히 공부를 했다.

내가 강의할 때는 걸레를 찢어 만든 붓으로 분필을 삼고, 마룻바닥이나 창틀을 칠판으로 사용했다. 개별적으로 공부할 때는 하루에 석 장씩 주는 손바닥만한 누르스름한 휴지에 치분을 뿌려서 만든 노트와 나뭇가지나 칫솔대를 뾰족하게 갈아서 만든 연필을 사용했다. 이런 방법이 전체 사동에 퍼져서 어느 방에서나 공부를 하자 당국에서는 이걸 금하기 시작했다. 그 일 때문에 불려 나가 구타까지 당한 적도 있었지만 여하튼 내 방에서는 고등학교 과정까지의 공부를 끝냈다.

수학 문제를 풀거나 글을 쓸 때 치분 노트를 사용하는 시대가 가고 만년 노트 시대가 시작되었는데, 물론 그것도 당국에서는 금했지만 지옥에서 공부하는 사람들이 금한다고 주저앉는 일은 없었다. 만년 노트를 만들기 위해서는 세탁비누와 연고류가 필요했는데 연고는 의무과에서 얻었고 세탁비누는 한 달분으로 지급되는 세탁비누의 일부를 갈아서 마련했다. 그러다가 들키면 벌로 그 조그만 한 달분 세탁비누마저 받지 못하게 되었다. 그래도 감방에서의 공부가 끊어지는 일은 없었다. 주판 사용법을 가르칠 때는 밥에 든 콩알을 말려 두었다가 쪼개서 썼다. 사용법만 교육하는 데는 그걸로도 충분했다.

구 서울 구치소의 내부 모습. 현재는 서대문 형무소 역사관으로 사용되고 있다

그까짓 게 무슨 문제요

나는 지옥 안에서 지옥인이 아닌 사람들의 거짓말에 많이 속았다. 특히 그 거짓말이 소위 성직자라는 사람들한테서 나왔기 때문에 실망은 더 컸다.

어느 해인지 집에서 영어로 쓰인 책 두 권과 불어로 쓰인 책 두 권을 차입했다. 영치계 직원한테서 차입됐다는 통지를 받고 통지서에 내 지장까지 찍어 주었다. 그런데 여러 날이 지나도록 책이 들어오지 않았다. 검열에 시일이 걸리는 거겠지 하고 느긋하게 마음을 먹고 기다렸는데 두어 달이 지나도록 감감무소식이었다.

목사 한 사람이 만나자고 해서 면담을 하고 헤어질 때 무슨 부탁할 일이 없느냐고 하기에 책 이야길 했더니 "아, 그까짓 게 무슨 문제요? 곧 들어가게 하지요" 하고 장담을 했다. 내 책을 나한테 오도록 하는 것쯤이야 문제 있겠나 하고 틀림없을 것으로 믿었다. 그런데 일주일이 지나고 보름이 지나도 책 소식은 없었다. 그럭저럭 한 달쯤 지나 또 다른 목사와 면담을 했다. 그도 전자와 똑같은 말을 했다. 설마 이번에야 하고 기다렸다. 그러나 또 허탕이었다.

그러던 어느 날, 단체로 바람을 쐬러 유성 온천에 갔다. 잔디밭에 점심상이 차려지고 교무 과장이 "오늘만은 서로에게 하고 싶은 얘기를 무엇이든지 하고, 관에 대해서 하고 싶은 얘기도 다 하라"고 자못 너그러운 듯이 말하기에, 책이 차입된 지 몇 달이 지나도록 받아 보지 못하고 있다고 했더니, 책 이름을 적으며 오늘 돌아가는 대로 계원에게 지시해서 넣어 주겠다고 약속을 했다. 그런데 그 말도 또 죽었다.

결국은 책에 대한 것만이 아니라 처우 문제 일반에 대해 당국과 우리와의 큰 싸움이 벌어지고 나서야 책을 받아 볼 수 있었다. 차입된

지 반년만의 일이었다.

교무 과장도 목사였다. 그들은 왜 그렇게 말을 삶아 먹을까? 그들은 수백 명의 신자들을 앞에 놓고 하느님을 대신해서 설교하는 사람이다. 모세도 하느님을 대신해서 거짓말하지 말라고 했다. 목사가 아니더라도 거짓말은 인간의 길이 아니다. 그런데 왜 이렇게 거짓말을 식은 죽 먹기보다 더 쉽게 할까? 나는 다른 목사들도 많이 만났다. 중도 만났다. 대학교수도 만났다. 그들 가운데는 내가 요구하지 않았는데도 책을 차입해 주겠다고 말한 사람이 있었다. 중은 다섯 권을 넣어 주겠다고 숫자까지 약속했다. 대학교수는 책 이름까지 약속했다. 그런데 나는 한 권도 받아 본 일이 없다.

"왜들 이러는 거요! 거짓말 하기 국제 대회에라도 가서 금메달 따고 싶어선가?" 그런데 그런 국제 대회는 없으니 이 사람들에겐 민망하기 짝이 없구나.

고 박사와 계란

고영재라는 주먹이 있었다. 그는 주먹으로 인해서 지옥인이 됐지만 그 주먹으로 대전 지옥을 뒤흔들고 나가기도 했다.

그가 논문을 써서 박사가 된 것도 아니고 자기가 바라서 박사가 된 것도 아니다. 세상에 본인이 바라지 않는데 박사 칭호가 붙는 일도 드물겠지만 무슨 박사인지도 모르는 박사다. 박사 학위는 주는 자가 있어야 하는데 누가 줬는지도 모르며 언제부터 그렇게 불렸는지도 모르는 박사다. 그러나 어쨌든 박사는 박사며 지옥의 관리들도 박사 칭호를 떼고서는 감히 그 이름을 부르지 못했다. 또 고 박사라면 모르는 사람이 없을 만큼 유명했다. 지옥인들에게만 유명한 게 아니라 밖의 사람들에게도 유명했다. 모범수라고 해서 옥중 결혼까지 했으니 언론 매체에서 요란을 떨고 그 이야기가 영화로도 만들어졌으니 이만큼 유명한 박사가 어디 그리 흔하겠느냐?

옛날 대전 지옥은 커다란 본채 네 사동이 중앙 현관에서 부채살 모양으로 늘어서 있고 별채 세 사동이 석 삼 자(三) 모양으로 서 있었다. 그런데 별채 세 사동만은 담이 한 겹 더 둘러져 있었고 각 사동은 5, 6, 7사로 불렸다. 나는 대전 지옥에서 보낸 15년 가운데 4년 남짓을 5사에서 지낸 것과 벌 받느라 본채 4사에 며칠 갇혀 있었던 것을 제외하고는 전부 7사에서 지냈다. 이 별채는 특별사라고도 부르며 정치범들만 수용했는데, 7사는 일본 제국주의자들이 조선의 애국자들을 고생시키기 위해 만든 특별사 중의 특별사다. 일 년간 단 1분도 햇볕을 받지 못하도록 돼 있으며 운동장은 여섯 자 너비의 복도를 사이에 두고 감방과 붙어 있는데, 크기는 감방의 세 배 정도고 담이 한 겹 더 둘러져 있었다. 특별사에 갇히게 되면 그 운동장에서 다람쥐 쳇바퀴 돌듯 15분 내지 20분 도는 게 하루 운동의 전부였다.

그런데 고 박사가 6사의 잡역으로 있을 땐 6사의 잡역 구실만 하는 게 아니라 특별사 전체의 잡역 노릇을 자청했는데, 5사와 7사의 잡역은 고 박사 앞에서는 고양이 앞의 쥐였으니 직권 침해니 뭐니 하는 고급 용어가 붙는 마찰은 생길 수가 없었다.

어느 해부터인지 법무부 지시에 따라 매주 계란 한 개씩을 죄수에게 주기 시작했는데 7사로 가야 할 3주일분의 계란 수백 개를 고 박사가 빼돌렸다. 종전부터 실시되던 것이라면 계란이 지급되지 않는 이유를 담당한테 물어 보기라도 하겠는데, 공고도 없이 실시된 일이니 특별사 중의 특별사인 7사 사람들이 까맣게 모르는 건 당연한 일이었다. 그런데 6사와 통방을 하다가 3주일 전부터 계란을 받고 있다는 사실을 알게 되었다. 즉시 7사 전체로 그 소식이 알려졌고 계란을 요구하는 함성 투쟁이 벌어졌다.

"계란 내놔라! 계란 내놔라!"

갑자기 터진 함성이 화산 폭발하듯 사동을 흔들고 지옥 전체에 울려 퍼지자 본채 중앙에서 대기 중이던 비상 요원들이 큰 폭동이라도 일어난 줄 알고 무장을 하고서 새까맣게 몰려왔다. 와 보니 소리 지른 사람들을 나무랄 수 없었다. 볼 일 없는 까마귀들이 다 돌아가고 조용해지더니 조금 있다가 계란 세 개씩이 들어왔다. 그런 비행을 저질렀음에도 불구하고 고 박사에 대한 존경(?)과 두려움에는 조금도 변함이 없었다.

당국은 대전 지옥으로 모았던 빨간 표 지옥인들을 다시 대구, 광주, 전주, 목포 등지의 지옥으로 보냈다. 비록 감방에 가두어 놓았다고는 하지만 8백 명이나 모아 놓으니 아무래도 다루기가 힘들다고 분산시킨 것이다. 대전 지옥에는 2백 명 가량만 남게 되어 5사를 미결사로 쓰게 되었다.

그런데 미결수는 죄에 대한 혐의는 있지만 죄인으로 확정된 사람이 아니기 때문에 죄인으로 확정된 사람보다는 규칙의 적용을 엄하게 받지 않는다. 예를 들면 사복을 입고 머리를 기를 수 있고, 사식 취장이 있는 곳에서는 사식을 먹을 수 있고, 휴일이 아닌 한 매일 면회할 수 있고, 서신 발신에 제한이 없고, 도서 제한도 덜 받는 것 등등이다. 그러나 지옥에서의 생활이 어떤지 모르는 연고자는 모르기 때문에, 아는 자는 알기 때문에 근심이 돼서, 시간 나는 대로 면회를 와서 얼굴이라도 한번 보고 말이라도 한마디 하고 싶어 한다. 이것이 사람의 당연한 정이다. 그렇기 때문에 미결 기간에는 면회가 잦다. 지옥의 본관까지는 아직 끌려가지 않았지만, 문간채에 갇혀 있는 연고자를 면회하러 가는데 어떻게 빈손으로야 가겠는가. 영치금을 넣어 주거나 접견물(주로 음식물)을 넣어 주는데, 당시 대전에서는 면회장에서 직접 음식물을 받아 가져올 수 있었다. 그런데 그게 고 박사의 사냥감이었다. 일정한 분량의 통과세(?)를 내놓도록 했던 것이다. 날마다 수백 건 가까이 면회가 있었는데 고박사는 통과세(?)로 받은 그 음식물을 어떻게 처리했을까? 어디로 보냈을까?

그런데도 고 박사는 모범수였다. 첫째가는 모범수였다. 그렇기 때문에 행형 역사에 극히 드문 옥중 결혼까지 하고 영화의 주인공으로도 등장했던 것이다. 그는 형기도 다 끝내지 않고 끄트머리 얼마를 잘라먹고 지옥에서 나갔다. 자랑스럽구나, 모범수여! 위대하구나, 주먹의 힘이여!

통방

통방이라고 하는 말은 옛부터 지옥 세계에서만 쓰는 지옥 용어다. 갈라져 사는 지옥인들이 허용되지 않는 갖가지 소식이나 의사를 허용되지 않은 방법으로 전달하거나 물품을 주고받는 것을 이르는 말이다. 허용되지 않기 때문에 들키면 엄한 벌이 따르는 것은 말할 것도 없다.

내가 직접 관여했던 통방에 대해서만 이야기해 보겠다. 정치범들의 통방 대부분이 내외의 정보를 전달하거나 당국의 처사에 대한 공동 대책을 토의하는 것이다. 정치범은 정치 상황에 남다르게 관심을 갖는 법인데 외부와 단절되어 있고 내부에서도 감방 단위로 단절된 생활을 하기 때문에 정세 파악을 위한 정보에는 특히 예민할 수밖에 없다. 그렇기 때문에 정치범들은 단절을 극복하는 수단으로서 통방을 중요하게 여긴다.

그리고 정치범들은 단결력과 책임감이 강해서 정보를 이웃에 전달하는 것을 의무로 생각하며, 그렇기 때문에 정보가 하나 입수되면 신속하게 확산된다. 그럼 정보 원천은 무엇이냐? 그건 아주 다양하다. 가끔 있는 일이기는 하지만 비밀리에 라디오나 신문을 통하거나 믿을 수 있는 사람의 전언을 통해, 혹은 서적이나 잡지를 통해 정보를 얻기도 한다(검열을 받기는 하지만 그렇더라도 정보거리가 있다).

아무리 철저하게 단속을 해도 구멍은 언제나 있다. 지금

구 서울 구치소 감방의 모습

은 신문 구독이 가능하기 때문에 정보 전쟁은 옛날과 다르겠지만, 그러나 지금도 당국의 부당한 처사에 대해 집단 단식이나 집단 보이콧 등의 공동 대응 방안을 토의하는 방법은 통방 이외에는 없다.

앞에서 말한 대로 통방을 해서 물품을 주고받기도 했는데, 한겨울에 내복 없는 사람에게 내복 보내 주기, 담요 보내 주기, 연고자 없는 사람에게 먹을 것 보내 주기 등을 주로 했다. 그러나 지금은 이런 일이 없어졌다. 왜냐하면 당국에서 러닝셔츠, 팬티를 비롯하여 양말, 내복, 담요, 일용품 등을 지급해 주기 때문이다. 또한 급식 수준이 높아져서 먹을 것을 보내 주지 않더라도 건강 유지를 못할 정도는 아니기 때문에 음식물이 오가는 일도 없어졌다.

물품의 전달은 소제(사동의 청소를 하는 죄수를 이르는 말)를 통해

서 했는데 수고료가 필요했다. 사람 냄새를 잃지 않은 제복이 해 주는 경우도 가끔 있었는데 이때는 물론 수고료는 필요 없었고, 아주 드물게는 직접 전할 기회를 주기도 했다.

정보나 의사를 전달할 때는 구두나 암호 타자 방법을 이용했는데, 쪽지로 전달한 적은 없었다. 쪽지 전달을 피한 이유는 적발될 경우 통방했다는 물증이 되기 때문이었다. 구두나 암호 타자는 물증이 남지 않으며 적발된다 하더라도 오리발을 내밀 수 있었다.

암호 타자는 전신용 모스 부호를 본떠 더 간편하게 만든 것인데, 벽을 톡톡 두드리거나 마룻바닥을 두드리는 방법으로 송신을 하면, 수신자는 매 글자 단위로 수신 여부를 답신한다. 이 방법으로 송수신을 할 때는 언제나 감시자를 두어 바깥을 감시하기 때문에 감시자가 부주의하지 않는 한 들키는 일은 절대로 없다. 독방이 아닌 경우에는 한 사람이 수신하고 동시에 다른 사람이 송신하기 때문에 잠깐만에 한 개 사동 전체에 송신할 수 있다.

뻔질난 단식 투쟁

단식은 지옥인들이 당국의 처사에 대항하는 최고이자 최후의 싸움이다. 그러면 왜 이런 극렬한 싸움이 벌어지게 되는가. 그것은 지옥 관리인 측과 지옥인들 사이의 이해관계가 상반되기 때문이다. 노사 간에 분쟁이 생기는 것과 유사하다. 지옥 관리자 측에서는 여러 가지 이유로 지옥인들을 불편하게 만드는 일을 강제하게 되는데, 지옥인들은 이를 받아들이지 못하기 때문이다.

그런 일을 받아들이는 것에서도 정치범과 비정치범의 근본적인 차이가 있다. 비정치범들은 자신의 반도덕적이거나 반사회적인 범죄 행위가 처벌 대상이 된다고 느끼기 때문에 자기들이 받는 처우를 죄에 대한 응보로 받아들인다. 그러나 정치범들은 그렇지 않다. 그들은 자기들의 행위가 정당한 것이며, 자기들의 행위로 인해서 지옥인이 되는 것을 부당하다고 생각하기 때문에 당국의 처우가 불합리한 것일 때는 그것을 응보로 받아들이지 않고 가해로 받아들이는 것이다.

그런데 관리자와 지옥인의 관계는 엄연히 강자와 약자의 관계이다. 약자가 자기의 주장을 관철시키기 위해 고르는 방법 중에서 최후의 수단이 생명을 걸고 하는 단식이다.

개인적 이해관계 때문에 단식하는 경우, 집단적·공통적 이해관계 때문에 단식하는 경우, 다른 사람의 단식이 정당하기 때문에 그것을 측면에서 응원하는 의미의 동정 단식의 경우가 있는데, 내가 경험한 단식은 몇 건을 제외하고는 전부 집단 단식이었다. 그리고 단식을 통해 무엇인가를 주장하면 실패보다는 성공할 때가 많았다. 정치범들은 평소에는 모래알같이 따로따로 있다가도 투쟁한다 하면 찰흙같이 잘 뭉치기 때문에 가능한 일이었다.

또 항의의 뜻 정도를 나타내는 시한부 단식과 요구를 꼭 관철하고 말겠다는 무기한 단식이 있는데, 무기한 단식이 고통스러운 건 말할 것도 없지만 그렇다고 꼭 몸이 축가는 것은 아니다. 내장, 특히 위를 휴식시킴으로써 건강을 얻을 수도 있고 숙변을 쏟아 냄으로써 장 기능을 활발하게 할 수도 있다.

그럼 이런 단식에 대해서 당국은 어떤 조치를 취하는가. 대개는 밥을 먹으면서 요구할 것을 요구하라고 회유하지만, 나는 그런 회유에 넘어가는 사람을 본 적이 없다. 회유해서 듣지 않으면 몽둥이로 개 잡듯 두들겨 패서 고분고분하게 만든 다음 밥을 먹게 한다. 이 방법은 급하게 단식 투쟁을 그만두게 할 때 쓴다.

두들겨 패서도 해결이 안 될 때는 강제로 급식을 한다. 몸을 움직일 수 없도록 붙잡아 매고 입을 벌려 죽을 퍼 넣는 것이다. 호스가 목구멍에 들어가 있기 때문에 안 먹으려고 버티다가는 목구멍을 상하기도 한다. 그 단계마저도 지나면 때때로 주사나 놓고 아예 손을 안 댄다.

내가 대구에 있던 10년 동안은 단식 투쟁이 워낙 잦았기 때문에 일일이 다 기억할 수가 없다. 끊임없는 투쟁으로 처우가 현저하게 개선되고 규율도 완화되었다. 이렇게 규율이 완화되어 나중에는 '큰 담만 넘어가지 않게 하면 된다'는 말까지 간수들 사이에서 떠돌았다. 움츠리면 한없이 조여들고, 버티면 스르르 풀어 주는 게 지옥이다.

대전 지옥 14사

대구에 있을 때 간간이 대전에 정치범만을 수용하는 교도소를 건설 중이라는 말이 들려왔다. 새로 짓는 그 지옥에 대해 한편으로는 살기가 대단히 편리하도록 짓고 있다고 하고, 다른 한편으로는 극도로 쥐어짤 수 있도록 짓고 있다는 엇갈리는 소문이 돌아 갈피를 잡을 수가 없었다. 그러나 나는 군사 독재 정권(당시에는 노태우 정권)이 설계한 것이니 정치범을 가두기 위해 짓는 것이라면 후자가 맞을 것이라고 생각했다.

아니나 다를까, 내 예측은 옳았다. 대전으로 옮겨간 우리 일행이 버스에서 내리자마자 우리보다도 더 많은 수의 옥리들이 모이더니 말 한마디 못하게 하고 이리저리 둘러보지도 못하게 했다.

부장 하나가 몇 사람을 불러 이감 보따리를 밀차에 싣게 하고는 우리를 인솔해서 가는데 복도의 너비와 길이가 엄청나서 깜짝 놀랐다. 그 복도가 으뜸 줄기가 되고 거기서 이쪽저쪽으로 조그만 복도들이 가지를 뻗고 있었다. 조그만 복도 입구에 붙여 놓은 패에 적힌 숫자가 사동 번호인듯했는데, 30 몇 호까지 본 기억이 난다. 대전의 옛 지옥은 2층 사동 한 동에 단층 사동 여섯 동이 전부였었고, 대구 지옥은 2층 사동 일곱 동이 전부였다. 그런데 대전의 새 지옥은 3층 사동이 30여 채나 되었으니 어리둥절했다는 표현이 결코 허풍은 아니다. 나는 다른 세 사람과 함께 14사동 2층으로 끌려갔는데, 우리 네 사람이 2층 식구의 전부였다. 몇 개의 감방을 사이에 두고 한 사람씩 집어넣더니 이감 보따리에서 책 두서너 권만 가지고 들어가게 하고 나머지 물건에는 손도 못 대게 한다. 한여름인데 부채도 허락하지 않고 심지어는 젓가락까지 허락하지 않았다. 손가락으로 먹으라는 말이냐. 개나 돼지처럼 먹으라는 말이냐? 이의를 제기하니 "잔말 말아! 시키는 대로 해!" 하고 말도 못 하게 한다. 야아! 지금까지의 징역살이는 지옥살이가 아니었구나. 이제부터가 진짜 지옥살이구나 하는 생각이 들었다. 소제한테 말했더니 소독저 한 벌을 갖다 준다.

서대문 형무소 역사관으로 사용되고 있는 구 서울 구치소

감방을 둘러보니 지금까지 경험했던 그 어떤 지옥보다도 더 지옥다웠다. 방이 좁은 것은 다른 지역의 지옥방과 비슷한데 창이 없었다. 천장 가까이 창 비슷한 것이 있기는 했지만 발돋움을 하고 손을 뻗어도 닿지 않았고, 바람이 통하지도 않아서 창이라고 할 수 없었다. 한쪽 벽과 마룻바닥이 만나는 모서리에는 5센티미터 폭에 길이 한 자 정도의 바람 구멍이 있었는데 그것도 가로로 쇠창살을 쳐 놓아서 손가락 하나도 내밀 수 없었다. 간수들이 방 안을 들여다보기 위해 만들어 놓은 조그만 창이 있었지만, 안에서는 열고 닫을 수 없는 것이었다.

그리고 방 안에서의 일거수일투족을 간수실에서 감지할 수 있도록 장치가 되어 있었다. 벽은 무슨 재료를 써서 만들었는지 두들겨도 소리가 나지 않아 이웃방과의 통방은 전혀 불가능했다. 창이 없으니 낮에도 어두워서 전기불을 켜야 겨우 책을 볼 수 있는데, 낮에는 아예 켜 주지도 않았다. 밖으로 나가지 못하게 하느라고 수도도 방 안에 있어서 방문을 나가는 것은 하루에 한 번 10~15분 정도 운동하러 나갈 때뿐이었다. 대전 지옥 30여개 사동 가운데에서 14사동이 가장 혹독한 처우를 받는다는 것은 한참 지난 뒤에야 알게 되었다. 거기서는 사람이 미쳐 버리는 것도 흔한 일일 것 같았다. 실제로 내가 가던 바로 그 다음 날 아래층에서 사람 하나가 미쳐서 밤새도록 소동을 부린 탓에 잠을 잘 수 없었다.

신문에 앉는 까마귀

법무부에서 지옥인들에게 텔레비전 시청과 신문 구독을 허락한 것은 1988년 하반기라고 기억된다. 그런데 이런 처우 개선에 대한 상부의 지시가 지옥에서는 늦게 시행되거나 축소 시행되는 일이 비일비재하다.

　텔레비전 시청은 1급수(특별 대우를 받는 죄수)에게만 시청을 허락하는데 공장에 일 나가기 전 10분 미만이 고작이고, 신문 구독은 사람과 신문에 따라 허락 기준이 다르다. 법무부에서 그렇게 지시를 했으리라고는 생각하지 않는다. 사람은 좌익, 신문은 『한겨레신문』이 제일 구박을 받는 걸로 안다.

　나는 『한겨레신문』 창간 취지를 비공식 통로를 통해 알고 있었고, 화장실에 들어가서 몰래 읽은 적도 있었기 때문에 꼭 『한겨레신문』을 구독하고 싶었다. 『한겨레신문』이 자본에 얽매이지 않고, 권력의 눈치를 보지 않는 정론지라고 믿었기 때문이다. 그러나 구박받는 사람과 구박받는 신문이 함께 있기는 쉬운 일이 아니었다.

　신문 구독 문제로 당국자와 개별 교섭도 해 보고, 집단 교섭도 해 보았다. 청원하는 형식으로, 혹은 항의하는 형식으로. 그러나 아무런 효과가 없었다. 헌법이 보장한 앎의 권리를 짓밟히고 있을 수만은 없어서 이웃하고 지내는 몇 사람과 함께 집단 단식을 시작했다. 그런 과정을 거쳐 신문 구독을 허락받은 게 1989년 1월의 일이다. 그것도 온전하게 구독할 수 있는 것이 아니었다. 당국의 필요에 따라 신문 기사를 오려 내기도 하고 지워 버리기도 한다는 조건이 붙은 것이었다. 그렇다고 그런 조건에서나마 신문을 볼 수 있느냐 하면 그런 것도 아니었다. 신문을 볼 수 있는 시간은 폐방 후부터 취침 직전까지인데, 폐방 후 늦게 넣어 주고는 일찍 회수해 가 버렸다. 자비로 보는 신문인데도 그런 짓을 했다. 그뿐만이 아니었다. 방해하는 방법은 많았다. 매달 구독 신청을 해야 하는데, 신청하는 날을 지나치면 다음 한 달 동안은 신문을 못 본다. 그것도 신청 날짜와 시간이 일정하다면 그렇게 해도 무방할 것이나 그렇지도 않으니 그건 폭거였다. 신청

일이 일정하지 않을 경우에는 신청 못할 사정이 허다하게 생긴다는 걸 고려하지 못하는 관리의 아둔함에서인지, 관리 중심의 편의주의에서인지, 아니면 못 보게 할 구실을 찾기 위해서인지 답답하기 짝이 없었다.

그런데 이처럼 어렵게 얻어 보는 신문에 날마다 까마귀가 몇 마리씩 앉아서 들어왔다. 손바닥 두 개만큼 큰 놈에서부터 연필같이 길고 가느다란 놈, 네모난 놈, 둥근 놈 등 모양도 가지가지, 크기도 가지가지였는데, 이 까마귀들은 제가 앉은 자리의 글자만 쪼아 먹는 게 아니라 뒷면의 글자까지 먹어 버렸다.

악질적인 옥리와 사람 냄새 나는 교도관

30여년간의 구금 생활에서 처우 개선을 요구한 집단 투쟁 기간과 악마 박정희의 전향 강요 기간을 제외하고 관리들과의 개별적 관계는 대체적으로 평온했다. 내가 규칙을 위반하지 않고 책이나 보고 있는데 일부러 트집을 잡아 시비를 걸어오는 놈이 있을 리 없으니 자연히 양자 사이는 평온할 수 밖에. 오히려 전혀 기대하지도 않았는데 그들이 베푼 몇 가지 호의가 기억에서 지워지지 않는다.

첫 번째는 서울에서의 일이다. 겨울인데다가 북쪽 방에서 지내느라 벌벌 떨고 있는 것을 본 빙 모 본무 담당이 남쪽 방으로 옮겨가도록 주선 해 준 것이다. (북쪽 방과 남쪽 방은 2~3도 정도의 온도 차이가 났다.) 그는 또 내가 돈이 없어 간식을 사 먹지 못하고 있는 걸 알고는 소제들이 먹으라며 자기에게 준 음식을 내 방에 슬그머니 넣어 주기도 했다.

두 번째는 대전에서의 일이다. 한여름, 숨이 콱콱 막히도록 더울 때 공주 출신의 김 모라는 땜통 근무자가 소제를 시켜서 찬물 한 바께스를 넣어 준 것이다. 그것도 여름에는 밥 식기로 세 그릇, 겨울에는 두 그릇씩만 넣어 주라는 규정이 시퍼런 칼을 휘두르던 시기에 말이다.

세 번째는 대구에서의 일이다. 쇠고랑을 차고 일 년 남짓 지낼 때였는데, 야간 근무를 서던 간수 하나가 때때로 몇 시간씩 그 쇠고랑을 풀어 준 것이다.

네 번째는 전주에서의 일이다. 담당 간수가 옆방에 수감된 서울대학교 지리학과 교수 이병준 씨에게 내가 고안한 수 기억법(강의 길이라든가 산의 높이를 문장으로 만들어 외우는 방법)을 설명해 줄 수 있도록 편의를 봐 준 것이다.

그들의 호의는 악마가 우글거리는 지옥에서도 사람 냄새를 맡을 수 있다는 것을 나에게 확인시켜 주었다. 이 외에도『한겨레신문』창간호를 몰래 넣어 주고 사라진 사람, 운동 시간이 아닌데도 밖에 나가서 햇볕을 쬐게 해 준 사람 등 지옥의 관리라고 해서 모두가 사람 냄새를 잃은 것은 아니다라는 것을 보여 준 사람이 적지 않았다. 그런 지옥 관리의 예를 들면 거기도 사람이 살만한 곳이다라고 생각할 수도 있겠는데 그것은 천만부당한 착각이다. 지옥은 역시 지옥이기 때문이다.

정치범만 수용되는 사동에는 관리들의 출입도 엄격히 제한되기 때문에 관리들과도 접촉하는 경우가 많지 않다. 우리가 접촉할 수 있는 관리라고 해야 본무 담당, 교대 시간에 잠깐씩 들어오는 땜통 담당, 운동과 목욕 담당뿐이다. 아주 드문 일이지만 영치금 고지나 차입물 전달 담당, 아주 드문 일이지만 용무가 있을 때 데리고 갔다 오는 연출(連出, 출입) 담당과 접촉할 때도 있다. 용무가 있을 때 잠깐씩 왔다 가는 그들과는 알력이 생길 리 없다. 사동 근무하는 본무나 땜통,

운동과 목욕 담당들과는 알력이 생기기도 하는데, 그것도 특정한 관리와의 알력이 아니라 지옥 당국과의 처우 문제를 둘러싼 알력으로 지옥 당국과 지옥인 간의 싸움이라고 할 수 있다. 이 싸움의 원인은 주로 당국의 부당한 압력이었으며 박정희 정권 시절에 그런 일이 많았다. 나는 그 기간을 '지옥의 광란기'라고 이름 붙이고 싶다. 박정희의 광란을 이어받은 전두환의 광란이 더 흉악했지만, 전두환 광란기에는 정치범들의 피해가 박정희 광란기만큼 많지는 않았다.

그 시기에 자기 세상 만난 줄 알고 날뛴 옥졸의 대표를 지적하자면 단연 오몽둥이 형제다. 대전 지옥의 잡범들은 오몽둥이 말만 들어도 벌벌 떨 정도였다고 한다. 나도 처우 문제를 이유로 집단 단식을 할 때 주모자의 한 사람으로 지목당해 큰 오몽둥이한테 정신을 잃을 정도로 두들겨 맞은 적이 있다.

작은 오몽둥이는 감방에서 새어 나오는 얘기를 잘못 듣고 '레닌이 지금쯤은 더 좋은 책을 써 냈을 거'라고 얘기했다는 터무니없는 밀고를 하여, 한 방 사람이 다 문초를 당하게 만든 장본인이다. 1920년대에 죽은 레닌이 어떻게 1970년대에 책을 써 낸단 말인가.

또 다른 대표는 이름은 잘 기억나지 않는데 탕에 못 들어가게 하느라고 손을 대기도 힘들 정도로 목욕물을 뜨겁게 데워 놓고는 10분 안에 목욕을 끝내라고 재촉하던 놈이다. 그놈은 10분도 다 주지 않고 빨리 나가라며 우리를 회초리로 때리고 대나무 빗자루로 쓸어 버렸다. (절도범 한 사람이 바로 그런 뜨거운 목욕물에 뛰어들었다가 심장 마비로 죽었다는 얘기를 듣기도 했다.) 그런 놈들이 날뛰는 세상을 지옥이라 한다고 해서 나무랄 사람이 있겠는가.

출소 후에 임진강을 찾은 필자(사진 제공: 정순택)

내가 함께 지내 본 일반수(잡범)에 대한 잡상

　내가 잡범들과 함께 지낸 기간은 징역살이 초기 1년 정도와 말기 3년 정도이다. 흔히 세상 사람들은 교도소하면 인간 쓰레기, 무시무시하고 잔인한 무리들, 피도 눈물도 없는 냉혈 인간이 비인간적인 죄를 저지르고 죄값을 치르느라고 강제 수용된 장소쯤으로 생각하기 쉬우나 반드시 그런 곳만은 아니다. 물론 그런 사람이 없는 것은 아니지만, 그런 사람이 그 안에만 있는 것도 아니다. 그곳에 수용된 사람 대부분이 높은 담 밖에 있는 사람과 큰 차이가 없다. 차이가 있다면 발각된 범행을 돈이나 권력으로 무마할 수 없는 사람들, 말을 바꾸면 사회의 밑바닥에 있는 사람들이기 때문에 갇혀 있는 것이다. 극히 일부를 제외하면 대개는 생계형 범죄를 저지르고 들어온 사람들인데, 그들의 죄라기보다는 그들에게 생계의 길을 열어 주지 못한 사회의 죄라고 하겠다.

어마어마하게 크고 무시무시하게 지독한 죄를 저지른 사람은 지옥에 잘 안 간다. "법 앞에서 만인은 평등하다"는 지배 계급들의 연극 대사가 있기 때문에 그 대사에 따라 재수 없는 일부의 사람이 재판이라는 연극 무대에 세워지기는 하지만 연극은 어디까지나 연극이요, 지옥에 가더라도 무력한 지옥인과는 다른 대우를 받는다. 고생스러운 생활은 하지도 않으려니와 그나마도 이런 저런 이유로 곧 석방된다.

역사 이래의 대도적 전두환, 노태우가 그 예이며 황태자 김현철이 그 표본이 아니냐. 세풍이 무엇이며, 총풍이 무엇이냐. 그것들이 다 지배 계급이 일반 민중을 기만하는 정치 코미디 아니냐.

3. 지옥문을 나와서

지옥은 인생 대학
지옥은 특수한 인생 대학입니다.
날이면 날마다
입학이 있고 졸업이 있습니다.
예과(미결)와 본과(기결)로 나뉘며
기간이 일정하지 않은 예과를 거쳐야
기간을 확정받아 본과로 갑니다.
예과에서 떨어지는 경우도 있는데
불기소
기소 유예
선고 유예

무죄

집행 유예

등의 딱지가 붙습니다.

입학 원서를 본인이 내는 놈은

하나도 없고

밧줄에 묶이고 쇠고랑에 차여 가면

경찰에서 대필하며

검찰에서 자격을 심사하고

불기소

기소 유예를 빼고는

법원에서 판정합니다.

수업 기간은

몇 달에서 무기까지 있으며

무기한 수업시켜도 쓸모없다고 판정하면

아예 죽여 버립니다.

무시무시한 입학 절차지요.

자유 의사로 입학하지 않는 것과 마찬가지로

자유 의사로 중도 퇴학도 못합니다.

다만

정해진 수업 기간을 안 채우고

나오는 경우가 있는데

이름 붙이기를

가석방

보석

집행 정지

사면
등이라고 합니다.
그러나 그것도
수업 기간을
큼직하게 줄여 받는 건
권세깨나 가졌던 놈
백깨나 뻐근한 놈
돈주머니깨나 큼직한 놈
여론이 들끓는 사람
오랫동안 수업한 병약한 늙은이
기타 풀어 주는 게 정부 체면에 도움이 되는 사람들이고
잔챙이들에겐 하늘의 별 따기입니다.

나의 대학 생활
내가 입학한 것은 1958년 8월 서울 지옥이고
1989년 12월 전주 지옥에서 가졸업했는데
예과를 만 1년 동안 거칠 때
죽여 버리란 요구도 시끄러웠지만
대법원에서
무기한 수업 판결을 받고
본과로 갔습니다.
그런데
너무도 심한 돌대가리라
수업 성적이 나쁘다고
1980년 2월에 10년을 추가 수업하라는

대법원 판결이 떨어졌습니다.
물론 이때도 죽이라는 요구가 시끄러웠지요.
무기에 10년을 보탠 기간이라면
그 길이가 얼마나 될까요.
그것을 알 수 있는 사람은
지구상에는 없을 것입니다.

그런데 어쩌자구
1988년 12월에
제1형인 무기를 20년으로 깍아 줘서
제2형 10년을 보태면
수업 기간은 30년인데
31년 5개월을 수업하고도
5년 11개월을 덜 수업한
가졸업이라고 합니다.
도깨비 수학이 아니곤 풀 수 없는 계산법이지요.

나는 여기서
재미 없는 도깨비 수학 풀이는 아니 하렵니다.
다만
이 도깨비식 계산법은
될 수 있는 한 오랜 고통을
사람에게 들씌우고
희열을 느끼며
쾌재의 손뼉을 치는

국가보안법 철폐와 미귀환 장기수 귀환을 외치는 필자(사진 제공: 정순택)

악마들만이 생각해 낼 수 있는
희한한 계산법이란 것만 말해 둡니다.
그로 인해서 나는
1995년 11월이 돼서야 37년 4개월 만에 완전 졸업이 됩니다.
기기괴괴한 희생자이지요.
그뿐인가요.
가졸업하고 나온 후에는
보안 관찰이라는 올가미를
졸업상으로 받았습니다.
상치고는 색다른 상이지요.
이 상에는 '……하지 마라' 딱지가 더덕더덕 붙어 있습니다.

인생 대학의 환경과 생활

내 몸은 비록 지옥 문을 나왔지만
많은 동지들이 광명을 못 찾고
지옥 안에서 고생하는 걸 생각하면
마음은 지옥 안에서와 같이 괴롭습니다.
10년 20년은 말할 것도 없고
40년을 넘도록
혹독한 수업을 받고도 못 나오다니.
그들이 무슨 죄를 지었기에
무슨 죄를 지었기에
그토록 혹독할까요.

보기만 해도 숨막히는
높고 높은 담장에
네 귀퉁이에선 무장한 감시탑이 위압하고
철문은 중중첩첩
창마다 철책인데
감방의 철창살은 더욱이 촘촘하고
새장이 아닌데 철망은 왜 치는가.
해도 보지 마라 바람도 쐬지 마라.
가림판이 뒤를 막아 대낮도 밤인데
그나마 창도 없는 감방은
산송장을 넣어 두는 널이라더냐.
그러고도 못 미더워서
망치로 두들겨서 철창살을 검열하고

감방을 나가면 계호원이 따르며
틈만 나면 방 뒤짐인데
병아리 까발려 놓듯 하고
이를 찾는지 벼룩을 찾는지
샅샅이 몸을 뒤지다가
불알 밑도 훑어 보고
똥구멍까지 들여다 봅니다.
무엇을 찾기 위함일까요.
모욕을 주기 위함일까요.

방 안 살이는 어떨까요.
네 면에서 콘크리트 벽이 압박하는
한 평도 못 되는 방
높은 천장에선 달걀 만한 전등 하나가
전원이 다 된 전지마냥
힘 없이 조는데
마음대로 일어서지 마라.
마음대로 눕지도 마라.
정해 준 자리를 뜨지 마라.
자살을 기도하지 마라.
이웃방과 의사를 통하지 마라.
필기구를 갖지 마라.
허락 안 한 책 읽지 마라.
다른 사람과 금품을 주고받지 마라.
단식하지 마라.

……
이것도 하지 말고 저것도 하지 말고
바보 천치나 돼서 나가랍니다.
아니
담 밖의 세상은 생각도 말랍니다.
이 대학의 교수들의 자질은 어떨까요.
견줄 사람 없을 만큼
유능한(?) 교수가 절대 다수이고
교수와 학생 비율은
1:10일 만큼 교수가 많은데
일상용어에는 욕설이 예사롭고
'……해라'를 많이 씁니다.
주먹과 발은 주되는 교재가 되고

구 서울 구치소의 사동 모습

오랏줄과 쇠고랑도 자주 쓰이며
때로는
가죽 수정(手錠) 방성(防聲) 마스크 혁대 몽둥이도 등장합니다.
지옥 안의 지옥에 넣는 것도
교육의 한 가지며
이중 학적을 가지도록 재판에도 넘깁니다.
이중 학적은 받은 순서에 따라
제1형 제2형이라 하고
순서대로 수업하는 것을 원칙으로 삼지만
검사의 재량에 따라 순서를 바꾸는 변칙도 있습니다.
나는 네 사람의 이중 학적자를 알고 있는데
그 중에 둘은 이중 무기입니다.

엄혹한 환경에
급식마저 열악한데
연고자가 없으면 밖의 후원 못 받으며
연고자가 있다 해도 손써 주지 않으면
20년 40년을 벽만 보고 앉아 삽니다.
달마 대사는 9년 면벽에 도를 깨쳤다 하니
이 사람들이야 도를 깨치기 몇 차례를 거듭했겠나요.
오오! 인생 대학이여! 인생 대학이여!
이보다 나은 대학이 또 어디에 있을까요?

이 화려(?)하고 영광(?)스런 대학을 못 마치고
지하 세계로 관광을 떠난 동지는 얼마나 많을까요.

큰 산의 한 모퉁이 정도이지만
내가 아는 동지로는
일곱 동지가
교수대를 타고서
지하 관광 떠났고
두 동지가
몽둥이를 맞으면서 여행길을 서둘렀고
다섯 동지가
지나친 영광(?)을 감내할 수 없어서
남은 인생을 스스로 버렸으며
열네 동지가
병마의 안내로 땅속에 들어갔습니다.
독방의 고독 속에서
유언 한마디 못 남기고
쌓이고 쌓인 원한의 보따리는
지하 여행에 얼마나 짐이 될까요.

숲 속에 들어가면
숲의 참모습을 못 보듯이
남쪽 사회에 파묻히면
남쪽 사회의 참모습을 못 보고
북쪽 사회에 파묻히면
북쪽 사회의 참모습을 못 봅니다.
나는 남과 북을 두루 살았고
남과 북을 다 떠나

지옥 사회에서
양쪽을 멀찌감치 바라보며
인생 대학 과정을
31년 반 동안 닦았으니
이제는 졸업 논문을 써 보렵니다.

졸업 논문 첫째: 내가 살고 싶은 곳
내가 살고 싶은 곳에서는
외세가 주인을 깔보고
행세하는 것을 보지 못했다.
내가 살고 싶은 곳에서는
무장 권력의 난동을 보지 못했다.
내가 살고 싶은 곳에서는
재물의 비인간성과 범죄성을
모르고 살았다.
내가 살고 싶은 곳에서는
공안 세력과 민중의
피투성이의 충돌을 보지 못했다.
내가 살고 싶은 곳에서는
노동자와 사용자가
밥사발 싸움하는 것을 보지 못했다.
내가 살고 싶은 곳에서는
돈이 없어 병원 못 가는
환자를 보지 못 했고
돈이 없어 학교 못 가는

젊은이를 보지 못했다
내가 살고 싶은 곳에서는
부모가 없다고
나라 밖으로 팔려 가는
어린이 얘기를 듣지 못했고
몸을 팔아 목숨을 부지하는
계집 얘기를 듣지 못했고
천대받고 눈물 흘리는
늙은이 얘기를 듣지 못했다.
내가 살고 싶은 곳에서는
떼강도 집단 성폭행 조직 폭력배 청부 폭력배 연쇄 방화 연쇄 살인 등등 듣기만 해도 소름이 끼치는 말을 들어 보지 못했다.
내가 살고 싶은 곳에서는
교육 비리 인사 비리 종교 비리 금융 비리 권력 비리 정경 유착 근친 재판 등등 돈 비린내 나고 낯 뜨거워지는 말을 들어 보지 못했다.
내가 살고 싶은 곳에서는
값과 품질을 속이는
장사치가 있다는 말을 듣지 못했다.
내가 살고 싶은 곳에서는
총체적 부패란 말은 듣지도 못했고 알지도 못했다.

졸업 논문 둘째: 모순론
우리 민족사의 현단계의 최대 모순은
국토의 분단이다.
분단의 원인은 외세에 있으며

분단 장기화의 책임도 외세에 있다.
외세는 현지에 추종 세력을 만들고
그와의 동맹하에 지배의 영속을 꾀한다.
이로 말미암아
민족 내부에 두드러진 대립이 생기는데,
(1) 통일 세력과 반통일 세력 간의 대립
(2) 자주 통일 세력과 외세 의존 통일 세력 간의 대립
(3) 민족 공영을 가져올 평화 통일 세력과 민족 자멸을 가져올 폭력 통일 세력 간의 대립
(4) 현실 정세에 바탕을 둔 체제 공존 통일 세력과 환상에 바탕을 둔 흡수 통일 세력 간의 대립
(5) 민주주의의 해석 차이에서 오는 대립과 권위주의 세력과 반권위주의 세력 간의 대립
(6) 체제 수호 세력과 반체제 세력 간의 대립(이념의 대립)
(7) 종속과 간섭에서 탈피하려는 세력과 외세 간의 대립
(8) 재물의 편재에서 오는 가진 자와 못 가진 자 간의 대립
(9) 권력과 재물의 유착에서 오는 지배 계급 내부의 대립
등등이 대표적인 대립으로 추려진다.

결론
7·4 공동성명은 세월이 지났어도
아직 살아 있다.
그 정신을 바탕 삼아
체제 공존 방식으로
남북 통일 이루는 것이

대립을 풀어 가는
하나뿐인 가까운 길
이 길 떠나 딴 길 찾다간
통일은 늦어지고
자칫하면 파멸한다.

나는
'사이버 코뮤니스트'다!

chora@hanmir.com

나는 '사이버 코뮤니스트'다!

사이버 전사?

어느 인터넷 카페 게시판에서 누군가가 나를 "사이버 전사"라고 했다. 곰곰이 생각했다. 욕인가? 칭찬인가? 전사라니. 그것도 가상공간에서 싸움질을 하는 사람이라니. 그런데 나는 천성이 싸움질을 좋아하지 않는다. 더구나 가상에서 싸움질하는 걸 좋아하지 않는다. 하다못해 인터넷 게임도 하지 않는다. 싸움을 하면 언제나 상대편의 천박함에 혹은 그 원한에 일정 정도 물들기 때문이다. 더군다나 가상공간에서의 싸움이란 0과 1의 조합에 의해 만들어진 '말'싸움인데, 나는 말싸움을 해서 누구를 이긴다거나, 설득한다거나, 합의를 이끌어 낸다거나 하는 것에 밥맛없어 한다.

그리고 또 한 가지 짚고 넘어가야 할 것이 있는데, "가상이란 대체 무엇이냐"는 거다. 가상공간 얘기를 하다가 "정보화 사회"를 들먹이는 식자들을 많이 본다. 정보화 사회가 되어 가상공간에서의 정보 소통을 통해 유토피아가 만들어진다는 것이다. 그러면서 정보 불평등

같은 문제를 들먹이기도 하고 가상공간에서 예절을 지키자는 이야기도 한다. 그런데 문제는 "무엇이 가상이고, 무엇이 현실인가?" 하는 점이다. 눈앞에 보이며, 오감을 통해 느낄 수 있는 것만이 '현실'이라면 지금 자판을 두드려 무엇인가 메시지를 보내는 것은 현실이 아니라 '가상'이란 말인가? 나는 채팅이나 사이버 섹스를 통해 오르가슴을 느끼기도 하는데, 그런 경험이 있다는 친구들을 많이 보았다. 그들의 오르가슴은 진짜가 아니라 '가상'이란 말인가? 눈앞에 보이는 애액(愛液)만이 '현실'인가? 가상공간과 현실공간을 이분법적으로 나눌 때의 '현실' 개념은 부모님들이 잔소리할 때 쓰는 '현실' 개념과 비슷한 것 같다.

하여간 나는 사이버 전사가 아니다. 나는 싸움질을 좋아하지 않는다. 만약 싸움질이 벌어지면, 꼬리를 쭉 내리고 그냥 도망치는 것이 내 취미다. 나는 장정일이 『보트하우스』란 소설에서 가슴 찡하게 묘사했듯, "유리컵에 콜라를 가득 넣고 얼음도 넣은 채 홀짝거리"면서 일 안 하고 있는 '상태'를 좋아한다. 내가 싫어하는 일을 시키는, 그래서 내가 끔찍이도 혐오하는 사람들은 대개 목에 힘을 주는 사람들이다. 아는 것이 많다고 뻐기면서 내 두뇌를 개조하겠다고 덤비는 사람과 자신이 차지한 '자리'를 내세워 말을 뱉어 내는 사람이 그들인데 나는 그들과 싸우지 않는다. 그냥 도망친다. 그건 비겁한 짓 아니냐고 말할지 모르지만 나는 내가 좋아하는 사람들과 교감하고, 이야기하는 것이 좋지, 싫어하는 사람에게 봉변을 당하거나 싸우기는 싫다. 어른들은 그 시간에 공부나 하라고 하신다. 나는 그 말씀의 의미를 싫어하는 사람과 맞서 싸워서 그를 설득시키기보다는 차라리 그 시간에 좋아하는 사람과 재미있게 놀라는 것이 아니겠느냐고 나 나름대로 해석한다.

싸움질은 대개 싸움꾼들이 만들어 놓은 판(場)에서 하기 마련이다. 싸움꾼들이 설정해 놓은 개념과 상황 속에서 그들의 언어로 내가 왜 싸워야 하나? 그들은 내가 그들에게 무언가를 말하면, 흥이 나서 덤벼든다. 그러면 어쩔 수 없이 싸워야 한다. 싸움의 대부분이 사태나 사건, 그 자체만을 놓고 일어나는 경우는 없다. 직장 상사가 아침부터 업무 보고를 다시 하라고 아랫사람을 조지는 이유는 '업무' 때문만이 아니다. 잠자리가 부실해서 마누라한테 잔소리를 듣고 나왔거나 주가가 떨어졌기 때문이다. 강의 내용은 부실한 교수가 미친개처럼 학생들을 볶아 대면서 갑자기 리포트를 작성해서 제출하라는 것이 전날 밤의 안 선 잠자리에 대한 부인의 투정이나 혹은 신경증에 걸린 장모의 성격적 학대에 대한 신경질 때문일 수도 있듯이 말이다. 교통사고가 났을 때 벌어지는 싸움의 대부분이 사고 내용보다도 상대방의 '말투'와 '나이' 때문이듯 말이다. 그래서 최선의 방법은 싸움을 무조건 피하는 거다. 그냥 "헤헤헤" 웃으면서 도망치면 된다. 인터넷에서의 싸움질도 별다르지 않다. 쟁점보다는 '예절'을 두고 우라질 설교를 늘어놓는 천박한 자들이 많다. 물론 인터넷에서의 '도망'질은 훨씬 쉽다. 영화 〈처녀들의 저녁 식사〉에 나오는 대사인 "남자와 하고 나서 끈끈한 게 묻어 있는" 어쩔 수 없는 관계들을 해체해 버리고 파괴해 버리는 데 인터넷은 참으로 유용하다. 잘난 척하고 '예절'과 '국가'와 '민족'을 설파하는 분들에게 대거리하기보다는 그냥 도망치는 거다. 불쌍한 마초들의 폭력도 이런 식으로 피한다. "그래요. 잘났습니다"라고. 그런데 의도한 것과는 달리 그런 내 반응에 대해 그들은 멋쩍어 하거나 잔뜩 약이 올라 씩씩거리는 것이다. 그들은 이런 걸 진짜로 무서워할지도 모른다는 생각이 든다. 나라님들(행정 관료들), 선생님들, 부모님들은 나와 비슷한 온갖 잡년놈들이 '노는 꼴'을

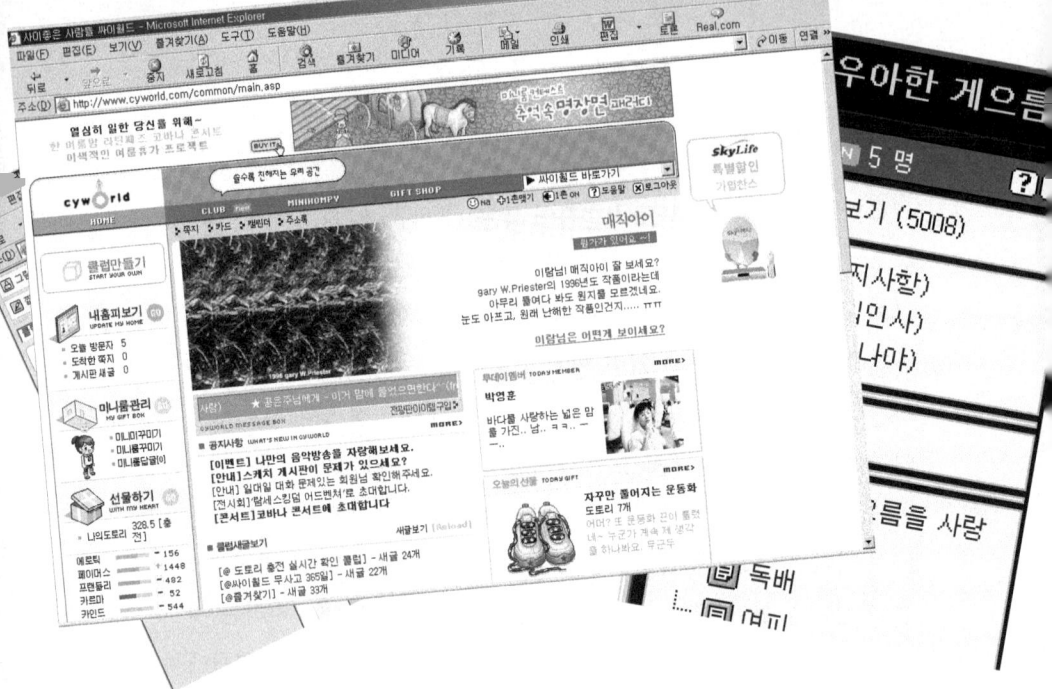

마음이 맞는 사람끼리 스스로 공동체를 만들어 내밀한 즐거움을 누리는 인터넷 커뮤니티 사이트가 늘고 있다. 사진은 우리나라 표적인 인터넷 커뮤니티 사이트 중의 하나인 〈싸이월드〉를 캡처한 것이다.

 못 보고 그들을 노동과 공부와 '올바른 도덕'만을 수행하는 '사람'으로 만드려고 하는 것 같다.
 그렇다면 그분들이 가장 무서워하는 것은 바로 '재미'있게 살면서 그분들이 전혀 가르쳐 주지 않는 지식, 기술, 감수성, 윤리를 획득하는 것 아닐까? 나 스스로도 놀라울 정도의, 색다른 즐거움을 만들어 갈 수 있는 능력들을 온갖 잡년놈들과 함께 은밀히 키워가는 것을 그분들은 무서워하지 않을까? 박노해 씨는 어느 시에서 '평온한 저녁'을 만들기 위해 싸운다고 했지만, 우리들, 프롤레타리아도 못 되고 실업자로 등록도 안 되는 온갖 잡년놈들은 스스로 '평온한 저녁'을 만들어 버림으로써 그분들에게 타격을 줄 수 있다고 생각한다. 초등학생이건 노인이건, 여자건 남자건, 곰배팔이건 똥배가 나온 사람이건 간에 마음이 맞는 사람끼리 스스로 공동체를 만들어서 내밀한 즐거움을 충분히 누리는 것이다. 그렇다. '평온한 저녁' 자체를 '직접'

만들어 버림으로써 즐거움을 가로막는 그분들에게 타격을 주는 것이다!!! 싸움꾼이 원하는 싸움 자체를 거부하고 우리끼리 놀고 즐길 능력을 키우는 것이 진정한 '싸움'일지도 모른다. 그들이 설정해 놓은 판 자체를 거부해 버리고 우리들만의 평화와 사랑의 공간을 창출해 내는 것이다. 가상공간은 그 가능성을 제공해 준다!

포르노 파일을 '정비'하는 노동자

어떤 분이 떠오른다. 그는 jangbie란 아이디를 사용한다. 예순의 나이인 그는 군무원 생활을 하다가 퇴직하고 미군 부대에서 자동차 정비공으로 일하고 있다. 그는 퇴근 후에는 컴퓨터 앞에 앉아 '평온한 저녁'을 스스로 창출하고 있다. 그는 386에서부터 현재의 펜티엄까지 계속 컴퓨터를 업그레이드해 오면서 소프트웨어를 다루는 나름의 노하우를 축적했다. 그의 주특기는 파일을 합치고 화질을 깨끗이 하는 것이다. 그는 자신의 특기를 살려 유료 성인 사이트의 파일을 정리해 주고 그 대가로 평생 동안 무료로 그 사이트를 이용할 수 있는 마스터 회원의 자격을 얻었다.

돈을 벌려고 일부러 찍은 포르노, 특히 미국에서 만든 포르노는 화질이 깨끗하지만 그만큼 파일의 용량이 크기 때문에 다운로드해서 실행시키기가 어렵다. jangbie님은 그런 파일의 용량을 대폭 줄이고 다듬어 하나의 새로운 작품으로 만든다. 요새는 아마추어들의 작품이 많이 올라온다. 프로들이 만든 작품보다 훨씬 자연스럽고 편안한 분위기를 느낄 수 있기 때문에 사이트 운영자가 아마추어의 작품을 사는 것이다. 약간 어색한 카메라 앵글은 아마추어 배우들의 연기와 감독의 훌륭한 시나리오에 의해 극복된다. 프로의 작품이 과하게 큰 자지와 반복되는 삽입 행위만 보여 주는 것에 비해 아마추어의 작품은 기발한 체위와 정말 '알고 싶은' 유기체의 비밀을 보여 준다. 그래서 '아마추어'의 작품을 감상하려는 사람들이 많다. 그런데 아마추어의 작품은 대개 화질이 좋지 않다. 이 문제를 포르노 파일을 '정비'하는 jangbie님이 고쳐 주는 것이다. 물론 완벽하게 만들 수는 없지만, 그가 미국에서 직접 구입한 소프트웨어를 사용해 화질을 상당히 깨끗하게 해 주고 파일 용량까지 적당하게 만들어 준다. 그래서 유료 성인 사이트에서는 그를 '대접'해 준다. 그런데 그는 그 일만 하지는 않는다. 그가 진짜 좋아하는 일이 그가 '서비스'로 보는 파일들을 '무료' 사이트에 올리는 것이다. 그는 자기가 작업(?)한 파일을 해당 유료 사이트에도 올리지만 적당한 무료 사이트를 찾아서 거기에도 올린다. 무료 성인 사이트의 경우, 파일을 올리면 다운로드 횟수가 금새 천 번이 넘어간다. 그리고 그러한 '혜택'을 받은 사람들은 다시 그 사이트에 자기가 소장하고 있는 진귀한 '자료'들을 공유하겠다고 내놓는다. 심지어 어떤 이는 인터넷 성인 방송에서 보여 주는 실시간 음란 채팅과 쇼를 녹화해서 보내 준다. 인터넷 성인 방송이나 유료 사이트에서는 그런 사람을 무척 싫어하겠지만, 하여간 jangbie님과 무료 사이트의 수많은 회원들은 서로가 누군지 몰라도 자료를 서로 공유한다. "좋은 거 같이 보면 더 좋지 않은가?"라는 것이 jangbie님의 모토다. 요새는 정부가 '인터넷 윤리 강령'이니 뭐니를 들먹이며 이러한 사이트를 소탕하려고 하기 때문에 자료를 공유하는 무료 사이트의 경우 폐쇄당할 위험이 따르긴 한다. 그래서 이들은 최신 기술을 도입하여 파일을 화폐 없이 유통시키는 일종의 코뮌을 만들어 냈다. 컴퓨터와 컴퓨터를 연결시키는 P to P 기술이 그것이다.

그들은 부평 대우 자동차 공장에서 경찰과 '백골단'들이 노동자들을 폭행하는 장면을 녹화한 파일 같은 것도 여러 게시판과 사이트에 올린다. 이러한 파일의 파급 효과는 눈덩이처럼 불어난다.

다시 돌아와 포르노! 어떤 분들은 '포르노'가 나쁘다고 한다. 백 양 비디오가 시중에 나돌자 수많은 사람들이 '도덕'을 외치거나 '엿보기 심리'를 분석했다. "인터넷 문화를 개탄한다"면서 도덕을 회복하자고 하였다. 나는 그런 자들에게 당당히 말하고 싶다. "백 양 비디오가 나돌 때 보고 꼴리는 것이 정상이냐, 아니면 보지도 않고 머릿속에서 온갖 음란한 생각을 하는 게 정상이냐? 이 고자 새끼들아!!!"

포르노 문제와 관련해 어떤 분들은 자본이 개입된 싸움이라고 하지만, 수많은 jangbie들은 '자본' 없이 즐기고 있다. 화폐라는 매개체 없이 관계를 만들고 있다. 포르노가 무엇인가, 포르노의 효과가 어떤 것인가를 아는 것보다 포르노를 통해 화폐의 매개 없이 즐거움을 유통시킬 수 있으며, 실질적인 다른 관계들을 창출할 수 있다는 것을 아는 것이 중요하지 않을까? '해석'만 하자고 할 것이 아니다. 맑스가 말했듯이 '중요한 것은 변혁' 아닌가! 직접 개입해서 '변혁'하는 것, 그것이 필요하다. 고상한 척 '포르노'를 빈정대며 '연구'할 것이 아니라 실제 무료 사이트에서 화폐 없이 활발하게 이루어지는 포르노의 게시와 그것들의 교통 그리고 그 밑바닥에 깔려 있는 어떤 즐거움을 누리는 것! jangbie님 같은 '지식인'들은 충실히 '생산'하고, 그 생산 속에서 코뮌을 만들어 낸다. 중심은 없지만, 잘 돌아간다.

물론 이러한 무료 사이트는 나라님들과 그 나라님들의 머리와 감수성을 그대로 간직한 '사이버 어른들'의 고발에 의해 종종 폐쇄되고는 다시 생겨난다. 특이한 것은 나라님들이 아니라, 나라님들의 생각을 머릿속에 고스란히 간직하고 있는 사람들이다. 이들은 즐길 것은 다 즐긴 후에 그 사이트를 고발해 버린다. 하여간 나라님들과 사이버 어른들이 조사한다는 낌새를 느끼면 무료 사이트 운영자는 자진해서 사이트를 폐쇄해 버린다. 그러고 나서 다른 사이트를 만든다. 이러한 방식은 매우 은밀해서 실제로 당하고 깨지는 것은 한국 빠구리 영화 수준에 머무는 유료 인터넷 성인 방송 정도다. 수많은 jangbie들이 모인 곳은 당하지 않는다. 이상한 낌새가 느껴지면 다른 곳으로 옮긴다. 정보통신부 관료들이나 그들의 도덕을 가슴 깊이 새긴 사람들은 보고 싶으면서도 꾹 참고 고발한다. 또는 볼 것은 다 보고 나서 고발한다. 정보통신부는 수많은 사이트들을 직접 '감시'하고 '처벌'하기 어렵기 때문에 '앞잡이'들[1]이 고발을 하면 그제야 나서곤 한다.

앞잡이들과는 싸움을 할 필요가 없다. 그들에게 '아름다운 포르노'에 대해서 설명할 수 있겠는가? 그들에게 남성 중심의 시각에서 탈피해 '여성'들도 상당히 즐기고 공감하는 포르노가 만들어지고 있으며, 포르노가 사회의 생산성 향상에 영향을 미친다는 것에 대해 설명할 수 있겠는가? 포르노가 성을 박탈당한 어린이들이나 "안 꼴려야 한다"고 스스로 자아를 억압하는 노인들[2]에게 행복과 경쟁력을 가져다 준다고 경찰, 법원, 도덕 교사들에게 말해 봐야 무슨 효과가 있을 것인가? 다양한 체위와 자연스런 관계를 통해 스스로 '오르가슴'을 만들어 내는 이들의 기쁨을 막으려는 자들, 위선과 권위로 근육이 경직

---

[1] 앞잡이들에게 도덕이라는 구역질 나는 기계를 심어서 기쁨의 생산과 흐름을 감시하고 절단하게 하는 것은 정보통신부나 권력 일반의 지배 방식인 듯하다. 앞잡이들은 대개 보고 싶은 열정을 어쩌지 못해 스스로를 학대하는 부류들이다. 금욕적인 드럼통 아줌마, 원조 교제에 실패한 아저씨, 성격 결함으로 잘난 척하는 바람에 친구들에게 왕따 당하는 중고딩(중·고등학생).

[2] 노인들은 스스로 안 꼴려야 한다는 주문을 외면서 삶을 죽음의 상태로 방치하고, 사회는 이를 조장한다. 물론 안 꼴리는 노인들도 있을 것이다. 노인들의 성 문제에 대해서는 『또 하나의 문화』 16호에 자세히 언급되어 있다. 며느리의 발을 보고 미쳐 버리는 노인을 그린 일본의 소설을 읽은 적이 있는데 제목이 잘 기억나지 않는다. 인터넷에서는 종종 꼴리는 노인들의 이야기를 볼 수 있다.

된 자들은 우리들 온갖 잡년놈들이 스스로 창출하는 '지성'과 생산성에 대해 오로지 공포와 분노와 질투만을 느낄 것이다. 그래서 그들과 논쟁할 필요가 없는 것이다. 오르가슴을 맛보려는 우리들은 천박한 경찰, 검찰, 판사 나리들 그리고 무엇보다 역겨운 그들의 앞잡이들과 이미 오래전부터 전쟁 상태에 있었다. 앞잡이들, 그들은 국

서울 광화문에 있는 정보통신부 건물. 정보통신부는 인터넷을 비롯한 우리나라의 정보 통신을 총괄하는 기관이다.

가보다 더 국가다운 자들이다. 그들과 논쟁을 하다니! 앞잡이들은 사람들 앞에서는 '국민교육헌장' 따위를 주절대면서, 뒷구멍으로 호박씨란 호박씨는 다 까는 '도덕' 교사들이다. '삼강오륜'과 '유교'를 운운하면서 채팅을 통해 알게 된 어린아이에게 돈을 주고 섹스를 구걸하거나, 그 섹스에 대한 대가마저도 사기치는 음탕한 자들이다. 포르노를 실컷 즐기고 나서는 정보통신부에 고발하는 그들과 '포르노'에 관한 토론을 하자고……? 그들과는 논쟁을 할 것이 아니라 싸움을 해야 한다. 그리고 그 싸움은 소모적인 '말'장난을 하는 것이 아니라, 스스로 자유를 구가하고 공동체를 구성하는 길을 만드는 것이어야 한다. 수많은 jangbie들은 은밀한 교통 속에서 즐겁게 공동체를 만들어 간다. 자신도 모르는 '존재'로 변하면서, 스스로를 '정비'하면서

나는 '사이버 코뮤니스트'다! 271

깔끔한 즐거움을 생산해 낸다.

음란녀

매스컴은 인터넷 사이트를 손봐야 한다고 야단들이다. 한 중학생이 동생을 죽였다. 그들은 분석한다. "그 녀석이 인터넷을 했다!" "폭력 게임을 했다!" "결손 가정의 아이다!" 왜 그들은 항상 같은 분석만 할까? 그들의 뇌는 도대체 어떻게 된 것이기에 그 많은 사건과 사태에 대해 항상 같은 목소리로 웅얼대는 것일까? 하여간 원인은 찾아야겠는데 능력이 없으니까 적당하게 둘러대는 것이라고 나는 '분석'한다. 가뭄 든 것이 동네에서 가장 못생긴 여자 때문이라며 그녀를 때려죽여야 맘이 편해지는 마을 족장처럼 말이다. 그들은 사회관계를 분석할 능력이 없다.

『조선일보』의 김대중 주필. 그는 인터넷의 폐해를 누구보다도 가슴 아프게 여기고 앞장서서 '네티켓' 운동을 벌였다. 저 꼴리는 대로 정권과 사회를 만들려다가 '안티 조선' 같은 운동이 벌어지자, 인터넷 공간을 두려워하기 시작했다. 『조선일보』및 음란한 자들은 물론 이 공간이 '돈벌이'용으로 이용할 가치가 있다고 떠들어 대면서도 그 공간 속의, 돈벌이에 적합하지 않은 코뮌들에 대해서는 두려워한다. 어떻게 해서든 통제를 해야겠다고 한다. 자신들이 도저히 이해할 수 없는 방식으로 '재미있게 놀고 있는' 온갖 잡년놈들의 기쁨에 대해 공포를 느끼나 보다.

삶의 행복을 느낄 수 없는 딱딱한 근육을 자랑삼는 자들. 이들은 목에 뻣뻣하게 힘을 주면서, 성별도, 나이도, '자리'도, 학벌도 소통의 근거가 될 수 없는 자율 공간에 대해서 원한 어린 짜증을 낸다. 스스로 오르가슴을 느낄 능력이 없기에. 우리는 그들이 겉으로는 점잖은 척 "인터넷 문화가 건전하게……" 어쩌고 하면서도 머릿속으로는 음란한 생각을 하느라 눈동자를 어디다 둬야 할지 모른 채 불안해 하는 것을 안다. 그들이 음란한 생각을 하면 안 된다는 자기 암시 때문에 불안해 하면서도 어린아이의 나체 사진을 찾고 있다는 것을 안다. 그들이 단란주점 같은 곳에서 젊은 매춘 노동자들에게 어떤 비열한 짓을 하는지도 안다. '오르가슴'을 느낄 수 있는 능력이 없어서 울혈이 쌓인 그들은 남들이 재미있게 사는 꼴을, 남들이 충분히 소통하는 꼴을 볼 수 없는 모양이다.

나는 '음란녀'라는 아이디를 쓰는 사람과 채팅한 적이 있다. 음란녀는 채팅을 통해서도 충분히 '느낀다'고 했다. 마음과 몸을 열어 둔 사람들, 이들은 '목에 힘을 주는 자'들이 심어 놓은 도덕, 어디에도 쓰지 못할 그것을 마음속에서 빼내어 소각장에 내다 버린다. 삶을 긍정하는 사람들은 가상공간에서도 충분히 느끼면서 사랑하고 있다. 물론 이러한 사랑이 사이버 부부처럼 '온라인'을 통해서만 이루어지는 경우도 있다. 그들은 참으로 대단한 내공의 소유자이다. '자지'와 '보지'가 오로지 생식을 위해서만 존재하는 기계라고 생각하는 가부장적 성기 중심주의의 사람들로서는 이 엄청난 내공의 소유자들은 도무지 상상조차 할 수 없는 분들이다. 많은 경우는 실제 만나서 연애를 하기도 한다. 이러한 만남의 빈도는 훨씬 늘어나고 있다. 드러낼 수 없었던 사랑의 고통도 이곳에서는 함께 나눌 수 있다. 사랑해선 안 될 이와 사랑을 하게 되었다는 사람도 있고, 친구의 남자만 보면 불안해서 어쩔 줄 모르겠다는 문제로 고민하는 사람들도 있다. 이곳에선 누구도 '강요'하지 않는다. 들어주고 공감하면서 스스로 '집단적 오르가슴'을 느끼기 위한 실천적 제안을 할 뿐이다. 신경림 시인은 "가난하다고 해서 사랑을 못하겠는가"라고 가난한 젊은이의 사랑 노래를 불렀지만, 이곳에서 가난이란 없다. 사랑을 못할 이유가 없다. 결혼했지만 남편 아닌 다른 남자에게도 대주는 아줌마나, 아내를 사랑하지만 친구 부인도 사랑하는 아저씨나, "딸딸이를 치면서 에스이에스를 생각한다"는 초등학교 5학년 친구도 이곳에서는 전혀 음란하지 않다. 음란하기는커녕 너무나 자연스럽다. 무엇보다 그들은 '사랑할 능력'이 있다.

조갑제와 노랑 국물

나는 가끔 『월간조선』 편집장이면서 '사장'인 조갑제 씨의 홈페이지(www.chogabje.com)에 가 본다. 거기에는 온갖 편집증이 적나라하게 표출되어 있기 때문이다. 조갑제 씨는 "한국 민족의 피에는 기마 민족 유전자가 흐르니까 대륙과 해양을 통해 나아가자"는 글을 쓴다. 나는 그 글을 읽고 몽골족의 투구를 쓰고서 말에 올라 마음껏 웃는 상상을 한다. 남북 정상 회담이 열리던 무렵, 그는 소위 제일 잘나

인터넷 국가 검열 반대를 위한 공동대책위원회의 홈페이지. 현재 대표적인 55개 시민 단체가 참여하고 있다

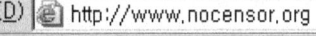

공대위 소개 | 경과과정 및 문제법률 | 사업 계획 | 발족선언문

새소식
일정
사건

자료실
등급제와윤리위
법률과제도
표현의자유
미디어

등급거부
등급거부선언문

최근 정부가 추진하고 있는 인터넷내용등급제는 표현의 자유를 심각하게 위협하고 있다. 인터적인 문제는 기술적인 방식의 등급제가 가지고 있는 위험성이다. 학교, 도서관, PC방 등 인터게 유해하다는 내용을 선별차단할 수 있는 차단소프트웨어가 설치된다. 그러나 기술 등급제효과적으로 보호할 수 있을지에 대한 사회적 토론은 없었다. 기술 등급제가 국가 인프라에 서접근권과 알 권리에 어떤 영향을 미칠 것인가에 대한 평가도 없었다. 제대로 토론되고 평가되않은 위험한 효과를 낳는다.

인터넷내용등급제의 또 다른 핵심적인 문제는 무엇이 '청소년유해매체물인지'를 정보통신결정한다는 것이다. 정보통신윤리위원회는 모든 위원을 장관이 위촉하고 위원장을 장관이 승무를 장관에게 보고한다. 정보통신윤리위원회의 권고를 거부했을 경우 정보통신부 장관에 있다. 이런 이유로 수많은 이들이 말뿐인 '민간위원회'인 정보통신윤리위원회를 앞세워 사실를 침해하고 검열해왔다고 지적하고 있다. 결국 정보통신윤리위원회는 정부의 검열기구인 것

간다는 '잡지'에 실은 글에서 김대중 대통령에게 고언(?)한답시고 이렇게 말한다. "웃지 마쇼!" 이런 요구와 전쟁 원수인 김정일을 얕잡아 보라는 말에서 나는 '맞장' 정신을 떠올린다. 웃기지 않은가? 깡패를 그린 영화 〈넘버 쓰리〉를 보면서 웃었듯 나는 조갑제 씨의 글을 읽으면서 그냥 웃는다. 재미있지 않은가? 소위 한국에서 제일 잘나가는 잡지에 실린, 제일 잘나간다는 편집장의 글이 완전히 깡패 영화 대본이 아닌가? 이 사이트에 가 보면 조갑제 씨가 쓴 박정희 전기(『내 무덤에 침을 뱉어라』)도 볼 수 있는데 박정희의 독립군 때려잡은 역사로부터 많은 것들을 알 수 있다. 그뿐 아니다. 똥간에 똥파리가 몰려오듯, 거기에는 비슷한 성향의 분들이 모여 있다. 그 중에 김성 씨도 있다. 김성 씨는 "대한항공에서 근무하다가 김대중 일당의 감시 때문에 직장에서 사직했다"고 말하는 분이다. 그분 글의 일부를 옮긴다.

김대중의 빨갱이식 살해 방법
밤(2월 20일) 0시부터 1시까지 1시간 동안 전기를 계획적으로 끊었습니다. 이럴 때 사람을 살해합니다. 김대중 일당들은 아파트 주민들한테 이상한 소문을 냅니다. 엘리베이터 탔다가 갑자기 내린다는 등, 어떤 때는 경비실 뒤에 숨는다는 등, 아파트에서 뛰어내리려고 하여 주민들이 말렸다는 등 정신 이상자로 소문을 냅니다. 심지어 병원에 입원하면 병원에 바로 따라 입원하여 병실에서 생각조차 못할 온갖 이상한 악소문을 냅니다. 그리고 완전히 정신 이상자로 소문을 낸 다음 사고로 위장하여 살해합니다. 낮에 생선 장수가 와서 목포 먹갈치 싸게 준다고 빨리 나오라고 방송합니다. 어떤 때는 장수가 와서 물건, 책을 공짜로 주겠으니 빨리 나오라고 방송을 합니다. 누가 소포를 보내서 경비실에서 새벽이고 밤이고 소포 찾아가라고 인터폰으로 연락합니다. 반상회에서 무엇을 준다고, 밤 8시에 노인정에 꼭 오라고, 서너 번 방송합니다. 가스 안전 검사한다고 또는 소독약 친다고 문을 열어 달라고 관리 사무실에서 방송을 합니다. 시도 때도 없이 폭죽을 쾅쾅 터뜨립니다. 이때 총을 쏘려고 하는지 작은 혼란이라도 일어나면 이웃에 사는 김대중 일당한테 선량한 사람들 많이 죽을 것 같습니다. 공산당처럼 세포 조직화되어 있습니다. 광주 사태가 어떻게 일어났는지 알겠지요. 김대중 일당들은 자기가 어디에서 일하든 남조선 인민 공화국 조직원들입니다. 아파트 관리 사무소, 경비실, 명동성당, 슈퍼마켓, 쌀집, 세탁소, 경찰, 검찰, 시민 단체, 교회, 직장, 신문사 지국, 김대중 일당 마음대로입니다. 대한민국은 국가가 아니고 남조선 인민 공화국 플러스 마피아 국가입니다. 대한민국 5,000년 역사상 가장 무서운 시대에 살고 있고, 김대중은 대한민국 5,000년 역사상 가장 나쁜 인간이며, 세계에서 가장 무서운 나라가 대한민국입니다. 대한민국을 범죄 소굴로 만들고 노벨상이라니 기가 막힙니다. 김대중이를 빨리 쫓아내야 할 텐데 김대중이를 빨리 쫓아내야 할 텐데. 저는 대한항공에서 근무하다가 사직하였습니다. 저는 사소한 일로 수차례 살해당할 뻔하였고 현재도 김대중 일당이 제가 살고 있는 아파트 바로 위층에서 살해하려고 기회만 엿보고 있습니다. 컴퓨터도 ON하자마자 보고 있습니다. 김성 올림.

1960년대 말, 미국에서 히피 문화가 한창일 때 폴 사이먼은 자신의 노래 〈침묵의 소리sounds of silence〉에서 '지하철 벽에 쓰여진 낙서'에서 진리를 발견한다고 했다.[3] 나도 인터넷을 하기 전에는 공중 화장실 벽에 그려진 예술 작품들과 짤막한 문구들에서 '진리'를 느끼곤 했지만, 요새는 김성 씨의 글 같은 것 속에서 죽음으로 가득 찬 '한국 사회의 진리'를 보곤 한다. 생선 장수가 "갈치 판다"고 외치는 소리에서 김대중 일당의 살해 음모를 발견하고 폭로하는 그의 심층 심리에 들어 있는 불안과 죽음. 이런 것들을 '엽기'라고 한다.

나는 〈노랑 국물〉이라는 동영상 파일을 가끔씩 재생시켜 보곤 한다. 10대 후반으로 보이는 여자가 손가락을 입에 넣어 토하고 토한 것을 다시 마시는 장면을 찍은 것인데, 엄청나게 유행했던 것이다. 친구 하나는 그 여자가 미친 것 아니냐고 말했지만, 나는 삶에 겁이 날 때면 그걸 보았다. 끝까지 쳐다보았다. 예술이라고 생각했다. 예술이란 것이 '보이는 것을 보여 주는 것'이 아니라 '보이지 않는 것을 보여 준다'고 한다면 말이다. 그런데 그 파일을 유포한 사이트는 누군가의 고발에 의해 경고를 먹었다. 결국 그 사이트 관리자는 파일을 없앴다. 나는 그것에 항의하는 글을 쓰기도 했다. 안타까운 것은 국가 권력이 얼마나 겁쟁이길래, 구토하는 장면을 무섭다고 없애라는 명령을 내리느냐는 것이다. 대중들이 정치인들과 공무원들 그리고 재벌놈들의 행태에 구역질하니까, 스스로 찔려서? 적나라하게 토하는 것을 보고 대중들이 그 이미지를 흉내 내 반란이라도 저지를까 싶어서? 하지만 그 파일도 은밀하게 나돌고 있는 것으로 알고 있다. 토하게 만드는 일들을 없애려고 하지는 않고 그 파일만 없애면 구역질이 사라지겠나? 물론 그 파일 말고도 '구역질' 나는 장면들은 엄청나게 많이 있다. 조갑제 씨 홈페이지도 그 가운데 하나다.

---

3) 이 대목의 가사는 "The words of the prophets are written on the subway walls and tenement halls"임.

자살

자살 사이트에 대한 공격이 감행되고 있다. 며칠 전에도 세 명의 남녀가 동반 자살했는데, 자살 사이트에서 자살을 부추겨 이런 일이 일어났다며 검열을 하겠다고 한다. 가소로운 일이다. 사람들이 자살을 하면 두려워하는 것은 그 사람들의 피를 빨아먹으려고 했던 놈들이다. 양질의 '노동력'이 되어야 할 사람들이 저희들끼리 뭉쳐 죽어 버리니 얼마나 위기감을 느끼겠는가? 잘 자라서 성년이 되면 취직해야 한다는 그 놈들의 법칙에 맞춰 살아야 한다는 것은 얼마나 억지인가? 맥박이 뛰고 눈을 껌벅거리고 밥을 먹고 트림을 하고 똥을 싸야만 살아 있는 것인가? 이미 죽어 버린 사람들이 산 사람을 지배하는 사회 체제 속에서는 죽는 것도 명부에서 결정하는가?

자살 사이트에 대해 해석하는 사람들, 특히 문화 평론가니 뭐니 하는 사람들은 언제나 뻔한 소리만 한다. "대개의 자살 사이트는 자살을 부추기거나 방치하지 않는다!"라는 둥, "자살 충동을 느끼는 사람들끼리 서로 자살 느낌을 이미 공유함으로써 자살을 방지한다!"나 어쩐다나? 하지만 나는 그 사람들이 다음과 같은 핵심적인 질문을 빠뜨렸다고 생각한다.

"우리는 왜 국가의 명령대로 '살아야만' 하는가? 우리는 우리 의지대로 스스로 죽으면 안 되는가? 죽겠다는데 국가가 왜 나서서 지랄하는가? 왜 국가나 언론 매체들은 그것을 그렇게 두려워하는가?"

'착한' 문화 평론가들은 이러한 질문을 던지지 않는 것 같다. 제한 없는 교감과 제한 없는 자율의 끝이 자살 아닌가? 하여간 한국에서 자살 사이트를 분석하는 수준은 뒤르켐이『자살론』에서 자살을 분석한 것보다 훨씬 형편없다. 적어도 뒤르켐은 자살의 분석을 통해 개인과 사회의 통합 정도를 가늠하였고, 무규범 상태에서 나타나는 아노

미적 자살의 증가에 대해서 어떠한 사회적 연대를 구축할 것인가를 생각했다. 자살 사이트에서 '원인'을 찾아내려는 국가나 일부 평론가들의 정신 상태야말로 바로 '아노미' 현상이 아니겠는가?

인민재판

교수가 학생에게 반말을 해 댄다. 첫 시간부터 "토익 700점도 안 되는 것들이……" 운운한다. 그러다가 고작 한다는 말이 "공부 열심히 하라"이다. 인터넷 공간은 강압적인 표정과 전혀 '공부' 가르칠 마음이 없는 이 비열한 교수를 '인민재판' 할 수 있게 해 준다. 물론 뉘우치라고 '재판'하는 것이 아니다. 토론하려고 '재판'하는 것이 아니다. 학생이 선생한테 대들어서 좋을 것이 뭐가 있겠는가? 돌아오는 것은 에프(F) 학점이다. 목에 힘을 주는 그 교수는 평생 그렇게 살 것이다. 교수와 학생의 이런 관계를 바꿀 수 있을까? 인민재판! 참 좋은 방법이다. 많은 사람들이 오가는 공간에서 그 교수의 치부를 드러낸다. 그러면 사람들은 돌멩이를 준비해서 툭툭 던진다. 그래야 그 교수가 '타격'을 받는다.

물론 어떤 자들은 인터넷의 '고발 문화'에 대해 우려하기도 한다.

인터넷 게시물 규제는 위헌이라는 헌법 재판소의 판결 소식을 실은 2002년 6월 28일자 신문 기사

인터넷게시물 규제는 違憲
憲裁결정 "범위 모호해 표현자유 침해"

'서해교전 정부비판' 소송서

인터넷이나 PC통신상에서 선정적이거나 근거 없는 상대 비방성 표현물을 통신사업자가 삭제할 수 있도록 규정한 현행 법규정은, 그 규제 대상 범위를 지나치게 모호하게 규정해 기현행위를 최대한 보호하기 위해 현행 법규정의 잘못을 지적한 것이다.

하지만 기본 취지는 '명확한 규제 범위 지정을 통한 법규 보완'을 의미하는 것이지, 인터넷 표현물에 대해 제재를 가해서는 안 된다는 뜻은 아니어서, 이번 위헌결정 취지에 따른

무책임한 글 때문에 문제라나. '권력 비판'이 '권력화'되는 것이 걱정스럽다나. 걱정하고 싶어 환장했다면 걱정해야겠지만 이는 우리들, 온갖 잡년놈들의 지성을 못 믿어서 하는 소리다. 우리는 인민재판을 받아야 할 연놈을 귀신같이 안다. 즉 아무 사람이나 붙잡고 인민재판을 하지는 않는다는 말이다.

예를 들어 훌륭한 교수가 있는데 그 교수가 학점을 좋게 주지 않은 것을 게시판에서 씹었다고 하자! 그러면 금새 반박글이 올라온다. 그 교수는 이러저러해서 좋은 분이며 학점을 공정하게 주는 분이라고 누군가 글을 올린다. 그러면 이러한 글들을 통해 사람들은 스스로 판단하게 되는 것이다. 즉 '인터넷의 인민재판'을 우려하고 대중들의 합리적인 이성과 토론 능력을 과소평가하는 분들이여! 걱정하지 마시게나! 당신들보다 우리들이 더 똑똑하니까! 권력을 누리는 비겁한 자들이 겁내는 것은 공개 망신이다. 끌고 다니면서 개망신을 줘야 다시는 남을 짓밟는 짓을 안 하겠다고 반성하거나 최소한 약간이라도 변하려고 한다. 학원에서 제자를 성폭행한 강사, 공부를 하지 않아서 부실한 강의와 설교만 늘어놓는 교수, 주둥이로는 '진보'를 외치면서 동료를 성폭행하는 진보주의자들. '인민재판' 받아야 한다!

삼성 캐피탈

지난 겨울, '삼성 캐피탈'이란 회사에서 편지 한 통을 보내 왔다. 그 회사에서 내게 '학자금 융자'를 해 준단다. 그런데 수신인이 "누구누구 학부모"이다. 즉 내 부모님에게 편지를 보낸 것이다. 기분이 더러웠다. 내가 초등학생도 아니고 말이다. 대학생 '학부모'라니! 한국에는 유치한 사건들이 너무나 많다. 대학생이면, '대학생'답게 생활할 수 있도록 해 줘야 할 텐데, 국가는 그 문제에는 관심이 없다. 주거 공간, 일자리, 학비 등등의 문제에 전혀 신경 쓰지 않는 것이다.

노동력을 기르기 위해 만들어 놓은 곳이 대학이다. 부모님 등골이 휘게 만드는 곳. 그렇지만 등록금 문제는 총학생회 친구들이 목에 핏대를 세우고 교과서 외우듯 반복적으로 외치는 구호처럼 단순하지는 않다. 그들이 외치는 구호는 이렇다. "등록금 인상 철폐! 등록금 동결로 효도하자!" 구호로 세상을 바꿀 수 있다면 얼마나 좋은가?! 나는 1996년에 대학에 들어갔는데 그때도 이런 구호를 들었고, 지금도 듣는다. 이야기를 들어 보니 선배들도 그런 구호를 외쳤다고 한다. 관성화된 구호의 지루함!!! 사실 부모가 뭐 그렇게 사랑스러운가? '바보 자본'의 대리인처럼 자식이 어렸을 때부터 "공부하라"고 들들 볶는 그들을, 자식들 대부분이 가슴 밑바닥에서는 끔찍하게 증오하고 있는데, 웬 얼어 죽을 '효도' 타령인지 모르겠다.

왜 대학 수업은 수업대로 듣고 토익과 컴퓨터를 익히기 위해 따로 '사교육'을 받아야 하는가? 왜 강의실에서 교수들은 그렇게 권위적인가? 왜 우리는 개론서 수준에서 벗어나지 못하는 소리를 들으며 맨날 졸아야 하는가? 학점은 왜 있는가? 불쌍한 교수들의 '권위'를 확보하기 위해서인가? 장학금을 학점 순으로 배분하는 이유는 무엇인가? 각 과로 돌아오는 장학금과 여러 경비는 어떻게 쓰여지는가? 교수들 회식비로 들어가는가? 등등에서 아르바이트하면서 당하는 착취에 이르는 의문은 전투적인 '총학생회' 간부님들에게서 나오지 않는다. 피시방에서 여자 꼬시다가 글을 쓴다는 친구에게서 나온다.

하여간…… 다시 돌아와 그 편지. 그 편지는 우리 부모님께 내 등록금을 '융자'해 주겠다고 했다. 자본이 대학을 '경쟁력'을 기르는 '장소'로 만들어 신자유주의 질서에 편입시켜 놓고 이제는 학생들에게 돈을 꿔 주고 이자를 받아 챙기겠다는 속셈 아닌가. 나는 그 회사에 전화를 걸어 내 신상 정보를 어떻게 알았는지 따졌다. 전화를 받은 이는 신상 정보를 어떻게 빼냈는지에 대한 답은 얼버무리고 '영업'을 하려고 했다. 나는 그 일을 깡그리 적어서 학교 게시판에 올렸다. 학교 게시판에 올리자 즉각 반응이 왔다. 학교 '장학 담당관'이 이메일로 '오해'라며 학교의 명예를 실추시키지 말라는 둥의 협박을 해 온 것이다. 나는 그 이메일의 내용도 게시판에 올렸다. 정중하게.

그러자 다시 삼성 캐피탈에서 편지가 왔다. 삼성 캐피탈이 학교에 '장학금'을 기부하고 있는데, 내 글 때문에 학교 측이 난감해 해서 '장학금'을 기부할 수 없게 되었다는 내용이었다. 나는 그 편지도 게시판에 올리고 정보를 유출시킨 것이 찔려서 얼른 뒤꽁무니를 빼는 학교측의 졸렬한 심보를 공격했다. 삼성 캐피탈의 Y부장이란 분은 편지를 보내 자기도 왕년에 "팔 운동(화염병이나 돌을 던지는 시위)을 했다"는 둥, "술 한잔 하자"는 둥의 기름기 질질 흐르는 소리를 해 댔는데, 그 편지도 게시판에 올렸다. 며칠 뒤, 학교 장학 담당관이 다시 이메일을 보내 이 일에 대해 '해명'하겠다고 했다. 나는 그 이메일도 게시판에 공개하고 "내가 갈 이유가 없다"고 했다. 직접 만나면 그들은 내게 말도 안 되는 소리를 해 댈 것이기 때문이었다. 몇몇 학형은 그런 자리에 가서 '의혹을 증폭'시키고만 왔다는 글을 게시판에 올렸다. 결국 삼성 캐피탈은 '장학금 기부'를 거부당했다고 한다.

나는 그 자본가 놈들의 '영업'에 타격을 주어서 기쁘기도 했지만, 한편으로는 그만큼 '장학금' 수혜자가 줄어들 것 같아서 괴롭기도 했다. 그러나 이런 생각을 하며 스스로를 변명했다. 장학금이 자본의 충실한 개새끼가 되어 꼬리 흔들어 준 것에 대한 보상으로서 주어지는 돈이어서는 안 되며, 교육 기회 균등의 원칙에 따라 학비를 마련하기 힘든 친구에게 돌아가야 한다.

공부

우리는 인터넷을 통해 공부를 한다. 학교에서 배우는 현학적 지식, 수동적 지식을 거부한다. 그것은 어디에고 써먹을 데가 없다. 누군가에게 잘난 척하려는 지식은 필요 없다. 가상공간에서는 가르치는 사람이 유명한 글쟁이건, 문화 평론가건, '지식인'이건 전혀 특권을 갖지 않는다. 배우는 사람도 자신이 배우고 싶은 것을 스스로 배울 뿐이다. 나는 맑스주의 모임(http://www.marxkorea.org/index.htm)에서 맑스주의에 관심이 있는 사람들과 함께 책을 읽는다. 거기서 훌륭한 선생님을 많이 만났다. 그 선생님 중에는 태그를 기가 막히게 잘 가르쳐 준 중딩(중학생)도 있고, 현실에 대해 잘 분석해 주는 '청수'라는 아이디를 쓰는 운동가도 있다. 이런 만남 속에서 우리는 실질적인 소통과 지성을 확장시켜 간다. 우리 내부에 존재하는 스스로도 모르는 가능성들을 '나'만의 방식으로 펼친다. 어떤 교수는 자기 홈페이지에 락(자물쇠)을 걸어 비밀 번호를 입력해야 자료를 다운로드할 수 있게 해 놓았다. 자기가 알고 있는 지식은 자기 학생한테만 가야 한다는 논리인데, 이런 속 좁고 비열한 자들은 실질적으로 축적되는 '배움'과 '가르침'의 관계를 이해할래야 이해할 수 없을 것이다.

학교의 '강의실'은 개론서 수준을 벗어나지 못한다. 학생들도 어려운 것을 싫어한다. 물론 교수님 중에는 '제대로' 무엇인가를 소통하려는 분이 없지 않다. 하지만 학점이 걸려 있기 때문에 그분들도 힘들다. 학점을 주는 것이 일차적인 목적처럼 되어 버리니까. 산더미 같은 리포트를 읽어야 하고, 시험 문제도 출제해야 한다. 시간 강사들은 생계도 보장받지 못하고 대학의 착취에 시달린다고 한다. 우리들, 학생들도 적당하게 수업을 듣고 학점이나 따려고 한다. 대학 강의실은 이미 무엇인가 '제대로' 가르치고 배울 만한 곳이라고 하기에는 너무도 흉물스럽고 천박한 장소가 되어 버렸다. 교수님들은 배움보다는 '학점'을 어떻게 받는가에 눈동자를 굴리는 학생들 때문에 심란해 한다. 학생들도 '학점'에 구속되어 이미 강의실에 대한 '기대'는 없다. 그 때문에 선배들에게서, 친구들에게서, '학점' 같은 척도와 명령이 오가지 않는 강의실 바깥에서 배운다. 물론 대학 졸업장이라는 엄청난 자격증을 받기 위해 강의실에서 벗어나지는 못한다.

'인터넷', 거기에는 학점 같은 게 없다. 그리고 누구나 강사가 되고, 누구나 학생이 된다. 상호변형 속에서 배운다. 자연스럽게 인간적인 교감을 만들어 간다. 현실의 강의실에서는 학생이 '질문'을 하면 '잘난 척'이 되고 학점을 위한 '자본 쌓기'가 되지만, 인터넷에서의 학습과 질문은 자신만의 독자적인 관심사를 해결할 수 있고 나와 집단적 주체성을 이루는 자들과 소통할 수 있는 단서가 된다. 강의실의 담장과 벽 같은 것은 없다. 교수 혹은 대학생이라는 위치 같은 것은 인터넷에서는 허용되지 않는다. 인터넷에서의 학습의 특징은 가르침과 배움이 융화되는 "서로 배우고, 서로 가르치기"이다. 화폐가 오가지 않는 지성 그 자체가 동기가 되어 공부를 하는 것이다!

나는 철학 아카데미 사이트(http://www.acaphilo.co.kr/)에 들어가 이정우 선생님의 강의록을 읽고, 다중문화공간 왑 사이트(http://wab.or.kr)에 들어가 정남영 선생님의 리얼리즘에 대한 강의록과 조정환 선생님의 '정치 철학' 강의록을 읽는다. 혹은 안티 조선 커뮤니티 우리모두 사이트(http://urimodu.com/)에 들어가 진중권 선생님이 펼치는 즐거운 언어 게임을 감상하며 '논리'라는 것을 배우기도 한다. 그곳에서는 자연스런 교감이 오간다. 자연스런 교감. 이것이야말로 실제 '배움'의 전제 조건인데 학교에서는 상대 평가, 학점, 장학금 수여 방식 등등의 장벽 때문에 자연스런 교감을 느낄 수 없는 것이다.

내가 하고 싶은 것

가상공간에서는 내가 누군가를 동정하며 그들에게 '해방'의 메시지를 전할 필요 없이 차라리 그 집단 자체로 변해 버리면 된다는 점이 좋다. 채팅을 하다가 고딩(고등학생) 친구들의 이야기를 들은 적이 있다. 그들은 소위 말하는 날나리가 아닌, 그저 평범한 친구들이었다. 그들과 이야기하면서 요새는 '아다(성 경험이 없는 사람)'라는 사실을 '쪽팔리는 딱지'로 여긴다는 걸 알게 되었고 그 때문에 약간 격세지감을 느끼기도 했다. 그들은 정보통신고에 다니는 친구들이었는데 대학 진학 준비와 취업 준비를 해야 하는 등의 어려움을 이야기하다가 성에 대해서도 이야기했다.

철학 아카데미에서 만든 철학 잡지 『아카필로』

구성애 씨나 텔레비전에 나오는 '성 해방 담론'의 주인공들이 그들의 대화 속에서는 완전히 '밥맛없는' 존재였다. 구성애 씨는 일주일에 딸딸이(자위)를 두세 번만 하라며 매우 '진보적'인 척했지만, 진짜로 진보적인 것은 나와 채팅을 하는 고딩들이라고 느꼈다. 그들은 실질적인 정보 교환을 원하는 것 같았다. 그들이 알고 싶어 하는 것은 '일주일에 딸딸이를 몇 번 할 것인가'와 같은 문제가 아니었다! 자본주의 사회에서 사랑을 나누기 위해서는 돈이 있어야 하기 때문에 아르바이트를 한다는 그들에게 '발기 불능의 언어'로 하는 고루하고 답답한 성교육은 씨알이 먹히지 않았다. "어리면 씹을 해선 안 된다"며 '인간적'인 방식으로 설득하고 '대화'하려는 어른들을 오히려 그들은 '불쌍해' 하고 있었다. 앞에서는 고루한 설교를 늘어놓다가 뒤로는 돈 주고 여자를 사서 별 희한한 짓을 강요하는 '근엄한' 교사들과 공무원들에 대해 그들은 다 알고 있는 듯이 보였다.

오르가슴을 즐길 능력을 상실해 자식들을 신경질적으로 닦달하며 "지킬 것은 지키자"고 캠페인을 벌이는 집단들에 대해서도 밥맛없어 했다. 피임 교육을 시켜야 한다고? 그들은 알 건 다 안다. 콘돔 사용하면 된다는 것을 이미 그들은 안다. 먹는 피임약이 부작용이 많고 불편하니까 콘돔을 사용하면 된다는 것을 안다. 그들이 고통스러워하는 것은 무엇인가? 그것은 이런 거다. "콘돔을 사용하면 안전하기는 하지만 분위기가 고조될 때 콘돔을 껴야 하기 때문에 매우 힘들어진다. 그리고 남자 친구가 혹은 여자 친구가 참지 못하고 그냥 하자고 한다. 그런데 그러고 나면 몹시 불안하다……." 이런 불안에 대해서는 성교육학자들이 답하지 않는다. 그리고 대책을 세워 주지 않는다. 사후 피임약도 판매하지 않는다. 진짜 답해 줘야 할 것에 대해서는 답하지 않고 딴소리를 늘어놓는 것이다.

그런데 그들이 진정으로 힘겨워하는 문제는 사랑할 '공간'과 '시간'의 부족이다. 학교에서 오랫동안 붙잡아 놓고 있으니 연애할 시간이 없다. 시간이 나서 연애를 하려고 해도 적당한 장소가 없다. 비디오방이나 노래방이 있지만 불안하다. 칸막이가 있어 차단된 곳도 있지만 사람들이 지나다니기 때문에 잔뜩 긴장할 수밖에 없다. 또한 '청소년 보호법'이니 뭐니 해서 투철한 '시민 의식'을 강조하며 주민등록증을 확인하려는 '불건전한' 주인도 있다. 비디오방 갈 돈에 좀 더 보태서 차라리 '장'에 가라고 충고하는 친구도 있다. 그러자면 연애하는 데 돈이 너무 많이 든다. 한마디로 말해서 저렴한 비용의 공간이 없다. 그래서 그들은 불안하게 그리고 은밀하게 사랑할 공간과 피임에 대해 이야기하며 해결 방안을 스스로 모색한다. '장'에라도 한번 가려면 '한 시간 삼십 분 쇼트 타임'에 1만2천 원이 든다. 일주일에 1만2천 원은 그들(우리들)에게는 그렇게 적은 돈이 아니다. 또한 일주일에 한 번만 하고 싶은 것이 아니다!!! 7천 원을 받는 여인숙도 있기는 하다. 하지만 거기는 몹시 시끄럽고 이불도 매우 불결하다. 대개는 화장실과 세면실도 없다. 이런 곳에서 사랑을 나누면 기분이 확 잡쳐 버린다. 그래서 많은 이들이 친구 자취방을 돌아가면서 이용하거나 그것도 안 되면 으슥한 골목 어귀에서 '벽치기' 사랑을 나눈다.

청소년들에게는 사랑을 나눌 공간이 필요하다. 이것이 중요하고 핵심적인 문제다. 어른들이 "청소년들의 성행위를 허락할 것인가, 말 것인가" 하고 쓸데없는 얘기로 잘난 척하고 있을 때, 청소년들은 자신들의 사랑 공간을 은밀하게 창출하고 그에 대한 정보를 교환한다. 가끔 텔레비전에 나와 근엄한 표정을 지으며 '청소년 문제'를 토론하는 학자나 시민운동단체 전문가들을 볼 때마다 『짜라투스트라는 이렇게 말했다』에서 니체가 말한 산에 사는 수도승이 떠오른다. 산에서 "신이 죽었다고?"라고 묻는 수도승이. 하여간 나는 이런 친구들과 함께 고민을 털어놓고 실질적인 해결책을 모색하고 싶다.

청소년들에게 '사랑을 나눌 공간'을 제공하는 것은 국가와 자본이 '명령'을 통해 그어 놓은 공간 분할을 거부하고 새로운 공간을 창출하는 문제이다. '러브 호텔' 문제도 그렇다. 비싼 러브 호텔 대실료를 인하하라고는 않고 러브 호텔이 아이들에게 안 좋은 영향을 끼치므로 못 짓게 해야 한다는 주장의 천박함과 후짐이라니!!! 러브 호텔 대실료 인하 요구는 사랑을 나누고 싶은 커플의 권리를 보장하라고 국가와 자본에 압력을 가하는 것이다. 아파트 모델 하우스에서 사랑을 하는 친구, 시골의 빈집에서 사랑을 하는 친구. 이런 친구들과 함께 모든 빈집을 점령해 버리는 꿈을 꾼다. 그런데 이런 꿈을 실현하려면 자신의 틀을 벗어나지 못하게 하는 국가와 자본뿐만 아니라 가족 제도와도 뻔질나게 싸워야 하고, 부모의 젖무덤이 주는 아늑함과 안정의 유혹과도 싸워야 한다. 물론 이 싸움은 정치판에서의, 혹은 '김대충이가 어떻다느니, 이회충이가 어떻다느니' 하는 더러운 소릴 해 대는 술집에서의 노가리나 개싸움과는 차원이 다른 '정치'적인 투쟁이다. 러브 호텔 대실료 인하와 사랑 공간 창출처럼 '정치' 자체를 전복하는 투쟁이다!

진정 내가 하고 싶은 일이란 이런 것들이다. 품위 있는 소요와 재미 그리고 '지루함'이 없는 무수한 관계를 창출하는 것. 가상과 현실의 구분을 넘어 '코뮌들'을 창출하는 것. 함께 즐길 수 있는 공간을 창출하는 것. '개인들의 자유로운 연합체'로서의 공간을 무한히 확장하려는 거대한 실천에 참여하는 것. 즐겁게!!!

나는 사이버 전사가 아니다. 나는 '사이버 코뮤니스트'다!